大阪政治攻防50年

政党・維新と商都興亡の戦後史

塩田潮
Shiota Ushio

東洋経済新報社

目次

第四章 関西国際空港建設

第八章 橋下徹の実験

第一一章　松井・吉村体制

第一二章　維新大躍進

序　章

戦後大阪政治の攻防

維新勝利

「選挙中の党首討論で、『選挙の目標は自民党の過半数割れ』と言ってきたけど、自民党は単独で絶対安定多数を取りました。僕らは目標を達成できていません。負けたんだろうなあというとらえ方をしています」

二〇二一（令和三）年一〇月三一日に実施された衆議院議員総選挙について、日本維新の会の松井一郎代表（大阪市長。前大阪府知事）は二二年一月一六日、インタビューに答えて感想を語った。

二一年一〇月四日、内閣総辞職となった菅義偉前首相に代わって、九月二九日の自由民主党総裁選挙を制した岸田文雄首相が政権の座に就いた。衆院選は首相就任の二七日後に実施された。議員任期が満了する一〇月二一日の一〇日後で、事実上の任期満了総選挙であった。

衆議院の総定数は四六五、過半数は二三三である。一〇月一四日の解散の時点で、各党の勢力は自民党二七六、立憲民主党一一〇、公明党二九、日本共産党一二、維新一一、国民民主党八（ほかに一五、欠員四）だった。

与党の自民党と公明党は、合計で過半数の七二超の三〇五議席を有していたが、見方を変えれば、二一年の衆院選で自公両党の合計議席が七三以上の減となれば、与党の過半数割れが起こる。選挙結果は自民党二六一、立憲民主党九六、維新四一、公明党三二、国民民主党一一、共産党一〇であった（ほかに一四）。自民党は四四以上の減であれば、単独過半数を割り込む計算だったが、実際には単独で衆議院の絶対安定多数の二六一を確保した。

といっても、解散時の議席と比較して、自民党は一五減、立憲民主党は一四減、共産党は二減であった。公明党と国民民主党は各三増となったが、三〇増を実現した維新を除いて、全体として「勝者なき総選挙」に終わった感があった。衆院選は国民の政権選択選挙といわれるが、その点では、民意は変化ではなく、継続を選択したのである。

「勝者なき総選挙」の唯一の例外は、約四倍増の維新であった。松井は「負け」と述べたが、多くの国民は大躍進と受け止めた。

勝利の原因について、衆院選後の党人事で維新の参議院議員会長となった浅田均（前政務調査会長）がインタビューで自己分析を述べた。

「松井代表と吉村洋文大阪府知事（大阪維新の会代表。前大阪市長）のコロナ対応も大きかったと思いますが、結党以来、有権者の一票で大阪が変わるという実感を持つ人たちが増えた。その大阪効果が隣接地域に徐々に浸透していって、評価を得た部分が大きいのでは」

維新は二一年の衆院選で選挙区選挙（小選挙区）一六、比例代表選挙二五の議席を獲得した。比例代表の全国一一ブロックでの総得票数は約八〇五万票に達した。

維新の旗揚げは今から約一二年前の一〇年四月一九日である。松井や浅田ら、当時の自民党大阪府議団の一部が離党して、大阪維新の会を結成した。現在の日本維新の会の源流だ。出発が大阪発の地域政党で、国政政党としても九年超の生命力を維持している。戦後政党史を振り返っても異色の党といっていいだろう。

戦後、一九五五年一一月の自民党結党以降、衆院選で各党が獲得してきた大阪での議席数の推移をたどると、まず五八年五月の衆院選は、大阪も全国の潮流と同じく、自民党と日本社会党の二大政党政治の縮図だった。選挙制度は中選挙区制で、大阪の一区～五区の計一九の議席は、自民党一一、社会党七と二大政党が分け合った（ほかに共産党一）。

その後、六〇年に民主社会党（後の民社党）、六四年に公明党が発足して、多党化が始まる。大阪は全国に先駆けて多党化現象が顕著となった。六七年一月の衆院選では、一区～六区の計二三の議席は、自民党が約三分の一の八、公明党六、社会党と民社党が各四、共産党一という勢力分布であった。

二六年後の九三年七月の衆院選では、自民党はさらに落ち込み、一区～七区の計二八議席のうち、五分の一以下の五にとどまる。トップは公明党の七で、社会党と共産党が各四、日本新党が三、民社党と無所属が各二、新生党が一となった。

九六年一〇月の衆院選から現行の小選挙区・比例代表並立制が導入された。大阪府の小選挙区は計一九議席（一区～一九区）となる。九六年の選挙は、旧公明党や旧民社党などが合流して誕生した新進党が一五、自民党は三、無所属一であった。

維新発足前の二〇〇九年八月の衆院選は、民主党政権の誕生と自民党の野党転落を実現させた選挙である。一九の小選挙区は民主党一七、自民党と社会民主党が各一となる。大阪でも民主党が圧勝した。

次の一二年一二月の衆院選は、維新が初めて候補を擁立した。一九の小選挙区のうち、いきなり一二議席を獲得する。与党だった民主党はゼロ、野党の公明党が四、自民党が三であった。

華々しい国政デビューだったが、以後、維新は低迷する。大阪の小選挙区での獲得議席は一四年一二月選挙が五、一七年一〇月選挙は三にとどまった。

党の「一丁目一番地」の政策プランと位置づけてきた大阪都構想をめぐる二度の住民投票の否決など、挫折や停滞が影響して、第一〇章でも触れるように、「維新・冬の時代」が続いた。もしかすると、このまま凋落・沈没も、という悲観論も少なくなかったが、四年ぶりの二一年一〇月の衆院選で躍進し、復活を遂げた。大阪の全一九区のうち、公明党候補がいない一五の小選挙区で一五戦全勝を果たした。

「東洋のマンチェスター」

近代の大阪は、明治維新の一八六八（慶応四／明治元）年の旧暦五月、明治新政府による大阪府の設置が始まりである。大阪市は二一年後の一八八九（明治二二）年四月の市町村制導入に伴う市制施行で、大阪府下の旧東区、旧西区、旧南区、旧北区の四区を合体して発足する。

東京市、京都市、大阪市の三市は、市制の特例で、市長を置かずに府知事がその職務を行うことになった。当時の大阪市の人口は約四七万人だった。九八年六月、東京市、京都市、大阪市の市制特例廃止法が公布される。大阪市は一〇月から一般の市となり、大阪府から独立した。

一九二五（大正一四）年四月、周辺の四四の町村を編入する。大阪市の人口は約二一一万人に達し、当時の東京府東京市を抜いて日本最大、世界第六位の大都市となった。市域の大拡張だけでなく、その一年半前の二三年九月に発生した関東大震災で、東京など関東在住の被災者の関西への大量転居も、人口増大の隠れた要因だった。

他方、一九〇四（明治三七）～〇五年の日露戦争や、一九一四（大正三）～一八年の第一次世界大戦の発生による軍需の高まりも影響し、重工業の発達が顕著となる。工業都市として飛躍する大阪は「東洋のマンチェスター」と称された。

大阪が日本最大都市になる二年前の二三年、都市計画の学者で大阪市助役の關一（せきはじめ）が大阪市長に就任した。大阪城天守閣の再建を含む大阪城公園整備事業の提案（復興天守は三一年に完成）や御堂筋の拡幅工事（完成は三七年）、地下鉄御堂筋線の建設（開業は三三年）などを推し進めた。その時期、大阪は歴史的な隆盛期で、多くの人々が「大大阪時代」と呼んだ。

三二年の東京市の市域拡張で、大阪市は人口で日本第二位に戻ったが、太平洋戦争開戦前年の四〇年、約三二五万人に膨れ上がり、過去最高を記録した。並行して、一九一〇年代以降、

「大阪市を特別市に」と唱える自治権拡張の動きも見られたが、実現することなく、戦後を迎えた。

四五年、第二次大戦による大阪大空襲と、敗戦直後の枕崎台風での高潮被害で、壊滅的な打撃を受ける。戦災に加え、戦後の非武装化に伴う重工業の衰退などで、大阪市の人口は敗戦前と比べて大幅に減少し、戦後の四七年は約一五六万人であった。

四七年四月、地方自治法が公布され、五月に新憲法（日本国憲法）と同時に施行となった。その第三編第一章に特別市の規定が盛り込まれ、都道府県と市に関する事務を処理する特別市（都道府県の区域外の独立した自治体）の設置が制度的に認められた。

東京以外の大阪市、京都市、名古屋市、横浜市、神戸市が候補と見られたが、各市とも特別市移行の推進派と反対派が対立する。大阪市を含め、特別市は実現しないまま、五六年九月の改正地方自治法の施行に至った。この改正で政令指定都市制度が導入され（第二五二条の一九の第一項）、大阪市はほかの四大都市と一緒に指定都市となった。

戦後商都の興亡

戦後、日本の民主化を推進していた連合国軍総司令部（ＧＨＱ）は、四七年五月の新憲法施行の前に、住民の直接選挙による地方選挙の実施を命じた。四七年四月、第一回の統一地方選挙が実施となる。都道府県の知事、市町村長の選挙が初めて行われた。

大阪では、府知事選挙で元軍需省石炭局長の赤間文三（後に法相）が社会党候補を下して初代の公選知事に当選した。大阪市長選挙では社会党公認の元大阪市港湾部長の近藤博夫が保守系候補などを破って初代の公選市長となった。戦後の大阪の行政は、保守府政と革新市政という「府・市ねじれ」でスタートを切った。

近藤市長による革新市政は一期四年で終わった。五一年四月の市長選では、最後の官選大阪市長を経験した保守系の中井光次（元島根県知事。元大阪市助役。元参議院議員）が当選し、以後、六三年まで三期一二年、在任した。

六三年四月の大阪市長選では、社会党、共産党、民社党などの推薦で出馬した元大阪市助役の中馬馨が、自民党が推す候補を下した。革新市政復活だったが、次の六七年四月の市長選では、共産党を除く保革の各党が中馬支持に回る。二期目以降、七一年一一月の死去まで、保革相乗り市政となった。

一方、大阪府知事は、赤間が三期一二年、在職した後、五九年の知事選で、直前まで岸信介内閣の防衛庁長官だった左藤義詮（元神戸高等商船学校教授）に交代する。七一年の知事選で革新系の黒田了一（元大阪市立大学教授）が当選するまで、戦後二四年間、二代の知事による保守府政が続いた。

大阪は江戸時代以来、商人や職人など、民間の経済活動と、それによって蓄積された民間資本が経済発展の推進力となってきた町である。古くから「商都」と呼ばれてきた。二〇世紀初頭以降、産業の近代化などで工業都市として飛躍を遂げたが、戦後は伝統的な商業、金融などに加え、中小企業が主力の軽工業など、新しい「商都」として生まれ変わった。

日本経済は戦後、一九五〇年代後半までの十数年の復興期を経て、六〇年前後から高度成長期を迎えた。大阪経済も順調に発展する。大阪府内の総生産の統計で、日本経済全体の経済成長率を上回る高い数字を記録したこともあった。

復興期以後の経済の成長に併せて、大阪府は赤間知事時代の五八年五月、千里ニュータウンの開発を決定する。六二年九月に第一期の入居が開始した。次の左藤知事時代の六六年五月、七〇年大阪万博（日本万国博覧会）の誘致が決まる。大阪府吹田市の千里丘陵の会場で七〇年の三月から九月まで開催された。

後から振り返ると、大阪万博が開催された七〇年前後の時代が「商都・大阪」の経済のピークであった。以後、大阪経済は全体として低迷と衰退の道をたどる。その途中、八〇年代後半から九〇年代前半にかけて、日本経済はバブルの膨張と破裂を体験した。

大阪経済もバブルの直撃を受けた。特にバブルの拡大期に大阪府や大阪市が積極的に推進した地域開発事業や高層ビルなどの不動産事業への公的財政支出の失敗が巨大な負の遺産となった。

大阪経済の沈滞と大阪府や大阪市の財政の危機的状況を目の当たりにして、大阪で新しい政治運動が始まった。バブル崩壊が始まって約一八年が過ぎた二〇〇八（平成二〇）年二月、弁護士の橋下徹（はしもととおる）（後に日本維新の会代表、大阪市長）が大阪府知事として登場する。二年後、橋下府政を支える地域政党の大阪維新の会が旗揚げした。

それから一一年半、盛衰と浮沈を繰り返しながら、政党・維新は何とか生命力を保持し、「冬の時代」をくぐり抜ける。冒頭で述べたように、二一年一〇月の衆院選で大躍進を遂げ、生き残りと同時に、新型の政治勢力として存在感を示して現在に至っている。

本書では、「戦後大阪の頂点」といわれた一九七〇年万博から、バブル崩壊とその後の「失われた三〇年」を経て、二〇二二年の現代まで、「戦後商都興亡史」の軌跡を再検証しながら、「大阪政治五〇年」の攻防の歴史を追跡した。

第一章

「2025大阪・関西万博」の誘致成功

夢洲への誘致

決定の瞬間、経済産業相の世耕弘成（後に参議院自民党幹事長）、日本経済団体連合会名誉会長の榊原定征（万国博覧会誘致委員会会長）、大阪府知事の松井一郎、大阪市長の吉村洋文らが一斉に立ち上がり、歓声を上げた。現地時間の二〇一八（平成三〇）年一一月二三日の午後五時（日本時間の二四日未明）、パリのＯＥＣＤカンファレンスセンターで開かれたＢＩＥ（博覧会国際事務局）総会で、二五年の「大阪・関西万博」の開催が決まった。

ＢＩＥが取り仕切る国際博覧会には、総合的なテーマの大規模博覧会で五年に一回の「登録博」と、中間で行われるテーマ型の「認定博」の二種がある。一九九〇年の大阪市鶴見区での「国際花と緑の博覧会」は認定博、「愛・地球博」と呼ばれた二〇〇五年の愛知万博は登録博だった。

登録博の開催地はＢＩＥ総会での投票で決まる。一五年暮れの時点で、全加盟国（現在は一七〇の国・地域）のうち、分担金を支払った一五六の国に投票権があった。投票総数の三分の二を獲得すれば、その国に決まるが、どの国も届かない場合は一位と二位の決選投票となる。

一八年一一月の総会には、「いのち輝く未来社会のデザイン」をテーマに掲げる日本（開催地は大阪）、「世界の変革――将来世代のためのイノベーションとよりよい生活」をうたうロシア（同・エカテリンブルク）、「人的資本の発展、よりよい未来の構築」を唱えるアゼルバイジヤン（同・バクー）が立候補した。一五六カ国が投票したが、一回目の投票では決まらなかった。

一位・日本（八五）、二位・ロシア（四八）、三位・アゼルバイジャン（二三）という順位だった。上位二国による決選となる。日本が九二対六一でロシアを下した。

登録博の日本開催は愛知万博以来で、大阪では一九七〇年に吹田市千里で開かれた日本万国博覧会（大阪万博）に次いで五五年ぶり、二回目である。開催日数は、「二度目の東京オリンピック」が新型コロナウイルスの流行による一年延期で二〇二一年七月二三日から八月八日までの一七日間だったが、「二度目の大阪万博」は誘致決定から六年半後の二五年五月三日から一一月三日まで一八五日間を予定している。

大阪府万博誘致推進室の資料によれば、想定入場者数は約二八〇〇万人、開催経費は会場建設費一二五〇億円、運営費八二〇億円、経済波及効果は約二兆円という試算だ（一七年四月の経済産業省作成の「２０２５年国際博覧会検討会報告書」）。

「もう一度、大阪で万博を」という動きが具体化したのは、誘致決定の約四年前の一四年夏だった。大阪府議会の大阪維新の会の議員たちが最初に行動を起こした。府議会で維新の府議団が正式に声を上げ、万博誘致を提案した。

翌一五年は大阪のシンボルイヤーの年であった。一六一五（慶長二〇／元和元）年の道頓堀開削と大坂夏の陣から四〇〇年を迎える。

加えて、訪日外国人観光客がもたらすインバウンド効果が注目を集めていた時代だった。そこに着目し、万博誘致とIR（統合型リゾート）開設を装置として、大阪を東京に対抗する一方の極に、と維新側は考えたようだ。

二〇一六年一一月から一九年四月まで大阪府の万博誘致推進室長を務めた露口正夫（後に大阪府・大阪市IR推進局理事）が経緯を振り返った。

「私の着任前ですが、維新の府議団から要望があり、それを受けて、当時の松井知事から『調査・検討するように』と指示がありました。手続きとかスケジュールとか、全く分からないので、府と大阪市と経済界で内々に勉強会を始めました」

開催の主体は、オリンピックと違って、都市ではなく、万博は開催国の政府で、国側の担当者は経済産業省である。立候補期間は「開催年の九年前から六年前まで」という決まりがあった。二五年開催の万博の誘致には、一六年から立候補が可能になる。

もう一点、どこか一つの国が立候補すると、それから六カ月以内に立候補しなければならない、という期限の定めもあった。露口が続ける。

「何をテーマに、どこで、何をやるのか、課題は何かなど、中身は何も想定がありませんでした。それで、私が大阪府の企画室政策課で万博担当となった一五年四月から、有識者の意見も聞きながら、約半年、調査しました。この時点では、機運も全然、盛り上がっていなかったから、その点も問題でした。会場について、一〇〇ヘクタール前後の広さの確保が可能な場所をいくつか候補として挙げました」

七〇年万博の会場だった万博記念公園、「花と緑の博覧会」の跡地、関西国際空港の対岸の泉佐野市・田尻町・泉南市のりんくうタウン、豊中市の府営服部緑地などが候補に上った。

最終的に決まったのは、これらの候補地ではなく、大阪市此花区の北港にある人工島の夢洲(ゆめしま)だった。維新が一方で熱心に開設を目指すＩＲの設置予定地も同じ夢洲である。

万博会場選定の経緯を、露口が解説する。

「当初の検討の俎上には夢洲という案はありませんでした。当時は埋め立ての途上で、でき上がっていなかったので、除外していました。ですが、ほかの候補地はそれぞれ課題がありました。千里の万博記念公園も花博の跡地も服部緑地も、公園として使っていますので、公園機能を停止しなければなりません。ほかの場所でも、樹木の大量伐採が必要なところは難しい。りんくうタウンは細長い土地で、地形的に難がありました。一〇〇ヘクタール以上の面積で、かつ人が住んでいなくて設計しやすいというので、夢洲が適地となりました」

オリンピックか万博か

万博誘致の動きは一四年夏の維新府議団の提案から始まったが、舞台裏では当時の大阪市長の橋下徹と、橋下が「我が師」と呼んだ作家・経済評論家の堺屋太一(さかいやたいち)（元経済企画庁長官）らによる誘致構想と下準備が先行していた模様である。

五年後の一九年四月に大阪府知事から大阪市長に転じた松井が、インタビューで誘致決定までの軌跡を思い起こし、詳細を語った。

「最初は万博ではなく、オリンピックを大阪でやろうと思ったんです」

夏季五輪競技大会の大阪招致構想は初めてではなかった。第六章で後述するように、一九九二年に一度、招致計画が浮上した。このとき、選手村予定地となったのが、後に二〇二五年万博会場となる夢洲だった。

大阪市は〇八年夏季五輪大会の開催都市を目指し、正式立候補まで突き進んだが、五輪招致は成功しなかった。開催地は〇一年七月のIOC（国際オリンピック委員会）モスクワ総会で中国の北京に決まった。大阪は北京、トロント（カナダ）、イスタンブール（トルコ）、パリ（フランス）の四都市と争い、最下位で敗退した。

四年後の〇五年四月、次に福岡市が一六年大会の招致に手を挙げた。それを知って、九月に東京が福岡と競う形で、一九六四年に次ぐ「二度目のオリンピック」に踏み出した。

二〇〇六年八月、国内選考で福岡市を破る。東京は〇九年一〇月のIOCコペンハーゲン総会での開催地選考に臨んだ。リオデジャネイロ（ブラジル）、マドリード（スペイン）、シカゴ（アメリカ）との競争となる。第二回投票に残ったが、三位で落選した（開催はリオデジャネイロ）。

五輪招致を推進してきた東京都知事の石原慎太郎（元運輸相）はすっかりやる気をなくし

た。再挑戦に後ろ向きとなる。一一年三月、招致に熱心だった森喜朗（もりよしろう）元首相（後に東京五輪・パラリンピック大会組織委員会会長）や、自民党幹事長だった長男の石原伸晃（いしはらのぶてる）（元環境相）らが懸命に説得した。石原慎太郎知事は最後に翻意して受け入れ、次の二〇年大会招致への再挑戦を決めた。

一三年九月、ＩＯＣブエノスアイレス総会で、リオデジャネイロ五輪の次の夏季大会の開催地を決める投票が行われた。東京はイスタンブール、マドリードを破る。二度目の東京招致が決まった。

だが、〇九年に東京が一回目の挑戦でリオデジャネイロに敗れた場面を振り返って、松井は「東京がもう一度、手を挙げるとは思わなかった」と打ち明けた。

「それなら大阪がオリンピック招致に再挑戦したらどうか。場所もあるのだから、と思いました」

「だけど」と断って、松井が続ける。

「検討してみると、日本で夏季オリンピックが開催できるのは東京だけと分かりました。人口二七〇万人の大阪市が立候補しても厳しい。府議会でもそんな話をしました」

オリンピックが無理なら、もう一回、万博を、という気になる。

「僕らは東京と並ぶ『大大阪』を造りたいという気持ちがある。当時の橋下市長とは毎晩、飲んでいたから、東京がオリンピックなら、大阪は万博を、という話になりました。『大阪を再生・成長させる起爆剤は万博』とずっと言っていたのは堺屋さんです」

松井が明かした。

橋下も『文藝春秋』一九年四月号掲載の手記「さらば我が師、堺屋太一」で書き記している。

「東京五輪の招致活動が盛り上がっていたある日、堺屋さん、松井知事、当時は大阪市長だった僕の三人で、大阪の北浜にある古民家風の寿司屋の二階に集まったときのことです。酒をかっくらって大阪の将来を熱く語り合い、話題が七〇年の万博に及んだとき、ふと、堺屋さんが、こう口火を切ったのです。『もう一度、大阪で万博をやろう』(中略)松井知事もすっかりその気になって、翌日から二度目の大阪万博実現に向けて動き出しました」

維新によるプラン

橋下が堺屋と初めて会ったのは、「北浜の飲み会」の約五年前の〇七年一一月ころだった。大阪府知事になる二〜三カ月前だったことになる。前掲の「さらば我が師、堺屋太一」に書きつづっている。

「著名人の知り合いは多くないので、事務所のスタッフから、『堺屋太一さんから電話があり、会いたいとおっしゃっています』と聞いたときは正直、面食らいました。堺屋さんとは面識もなければ、共通の知人もいません。(中略)そのときは『大阪が大変なことになっているから是非会いたいということです』とスタッフが言うので、ただならぬ用件かもしれないと思って会うことにした」

面談場所の帝国ホテル大阪に向かった。会議室での二人きりの会話は四時間近くに及んだという。

「テーブルを挟んで話しているうちに、堺屋さんはこう言われました。『橋下さんの人生の一部を大阪に使ってくれないかな』」

当時、三八歳の橋下は、それまで弁護士活動とテレビ番組でのコメンテーターなどのタレント活動の日々だった。堺屋の言葉に心を突き動かされ、「政治の『スイッチ』が完全にＯＮに」と回想している。

堺屋から強く背中を押され、〇八年一月の府知事選への出馬を決意する。当選を果たして政治の世界に入った。

二年二カ月が過ぎた一〇年四月、大阪維新の会を旗揚げし、橋下が代表、松井が幹事長に就任した。橋下は一期目の任期満了を二カ月後に控えた一一年一一月、対立する大阪市長の平松(ひらまつ)邦夫(くにお)（元毎日放送アナウンサー・元役員室長）を打倒するため、満了直前で知事を辞職して大阪市長選に挑戦した。知事の後任候補に松井を擁立し、知事と市長のダブル選挙を仕掛けた。

二人はダブル選挙で当選を遂げる。維新は初めて大阪府と大阪市の両方の行政を握った。

翌一二年一二月の衆院選で、維新は五四議席を獲得し、衆議院でいきなり第三党に躍り出た。橋下と松井が「二度目の大阪万博」の誘致に走り出したのは、それから間もないころであった。

堺屋の熱心な提案でその気になった二人は、花火を打ち上げるタイミングを探る。一四年八月、橋下はテレビ番組で誘致構想を披露して国民へのアピールを展開した。一方で、松井が大阪府側の陣立て作戦を実行に移した。

「議会にも万博誘致の声があるという空気作りが必要でした。維新の議員団に『議会からも質問を出せよ』と働きかけ、それに対して、知事の僕が『ぜひやりたい』と意思表明を行って、その後に役所に調査・検討を命じました」

松井が回顧した。万博誘致は橋下・松井コンビのトップダウンによる維新主導のプランだったと認めた。

維新は大阪の再生・成長戦略に基づいて万博誘致に向けて動き出したが、その時期、最重要の挑戦目標と位置づけていたのは、万博ではなく、住民投票の可決による大阪都構想の実現であった。

第一〇章で後述するように、一五年五月に大阪市の約二一一万人による住民投票が行われたが、都構想案は約一万一〇〇〇票差で否決・不成立となった。橋下は直後の記者会見で「一二月の大阪市長選不出馬、政界引退」を表明する。予告どおり任期満了の一二月一八日に引退を実行した。

「あのとき、僕も一緒に辞めるつもりでした。橋下さんもそれは了承してくれましたが、自民党との対立の激化などで、結果として一一月の知事選に再出馬して再選となりました」

松井は回想した。

辞職した橋下の後任を選ぶ大阪市長選に、吉村が出馬して当選を果たす。大阪の府と市は「橋下抜き」の松井・吉村の新コンビで再スタートを切った。

安倍・菅を説得

橋下引退の約三カ月前の一五年九月、知事の座にあった松井は、イタリアで開催中だったミラノ万博を視察した。四月に大阪府の万博担当副理事として着任した露口も訪欧に同行した。振り返って語る。

「『食』がテーマで、日本館も出ていて、現地調査しました。実際に見て、松井知事も、やはり万博は発信力があると強く認識しました」

松井は併せてパリも訪ねた。経産省から日本大使館に派遣され、参事官としてパリのBIEの日本政府代表を務める武田家明（たけだいえあき）（現ジェトロパリ事務所長・2025年国際博覧会推進本部事務局次長兼博覧会推進室長）が、松井をBIEのビセンテ・ロセルタレス事務局長に引き合わせた。

武田はBIEとのつきあいが長く、開催国を選ぶ選挙も数多く見てきた。立候補する国は、何を訴え、どうアピールすべきか、詳しく知っている一人だった。振り返って述べる。

「松井知事との初めての接点で、大阪の万博誘致への熱意を感じました。ところが、もともとフランスが立候補しそうだという話はありました。一九〇〇年のパリ万博をはじめ、万博の伝統があり、パリは『万博都市』を自負していました。フランスが久々に手を挙げ、満を持して出てくると、ヨーロッパ各国の票も集まります。大阪は厳しい戦いになります。『勝つ自信は全くない。それでも立候補するというなら、惨敗だけは避けなければ』という『山本五十六長官』的な心境が当時の偽らざる気持ちでした」

山本五十六は敗戦前、連合艦隊司令長官だった海軍軍人で、勝機の乏しい太平洋戦争に反対しながら戦争を指揮したことで知られる。

それでも松井は万博誘致で突き進んだ。橋下が政界引退を実行した翌日の一五年一二月一九日、橋下と松井は東京に出向いた。夜、国会議事堂近くのホテルで、首相の安倍晋三、内閣官房長官だった菅義偉と会った。

松井が証言した。

「党は別ですが、官房長官とは個人的な人間関係を作り上げていて、毎年、忘年会をやっていました。それで『忘年会を兼ねて、橋下さんの市長送別会をやろうよ』という話になりました。その席で僕が『万博をやりたい』と持ち出しました」

万博構想を初めて耳にした菅が「どんなことをやるの」と関心を示した。松井は即座に「キーワードは健康・長寿です」と答える。

「日本は世界最高のスピードで超高齢化社会に突入していますが、最も大事な点は健康寿命を伸ばすことです。要はピンピンコロリ。一人一人が納得し、満足できる長寿社会を生み出す技術とサービスを提供します。超高齢化社会を乗り切るために日本中の英知を集めます。そんな万博をやりましょうよ」

松井は熱弁を振るった。

「それはいい。挑戦すべきテーマだね」

黙って聞いていた安倍が、その瞬間に反応した。

「官房長官、この話をまとめるように」

隣の菅にその場で指示した。

松井は年明けの一六年一月、首相官邸の官房長官室を訪ねた。万博誘致の課題や対応策などを幅広く検討するために設置した国際博覧会大阪誘致構想検討会が取りまとめた資料を持参する。府の担当者の露口も同行した。

「担当は経産省。大阪のプランをバージョンアップさせて作り上げよう」

菅は松井に誘致推進を表明した。安倍の後押しの約束はすでに取りつけている。松井は二五年開催に国が手を挙げるのは間違いないと確信した。

二度目の首相の安倍は、民主党政権時代に野田佳彦(のだよしひこ)首相主導による民主、自民、公明の三党合意で成立した消費税増税計画を実行した。一四年四月に税率を五パーセントから八パーセントに引き上げた。

案の定、景気が停滞した。安倍流経済政策（アベノミクス）の先行きに黄信号がともった。安倍は一三年九月、二〇年夏季五輪東京大会招致に成功し、景気浮揚の有力な武器を手にしていたが、長期政権を視野に、オリンピック後に懸念される景気後退への対策が必要だった。

そんな折、松井が首相官邸に二五年大阪万博構想を持ち込んだのだ。安倍には、万博がポスト・オリンピックの効果的な武器になるという判断があったと見られる。

もう一つ、安倍には、橋下や松井の協力を必要とする隠れた狙いがあった。安倍の最大の達成目標は憲法改正だったが、維新は改憲容認勢力である。万博誘致への安倍の前向き姿勢には、維新取り込みという計算が潜んでいたのは間違いない。

盛り上がりには欠けていたが

安倍の「太鼓判」を手にした松井は万博誘致に邁進した。二人三脚を組む大阪市の市長は、橋下の後、一五年一二月から同じ維新の吉村が務めている。

大阪府と大阪市は一六年九月、万博候補地を大阪市此花区の人工島の夢洲に決定したが、地元での万博誘致熱は今一つだった。当初は開催の実現を疑問視する声も大きかった。大阪府の露口が明かした。

「本当にやるのかという感じが強かったですね。われわれが可能性の検討を始めたころ、経済界は及び腰でした。実際に開催となれば、資金負担の問題も出てきます。会場の建設費は、われわれの基本構想では一三〇〇～一四〇〇億円くらいでしたが、府議会からは、それで本当に済むのかと言われました。会場へのアクセスも、トンネルができ上がっているとはいえ、一本の鉄道路線だけで、輸送は大丈夫かという声も多かった」

関西経済界は盛り上がりに欠け、当初は熱心に取り組む維新の指導部に引っ張られる形だった。支援の姿勢もおつきあい程度、という印象がぬぐえなかった。

そんな空気の中で、大阪府を中心に、準備作業が進む。会場選定と併せて、もう一つ重要な課題は、基本理念、メインテーマ、サブテーマなどの策定であった。

大阪府は候補地決定の三カ月前の一六年六月、「２０２５年万博基本構想検討会議」を設置した。六月三〇日の第一回全体会議から検討を開始し、一〇月二八日の第四回全体会議で大阪府案を策定した。

基本理念に「二一世紀の健康問題は、世界全体の課題」「高齢化の波は、先進国から世界各国へ拡大」を基本理念にうたう。メインテーマ案として「人類の健康・長寿への挑戦」を掲げた。

大阪府はプランの骨格を固め、二五年開催に向けて挑戦すると決める。経済効果も約六兆円と試算した。

松井はこのプランを首相官邸の官房長官、国側の担当の経産省に提出した。テーマに「健康・長寿」を掲げたので、併せて厚生労働省にも提示した。そこから国側の検討会が始まった。

万博開催の立候補期間は開催年の九年前から六年前までで、二五年万博は一六年から立候補が可能になる。予想どおり一六年一一月にパリを開催地とするフランスがＢＩＥに立候補を届け出た。

ほかの国の立候補期限は、それから六カ月以内である。正式に手を挙げるかどうかは、万博開催の主体の国に決定権がある。

大阪の提案を受諾した日本政府は、二五年万博の誘致に乗り出すことを決めた。露口が続ける。

「今度の大阪誘致の場合は、準備の期間が非常にタイトでした。フランスの届け出で、そこからヨーイドンに。立候補の期限は一七年五月となりました。国もわれわれの基本構想をベースにして、大急ぎで検討を開始しました」

パリにいた武田は一七年の一月半ば、大阪万博誘致に専念するため、東京の経産省からの指示で急遽、帰国した。武田が回想した。

「立候補までに、国の検討会は三回行われましたが、私は二回目から参加しました。大阪府が提案した『健康・長寿』というテーマで国際選挙を戦うのは、なかなか厳しいのでは、という意見が出ました。途上国などでは、公衆衛生とか新生児の死亡率の低下など、目の前の命を救うことが主要な課題で、『長寿』を訴えても、長寿でない国の共感は得られないのではないか、と。それでテーマを広げて『いのち輝く未来社会のデザイン』という表現になりました」

大阪府が提案した基本構想をベースに、経産省が中心となって検討を行い、安倍内閣は一七年四月に万博誘致を閣議で了解した。ＢＩＥに立候補の届け出を行った。

この時期、万博に対する国内の関心は高いとはいえなかった。誘致活動もこれからという状況だったが、一七年三月、やっと官民の万博誘致委員会が設立された。経団連会長の榊原が会長に就任する。民間の支援体制もでき上がった。

二五年万博の誘致合戦がスタートした。担当の経産省のトップは、安倍側近で関西圏の和歌山県選出の世耕である。万博誘致には当初から熱心で、一八年三月のＢＩＥ調査団の訪日の際も、東京と大阪の視察に経産相の世耕が自ら終始、同行した。

大阪の知名度を世界で上げる

日本の強敵はパリ開催を目指すフランスで、大阪とパリの一騎打ちと見られた。ところが、一七年五月の立候補の締切日に、ロシアと、中東に位置する旧ソビエト連邦のアゼルバイジャンが突如、立候補を届け出て参戦した。

エカテリンブルク開催案のロシアは二度目の立候補であった。二〇年開催万博の選挙の際、決選投票でドバイに敗れ、続けて再挑戦した。アゼルバイジャンは初めての立候補である。ロシアには選挙戦の経験とその後の蓄積があり、フランスと並ぶ強敵の出現だ。

大混戦が予想されたが、開催地を決めるＢＩＥ総会を九カ月後に控えた一八年二月、異変が起こった。最有力候補と見られたフランスが立候補を辞退したのだ。

大きく影響したのが一七年九月一三日にペルーのリマで開催されたＩＯＣ総会の決定であった。フランスは万博の一方で、夏季五輪大会の招致にも乗り出していたが、東京の次の二四年大会の開催地が全会一致でパリに決まった。

フランスの事情に詳しい武田が解説する。

「フランスはもともと財政問題が厳しかった。もしオリンピックが決まれば、万博誘致で何らかの変化があるかもしれないと思っていました。ただ、それを言うと、国内が緩むので、絶対に言いませんでしたが。その場合、オリンピックと万博が二四年、二五年と二年連続になります。フランスの構想は、万博は民間の資金でやれるというプレゼンテーションでしたが、フランスの財務省が精査すると、絶対に国費投入が不可避ということになりました。それでリタイアに」

「これで日本勝利は確実に」と一部で予想する向きもあったが、安心できる状態ではなかった。一つは、地元の大阪の空気であった。

開催地決定の一〇日前の一八年一一月一三日、『読売新聞』が大阪府民を対象にした世論調査の結果を発表した。二五年万博の開催について、「賛成」六六パーセント、「反対」一二パーセントだった。賛成は反対を大きく上回ったものの、それでも全体の三分の二にとどまった。楽な戦いではないと見られたもう一つの理由は、ライバルのロシアとアゼルバイジャンの取り組みであった。日本は誘致に成功すれば、登録博などの大規模博覧会として三回目となるが、ロシアもアゼルバイジャンも初開催である。その点をアピールして各国の支持を集める可能性があった。

一八年一一月二三日、パリで行われた開催地決定の選挙で、日本がロシアとアゼルバイジャンを下して、二五年万博の大阪開催の権利を手にした。「誘致合戦の勝因は」と、インタビューで松井に尋ねた。松井は「地域の人たちの熱量」を挙げた。大阪の万博誘致熱はそれほどでもなかったが、松井は「誘致熱の熱量」の高まりを強調した。

「決定の八カ月前の一八年三月に、ＢＩＥの調査団が大阪に来ました。そのとき、大阪中の人が万博誘致のロゴマークを掲げて大歓迎した。そこまでは予見していなかったけど、誘致活動をしていて、一九七〇年万博のころ、大阪が経済的にも町の空気もむちゃくちゃよかったことを経験している人たちの心に『もう一度』という火がついたのでは、と感じました。すごく盛り上がりました。誘致したいという地域の人たちの熱量が選挙結果に結びついたと思います」

武田は「日本の勝因」についてこんな見方を披露した。

「各国に対して、選挙に勝つための目先の利益に訴えるのではなく、例えばアフリカ諸国などに対しても、日本はアフリカ開発会議（ＴＩＣＡＤ）など、積み上げ方式で長く取り組んできています。そういう継続的な力が最終的には強いと実感しました。一言で言えば、国に対する信頼感です。開催地の大阪は、残念ながら東京、京都と比べると、一般的な知名度は国際的に高くありません。大阪のみならず、関西全体の魅力を訴えることで勝ったという要素も大きかった」

「二度目の大阪万博」の誘致成功に、首相の座にあった安倍はどんな役割を果たしたのか。

一三年九月の「二度目の東京五輪」の招致決定の場面で、安倍はブエノスアイレスでのＩＯＣ総会に自ら出席し、投票結果が発表となる日の朝、総会のステージで招致のプレゼンテーションを行った。その二年半前に発生した東京電力福島第一原子力発電所の事故で海に流出した汚染水の問題に触れ、「状況はコントロールされている」と世界に向けて明言した。

一方、パリでの「二度目の大阪万博」の誘致決定の場に、安倍の姿はなかった。安倍だけでなく、開催地決定のＢＩＥ総会には、ロシアもアゼルバイジャンも、トップの大統領は出席しなかった。

といっても、安倍が万博の誘致に不熱心だったわけではなかった。立候補届け出の後、日本は一七年六月、一一月、一八年六月、それにＢＩＥ総会の一八年一一月と計四回、誘致のプレゼンテーションを行ったが、四回とも、内容が異なる安倍のビデオ・メッセージが流れた。その都度、メッセージ作成のビデオ撮りにつきあったのだ。

万博開催の意義

松井は府知事在任時代に誘致が決まった五五年ぶりの二〇二五年大阪・関西万博について、開催の今日的意義や経済的な波及効果などを含め、「万博開催の狙いは三つある」と唱える。

「第一は、日本が安定して経済成長を続けるには、世界に対してビッグイベントが必要です。第二は、世界中でニーズのある新しいものを生み出す。柱になるのは健康や長寿というキーワードの新たな製品やサービスです。第三は、開催場所をベイエリアにすることです」

第二の健康や長寿に関する新たな製品やサービスについて、松井は「それをいつまでに完成させるという期間の目標が必要」と説く。

「日本が世界一の長寿国になった経緯を見ると、日本のさまざまな技術が生かされています。今、世界中で先進国は超高齢化社会になってきた。平均寿命は延びていますが、健康寿命との差があり、その差の一〇年間は、長生きはできていますが、自立した生活を送れていません。その人たちに対する社会保障費も増大します。日本は、新しいイノベーションでそこを解決する目標を作れるのではないか。それは世界中でニーズがあり、日本の新たな産業の柱になると思います。大阪は研究機関、大学など、先進医療に携わる人材が集まっていますから、大阪を中心として新しいものを生み出していく。その目標設定として万博は非常に効果があります」

第三の開催場所をベイエリアに決めた狙いは何か。

「ベイエリアは本来、どの国でも成長する核のエリアですが、大阪の場合は、今まで巨額の税を注ぎ込んできたのに、成長とかけ離れた『僻地』扱いになっています。マイナスの負債を有効な資産に変える。そのために大阪のベイエリアで万博を、と思っているわけです」

会場建設費も含め、運営費などの開催費用は一〇〇〇億円以上といわれている。財源問題について、松井は説明した。

「期間中の開催費用、運営費はチケット収入でまかなえると試算しています。会場建設費は一二〇〇～一三〇〇億円という概算が出ていますが、経済効果を考えれば、投資の価値は十分あると見ています。一三〇〇億円といっても、東京オリンピック・パラリンピックの国立競技場を一つ造るよりも安い。オリンピックは二週間の開催ですが、万博は半年間やります」

万博の誘致が決まったが、開催までの残り期間の最大の課題として、関係者がそろって指摘したのが、会場となる夢洲の整備であった。埋立地の人工島に想定入場者数の約二八〇〇万人が訪れたとき、アクセスの問題も含め、快適な状況を確約できる会場を用意できるかどうかである。

松井をはじめ、大阪の府と市の行政を握る維新は、一方で同じ夢洲に、カジノを中心とするＩＲを新設する構想を打ち出し、実現を推進する方針であった。ＩＲ実施法案は安倍政権の下で一八年七月に成立した。政府は全国に最大三カ所の開設を認める方針で、大阪は真っ先に手を挙げたが、ほかに和歌山、長崎などが開設に意欲を示していて、設置場所の決定は確定していない。

地元の大阪では、万博と違って、ＩＲには、抵抗感や反対論が根強い。政府は表向き「万博とＩＲは別々のプロジェクト」という姿勢である。もしＩＲの大阪開設が決まった場合、夢洲にＩＲと万博が同居したときの混乱に対する懸念が消えない。

松井ら維新の側には、それ以上に、万博とＩＲの相乗効果による「大阪経済の成長」への期待が大きい。ＩＲとの関係も含め、万博開催は大阪の政治と経済と住民生活をどう変えるのか。一八年一一月の誘致決定の後も、攻防が続いた。

第二章

絶頂の「1970年大阪万博」

アジア初の国際博覧会

大阪が輝いていた時代があった。一九六〇年代後半から七〇年代初めは、戦後の大阪経済の絶頂期といわれた。

「燃える大阪」の集大成として、多くの人々の記憶に今も刻み込まれているのが、一九七〇（昭和四五）年に開催されたアジア初の国際博覧会の大阪万博であった。「世紀の祭典」と呼ばれた六四年の一回目の夏季東京五輪大会とともに、力強い成長を実現した戦後の日本経済を象徴する二大イベントと呼ばれた。

「人類の進歩と調和」をテーマに掲げた大阪万博は、七〇年三月一五日から九月一三日まで一八三日間、吹田市の千里丘陵で開催された。開会式は三月一四日だった。

前日の一三日、三月なのに大阪には大雪警報が出て、降雪が心配されたが、一四日は好天に恵まれた。午前一一時、会場内のお祭り広場で、開会式が始まった。

「陸上自衛隊の音楽隊をはじめ、開会式にあわせて編成された320人の大吹奏楽団による演奏に乗って、参加国の旗が参加表明順に入場した。旗を囲むようにそれぞれの国のホステスが花道を歩く。中央まで来るとマイクで『こんにちは』『グッドモーニング』『ボンジュール』など、各国の言葉で挨拶を始めた。挨拶のたびに参加者からは拍手が送られ、会場はしだいに熱気を帯びていく。皇太子殿下によってスイッチが押されると、大屋根から吊られていた巨大なくす玉が割れ、世界の人々から寄せられたメッセージの入った紙吹雪や、約2万羽の千羽鶴が客席へと舞い散った」

橋爪紳也（はしづめしんや）（大阪府立大学研究推進機構特別教授）の著書『1970年大阪万博の時代を歩く』が描写する。皇太子は現上皇で、昭和天皇、皇后、皇太子妃（現上皇后）とともに開会式に出席した。

参加国は日本も含め七七カ国で、海外からは、ほかに四つの国際機関、一つの政庁（香港）、九つの州市が参加した。展示館は全部で一一六館、入場者数は当時として史上最大の六四二二万人、収支の黒字額は一九二億円に達した。

開催地の大阪府の知事は、五九年四月の初当選から一一年を経た三期目の左藤義詮であった。自ら「万博知事」と名乗り、万博実現に邁進した。

万博開催の七年前、二期目の知事選を迎えた六三年に「大阪で万国博を」と左藤に持ちかけた人物がいた。六〇年まで一四年間、大阪商工会議所会頭を務めた関西財界の代表格の杉道助（すぎみちすけ）（元日本貿易振興会理事長）である。

左藤が自著『万博知事』で回顧している。

「忘れもしない、昭和三十八年の恒例互礼会に、会議所の玄関でささやきかけられた一語が、わが〝老いらくの悲恋〟をかきたてた。『欧米だけでくり返された万国博覧会を、大阪でやろうじゃないか。オーストラリアの開拓二〇〇年をめざして、メルボルン市長がパリで運動してるらしい』」

といっても、左藤は大阪商工会議所の新年会で杉の万博誘致提案を耳にして、すぐにその気になって走り出したわけではなかった。七〇年大阪万博実現の立役者だった堺屋太一が、ウェブ記事「アエラドット」の連載「堺屋太一の戦後ニッポン70年」の「第17回　万国博覧会の功労者」に書き残している。

「大阪府の左藤義詮知事は当初慎重派。のちに私に漏らしたところでは『中馬馨大阪市長に万国博の開催をいわれた時には本当に悩んだ。三日ほど夜も眠れずやっと決断した。わしのあの決断で万国博が実現したんだ』という」

堺屋は通商産業省（後の経産省の前身）出身で、官僚時代に大阪万博の誘致を推進した中心人物であった。

本名は池口小太郎といった。一九三五年に大阪市東区岡山町（現中央区玉造）で生まれた。大阪府立住吉高校を卒業後、浪人して東京大学経済学部に進み、六〇年に通産省に入った。

堺屋の著書『地上最大の行事　万国博覧会』によると、万博との邂逅は、入省三年目の六三年八月、通産省の一七年先輩で通商局輸出振興課長だった山下英明（後に事務次官）が漏らした一言だったという。

独身だった堺屋は山下から最初、結婚話を持ちかけられた。見合いに応じたものの、「まだやりたいことがありますので」と断りを述べた。その場面を回顧する。

「山下さんはニヤリとして言った。『若い頃にはやりたいことを思いきりやるのもいいよな……』そして、あの運命的な言葉を呟いたのだ。『例えば、日本で万国博覧会を開催するとかね……』私はこれを聞いて衝撃を受けた」

堺屋は少年時代から博覧会好きだった。中学一年の四八年、大阪で開かれた「復興大博覧会」を見にいったのが始まりである。

山下の言葉で、眠っていた博覧会好きの魂が再び目覚めた。すぐに資料調べを始めた。やがて開催運動にのめり込んでいく。

国はまだ冷ややかな態度

「大阪で日本初の万博を」という動きがスタートしたが、通産省内の空気は冷たかった。戦後一八年を経て、日本経済は復興と再建の後、高度成長の坂道を懸命に駆け上がっているころである。通産省の主流は重厚・長大産業重視の「重工業派」で、代表格は重工業局長の佐橋滋（さはししげる）（後に事務次官）だった。

六〇年代の初め、海外からの自由化の圧力が強くなった。佐橋は国際競争力の強化を唱え、特定産業振興臨時措置法案を用意する。重要産業の集中による再編成を進める中心人物として知られた。

佐橋は万博誘致に反対だった。堺屋が前掲の自著で佐橋派の上司との舌戦を明かしている。

「呼ばれてこう言われた。『池口君、君は万国博を開こうなどと言っているようだけれども、これは当省の方針からみて望ましくない。今、日本国は額に汗して重工業化に励まねばならん時だ。博覧会のような遊びにうつつを抜かすのは通産官僚として好ましくない。万国博開催運動を続けるのなら通産省を辞任してからにしろ。すぐに辞表を書け！』」

堺屋は断固、ノーと答える。省内の冷たい逆風の中で万博開催の夢を追い続けたのだ。

一方の大阪府知事の左藤は、初代の民選知事だった赤間文三の後任として登場した。赤間は五〇年代、東京都の安井誠一郎（やすいせいいちろう）知事と並んで、全国の知事のリーダー格として知られたが、三期在任して国政に転じた。

左藤は大正末期に京都帝国大学文学部を卒業した。浄土真宗大谷派の僧侶の娘と結婚し、後に大谷派系の大谷学園の理事長に就任した。

戦後初の四六年の衆院選に旧大阪二区から出馬して当選する。四七年の第一回の参議院議員選挙で参議院に転じた。自由党、保守合同後の自民党に所属した。

防衛庁長官在任中、五九年四月の大阪府知事選の話が持ち上がった。大阪の杉が「赤間知事の後継に」と強く働きかけたのだ。左藤自身が前掲の著書『万博知事』で明かす。

「岸内閣で藤山外相と組んで安保改正の準備にとりかかったところを、郷土の知事候補にスカウトされた」

「権勢欲や名誉心から売りこんだおぼえはなく、強力な革新候補への対抗馬として、むりやりかつぎ出されたかっこうです」

当時の岸信介首相は政権の最大の目標として、六〇年に更新期を迎える日米安全保障条約の改定を掲げた。左藤は藤山愛一郎外相と連携して改定作業に着手したが、そこで大阪府知事にと誘われた。

「相手は必勝の意気高き革新のホープ小畑忠良候補だ。こちらは、いまはなき大野伴睦副総裁みずから選挙事務長を買って出て、さいごまで手に汗にぎる大接戦だった」と左藤は回想している。六〇年安保を前にして、革新勢力が躍進中だった。

自民党は危機感を募らせた。五九年の統一地方選挙で、東京と大阪の知事の死守を目指し、「勝てる候補」の擁立に血眼になった。

東京は三期目の安井都政が「伏魔殿の都庁」「利権の巣窟」と批判されて不評だった。革新陣営は五五年の都知事選で健闘した有田八郎（元外相）の再擁立を決めた。

自民党は東京オリンピック活用作戦を思いつく。都民のオリンピック待望熱に便乗する形で、ＩＯＣの委員だった医学者の東龍太郎（元東大教授）を担ぎ出した。

革新陣営は大阪でも、五五年の府知事選で赤間に惜敗した平和運動家の小畑忠良（元愛知県知事）を立てて勝負に出た。五九年の府知事選は、左藤の記述どおり、「大接戦」だった。

自民党は総力を挙げた。左藤は約一〇〇万四〇〇〇票を獲得する。小畑の得票は約九八万九〇〇〇票だった。わずか一万五〇〇〇票差という薄氷の勝利で保守府政の灯を守った。

戦争で夢と消えたオリンピックと万博

六三年一月、杉の勧めで万博誘致に傾き始めた左藤は、大阪府の東京事務所長に万博に関する政府の動向調査を命じた。

時の首相は岸の次の池田勇人(いけだはやと)で、所得倍増計画を核とする高度成長政策を推進中であった。池田内閣は公共投資の拡大で高度成長実現というシナリオを考えた。

大型公共投資には、国民の共感を呼ぶ旗印が不可欠である。オリンピックブームに着目し、東京オリンピックを成長達成の道具として活用する作戦を選択した。六三年に入ると、オリンピック関連事業に巨額の資金を投入し始めた。

並行して、政府内では六三年、通産省で企業局工業用水課にいた堺屋が中心となり、大阪万博の誘致活動を開始した。左藤はその動きを知った。

四月、左藤は二期目の知事選を迎えた。相手は初戦と同じ小畑だったが、二四万票差で連勝した。

同日投票で、大阪市長選も実施された。大阪市役所に勤務して五六年まで八年、助役を務めた中馬馨が、自民党候補を破って当選を果たした。イベント好きだった中馬は、堺屋の提案を聞いて、万博誘致に大乗り気となった。

万博誘致で、左藤も中馬も一つだけ気掛かりな点があった。東京の動向である。もし東京が万博誘致に手を挙げると、大阪は国内の候補地選考で負ける可能性が高かった。

東京は六四年の夏季オリンピック招致決定の実績もあり、宿泊施設など、条件も整っている。会場用地も晴海埠頭、多摩丘陵、千葉湾岸など、周辺に適地が多数、存在した。

大阪側の心配は杞憂に終わった。東京都知事の東は「万博誘致せず」の姿勢を示した。

国際博覧会の開催地は、ＢＩＥの総会での投票で決まる。第一章でも触れたように、現在、ＢＩＥによる国際博覧会には、総合的なテーマの大規模博覧会の「登録博」と、中間で行われるテーマ型の「認定博」の二種があるが、七〇年の大阪万博は総合的なテーマの大規模博覧会で、当時は一般博と称された。現在の登録博である。大阪万博は一般博として日本を含むアジアで初の開催の国際博覧会であった。

初めて誘致に成功したが、日本が開催を目指したのは、これが初めてではなかった。過去に三度、挑戦の動きがあり、四度目の正直で開催権を手にした。

一回目は一八九〇（明治二三）年の開催を目指した「亜細亜大博覧会」構想、二回目は一九一二年の「日本大博覧会」の東京開催案が計画された。だが、二回とも時期尚早論や財政難で立ち消えとなった。

三回目が神武天皇の即位から二六〇〇年とされた一九四〇（昭和一五）年の開催を予定した「紀元二六〇〇年記念日本万国博覧会」である。同時並行で準備が進んでいた四〇年の「紀元二六〇〇年の東京オリンピック」とセットで開催する計画であった。

「幻の東京オリンピック」と呼ばれることになる四〇年開催予定の夏季五輪大会は、三〇年に当時の東京市長の永田秀次郎（後に鉄道相）の提唱で招致運動が始まった。三六年七月、IOCのベルリン総会での投票で、東京がヘルシンキを破って初めて開催権を握った。

一年後の三七年七月、支那事変（日中戦争）が始まる。雲行きが怪しくなってきた。軍部が「聖戦遂行に欠かせない重要物資をオリンピックがごとき遊びのようなものに使わせるわけにいかない」と競技場建設資材の統制を言い出した。

その後、中国大陸での戦火は拡大の一途をたどった。日増しに戦時色が強くなる。三八年に入ると、国全体でオリンピックや万博どころではないという空気が支配的となり、開催返上論も噴き出した。

七月、近衛文麿内閣は閣議で正式に東京オリンピックと東京万博の返上を決定した。当時、東京市役所の職員で、永田市長秘書も経験した磯村英一（戦後に東京都民生局長、東洋大学学長）が、四十数年後にインタビューで回想した。

「万博は四〇年に東京の晴海で開催することになっていて、すでにチケットも売り出していましたが、取りやめになった。戦時体制になり、オリンピックも万博も外国人がたくさんやってくるからまずい、というのも中止の理由でした」

同時に開催が決まっていた札幌での冬季オリンピック大会も一緒に開催返上となる。日本は以後、戦時下の長い冬の時代に突入した。

少年の心をとらえた「復興大博覧会」

第二次世界大戦による戦火で、全国のほとんどの主要都市が焦土と化した。大阪も大空襲で焼け野が原となった。

大阪市は昭和初期の一九三〇年、人口が二四五万人を超え、二〇七万人の東京市をしのぐ日本一の大都市だった。四〇年がピークで、戦中の四四年でも二四四万人を維持していたが、敗戦後は約一一一万人に激減した。

廃墟から再出発する。敗戦からわずか三年後、焼け跡の影が色濃い大阪で、博覧会が開催された。中学生の堺屋が足を運んだ「復興大博覧会」である。

毎日新聞社の主催で、大阪府と大阪市、各種団体が協力し、四八年九月から一一月まで六一日間、大阪市天王寺区の夕陽丘を会場にして開催された。橋爪の著書『1970年大阪万博の時代を歩く』が紹介する。

「160万人が来場する一大イベントとなった。1日平均約2万6000人を集めた計算になる」

「集客の目玉の一つがテレビジョンであった。東芝の白黒テレビが会場にお目見えし、公開実演が行われて大人気となる」

復興が進むにつれて、大阪の人口も急増した。大阪市は敗戦の年の一一一万人から、五〇年には約一九六万人、五五年に約二五五万人、六〇年に三〇一万人と、うなぎ登りで増加した。

大阪府の人口も、四五年の二八〇万人から、六〇年には五五〇万人と倍増した。

流入人口の激増で、住宅不足が深刻となった。大阪府は住宅開発と臨海開発を促進するため、六〇年に企業局を新設した。神戸大学大学院教授の砂原庸介（すなはらようすけ）の著書『大阪――大都市は国家を超えるか』が企業局の役割を解説する。

「大阪市では一九六〇年代に入る頃にはすでに市内全域で都市化・過密化が進んでおり、港湾部を除いて新たな住宅開発は困難であった。必然的に、大阪市外に住宅開発が求められることになり、企業局の主導で計画人口一五万人の千里ニュータウン、同じく一八万人の泉北ニュータウンという大規模な事業が行われた」

大阪府は五八年、日本初の大規模住宅街となる千里ニュータウンの開発を決定した。豊中市と吹田市にまたがる千里丘陵で、六一年から工事が始まった。七〇年万博の会場は、四年後の六五年四月に千里ニュータウンの東側の隣接地に決まった。

そのころ、同時並行で六四年の夏季東京五輪大会の再招致も進行した。戦前の三八年にオリンピックと万博が返上となって二〇年余りが過ぎた五九年五月、IOCミュンヘン総会で東京再招致が決まる。六四年開催が確定した。

大阪府知事の左藤は、戦前に同時開催が決定済みだった東京オリンピックと東京万博が戦時体制下の軍部の反対で共に中止となった点を取り上げ、前掲の著書『万博知事』で、「万国博大阪誘致に対するあなたのモラル・サポート」という表現を使って、東京都知事の東の対応に感謝の意を示した。

「皇紀二六〇〇年記念に万国博を開こうとした記録が残っている。二年にわたって着々準備を進めた、その予定地が晴海海岸であったことはまぎれもありません。戦雲で中止になった過去の実績をタテにとって東京都が対抗せられたら、ほかの国に漁夫の利をしめられたかも知れません。内々には、オリンピックで建てすぎたホテル協会などの運動もあったようです。多摩丘陵とか千葉海岸などの声もきこえました。それを抑えて、最後まで〝無言の支援〟を貫ぬいてくださったあなたのステーツマンシップに対して、深き感謝をささげずにはいられません」

他方、東は自身の生い立ちを自著『独善独語』に書きつづっている。

「大阪は私の生まれ故郷である。船場の真ん中の東区南久太郎町三丁目に門戸を張る町医者、六代目東藤九郎の長男として生をうけたれっきとした『贅六』であり、チャキチャキの『船場のぼんぼん』である」

都知事在任中、東は東京オリンピックで手いっぱいだったと思われるが、きっすいの浪速っ子の血が「大阪万博の成功」を望んだのかもしれない。「東京万博」の再誘致には手を出さないことで、陰ながら大阪開催を後押ししたのだろう。

すべてが「未定」のままで走り出す

東京オリンピック再招致決定の四年後の六三年、堺屋が万博の再誘致に向けて活動を開始した。

九月、通産省で通商局通商調査課から企業局工業用水課に異動になる。直属の上司だった課長補佐の原田稔（後に高圧ガス保安協会会長）が堺屋に、「義父の豊田雅孝は戦前、商工省で紀元二六〇〇年記念日本万国博覧会の担当課長だった」と明かした。

商工省は通産省の前身である。豊田は東京帝国大学を卒業して商工省に入り、企業局長、次官と昇進した。戦後、商工組合中央金庫理事長を務めた後、五三年から参議院議員の座にあった。

原田の紹介で豊田と面会の機会を得た堺屋は、「オリンピックの次は万博を」と訴えた。豊田はその場で賛同する。自民党商工部会で自ら「政府は万博の日本開催を考えたらどうか」と唱えた。

大阪出まれの堺屋は、一方で大阪経済の盛衰がずっと心配だった。工業用水課に配属になり、二つの大阪の「地盤沈下」に直面した。

一つは、急激な産業開発に伴う大量の工業用地下水の汲み上げによる土地基盤の沈下という公害問題である。もう一つは、東京一極集中に伴う衰退という「大阪経済の地盤沈下」であった。

関西財界にも、何か盛り返しのきっかけがほしいという空気があった。堺屋は大阪商工会議所専務理事の里井達三良（後に関西国際空港ビルディング社長）や大阪市長の中馬らとも接触し、万博誘致を説いた（以上、前掲『地上最大の行事　万国博覧会』参照）。

一回目の東京オリンピックが開催となる六四年を迎える。最初は万博誘致に異論が目立った通産省も、やっと本腰を入れるようになった。

企業局に国際博覧会調査室を設置する。堺屋は六五年七月、工業用水課と兼務で調査室入りした。

万博誘致の話は通産省以外の一般の人々にも広く伝わり始めた。六四年七月、大阪市立大学助教授だった梅棹忠夫（後に京都大学名誉教授）ら、民間の有識者も「万国博を考える会」を結成した。

メンバーだった経済企画庁（現内閣府）の経済研究所所長の林雄二郎（後に東京工業大学教授）、京大人文科学研究所助手の加藤秀俊（後に学習院大学教授）などが中心となり、万博に関する情報の収集や調査・研究を開始した。同じくメンバーの一人だった作家の小松左京が、その時期に入手した情報に基づいて、著書『やぶれかぶれ青春記・大阪万博奮闘記』で、政府の万博誘致の事情について述べている。

「関西で万国博を、という話がどこから出ているのか、しらべると、どうやら通産省の輸出振興関係、それにジェトロもからんでいるらしいということがわかった」

ジェトロ（ＪＥＴＲＯ。当時は日本貿易振興会。現日本貿易振興機構）は、貿易の拡大や経済協力の促進を目指す通産省所管の特殊法人であった（現在は独立行政法人）。小松は万博開催案が一種の輸出振興策として提案されたという情報に、「何となくひっかかるものがあった」と書き記している。

一回目の東京オリンピックは六四年一〇月一〇日に開幕し、二四日に閉幕した。がんを患って入院治療中の池田首相は、閉幕の翌二五日に退陣を表明した。後継の座をつかんだのは、七月の自民党総裁選で池田に敗れた佐藤栄作(さとうえいさく)であった。

佐藤首相の登場から二カ月余が過ぎた六五年一月、堺屋は通産省の一〇年先輩の林義郎(はやしよしろう)(当時は産業機械課長。後に蔵相)から、「佐藤首相のところに行かないか」と電話で誘われた。数日後、二人は世田谷区代沢の佐藤邸の門をくぐった。面会の場面を、堺屋が前掲の著書『地上最大の行事 万国博覧会』に記述している。

「佐藤総理は、私が論じる万国博覧会の理念と効果にじっと耳を傾けていた。そして最後に、『それは面白い!』と言った。『池田のオリンピックに続いて、佐藤の万国博覧会にしたい』という旨の言葉まで飛び出した」

首相のお墨付きを得て、いよいよ国を挙げて万博誘致に突き進む態勢が出来上がったが、壁は高かった。国際博覧会条約には、開催は二年以上の間隔を置き、開催国はヨーロッパ・アフリカ、南北のアメリカ、そのほかの三地域に分けて、同一地域内では六年に一回、一つの国は一五年に一回、という規定があった。

戦後は、「ヨーロッパ・アフリカ」グループのベルギーが初の一般博の認可を受け、五八年にブリュッセル万博を開催した。一方、「南北アメリカ」グループでは、カナダのモントリオール万博の六七年開催が決定済みであった。日本は「その他」グループとして、間の六四年開催を狙う計画である。

ところが、未解決の大きな問題があった。六四年の時点で、日本は国際博覧会条約を批准していなかったのだ。

国会は六四年一二月に大急ぎで批准を終える。六五年二月、日本はやっと正式に博覧会条約の加盟国となった。

日本政府は「開催の申請は五年前から」という博覧会条約の規定に基づいて、四月にＢＩＥに申請を行った。ＢＩＥは理事会の前の予備審議で日本の申請を「登録適格」と認めた。

だが、「最後の関門」が残っている。誘致の正式決定には、申請した登録について、一年後の六六年のＢＩＥ理事会で承認を得る必要があった。それには理事会が万博開催国として適当と判断できる具体的な誘致プランを作成して提示しなければならない。

堺屋が前掲の自著で六五年四月の状況を明かしている。

「日本が博覧会事務局に出した申請は『七〇年に日本国の大阪で万国博覧会を開催する。主要組織未定、会場未定、用地面積未定、会期日程未定、資金計画未定、すべて来年五月の理事会までに決定する』というものだったのだ。万国博をやる、ということ以外、すべてが『未定』だった」

左藤の用地買収策

六五年四月の段階で、開催会場も未定だったが、七〇年万博はどんな経緯で開催地が大阪に決まり、会場が吹田市の千里丘陵に選定されたのか。

ＢＩＥへの開催の申請の際に決まっていたのは、七〇年に日本の大阪で一般博覧会を開くということだけだったが、堺屋が前掲の著書で解説する。

「前年（一九六四年）四月に大阪府知事、市長、商工会議所の会頭が三者連名で『国際博覧会開催要望書』を提出した時点では、千葉県が現在のディズニーランド周辺を候補地として提案してきた。そのほかに、神戸の埋め立て地がいいのではないかという案、琵琶湖の周囲という意見もあった」

左藤も『万博知事』で明かす。

「河野一郎建設大臣をかこむ瀬戸内海の船上会談で、『万国博を近畿へ』と提案して、沿岸各知事の賛同を得たまではいいが、『では、第二会場を神戸へ』、『いや琵琶湖岸へ』という声があがる。ＢＩＥの事務局では単一会場論がつよく、千里一本に決着するまで、当時の櫻内義雄通産大臣には人知れぬご苦労をかけた」

六四年の後半、池田内閣の建設相の河野一郎（後に副総理兼国務相）は、佐藤とともにポスト池田の座を狙う自民党の実力者だった。後に衆議院議長を務める櫻内は河野派の中堅である。堺屋が前掲の著書で続けて記述する。

「だが万国博への取り組みにおいては、大阪に一日の長があった。大阪商工会議所は四〇〇万円の費用を集めていたし、大阪府知事も市長も万国博開催を決意していたのだ。大阪ははやばやと万国博開催を宣言した」

といっても、六五年四月に日本が申請を行った時点では、主要組織や会期日程だけでなく、会場も用地面積も、すべて未定だった。

最大の問題は、大阪のどこで開くかという会場の選定である。交通の便がよく、用地面積は最低一〇〇万坪（約三三〇ヘクタール）というのが条件であった。

候補地には、千里丘陵のほかに、埋め立てによる造成地の大阪市住之江区の大阪南港（咲洲は約一〇四五ヘクタール）、豊中市の府営服部緑地（約一二六ヘクタール）とその周辺、大阪市鶴見区と守口市にまたがる鶴見緑地公園（約一二二ヘクタール）などが浮上した。

左藤が最適地と狙いをつけたのは千里丘陵だった。『万博知事』に書き残している。

「東洋一をほこる千里ニュータウンに隣接して、虎の子の丘陵百万坪が残っている。名神高速道路ぞいに中央環状線や御堂筋線と交差し、やがては中国縦貫道路の起点にもなる、京阪神を結ぶ西日本の中核として、これ以上の適地があろうか。一方、市政百年の心血を注ぐ大阪港内には、広大な南港埋立地ができている。中馬市長がここを主張せられたら、漁夫の利はどこかの国にさらわれたかも知れない。船場にヘソの緒をうずめた東前都知事のモラル・サポートもありがたかったが、いさぎよく千里丘陵に賛成した中馬市長のフェア・プレーにも深甚の敬意を表したい」

左藤が千里丘陵を強く推したのは、約一〇〇万坪の広さの土地の大部分が民有地だったからだ。頭の中には、後に七八年に開港となる千葉県の成田空港をめぐる騒動と混乱の事例があった。

成田空港建設では、この地域に四〇〇ヘクタールを超える国有地・下総御料牧場が広がっていて、「国はこの国有地に、取得した民有地をくっつけて空港を造ろうとしたわけだが、この戦略は結果的に大きな反対運動を引き起こすことになった」と前置きして、堺屋が前掲の著書で解説している。

「国有地を広げて、迷惑施設である空港を押し付けるものと考えられたからだ。そこで、成田を反面教師にした左藤知事は『オール買収でいく』と宣言した。公園などの国有地のある場所はすべて外す。全くの民有地をゼロから買収する方針を固めたのである」

成田空港建設のケースを教訓に、と考えた左藤は、竹林や雑木林が広がる広大な民有地が残っている千里丘陵に着目したのだ。

万博会場用地が千里丘陵に決まると、用地はすべて買収で、と宣言した左藤は、即座に「一〇〇万坪の買収を一〇〇日間で」と、「買い値は一坪三万六〇〇〇円で」という二つの号令を発した。堺屋が左藤の考え方を分析して著書に書き残している。

「高い値段での買収は、すなわち、万博が嫌われるイベントだということになる。万国博の成功のためには、地主たちに、迷惑施設のために土地を売ったという思いを残してはいけないのだと。あなたの土地にいいものができるから、楽しいイベントが開かれるのだから、どうぞ安く売ってくださいと地主を説得する――これが左藤知事のロジックであった」

左藤方式は六五年八月末、達成された。号令から一〇一日で一〇〇万坪の買収は完了した。

一九七〇年大阪万博開催

日本は一年間で「未定」を「確定」に塗り替えた。万博のための組織として、会場運営を担う「日本万国博覧会協会」（会長は当時の経団連会長の石坂泰三（いしざかたいぞう））と、準備の実務を担当する「国際博覧会準備委員会」を発足させた。会場は「大阪の千里丘陵」、用地面積は「三三〇ヘクタール」、会期日程は「七〇年三月一五日〜九月一三日の一八三日間」、資金計画は「会場建設費四九二億円」と決まった。

六六年五月、ＢＩＥ理事会は日本の開催を正式に承認した。「人類の進歩と調和」をテーマに掲げる七〇年大阪万博の誘致が決定した。

四年後の七〇年三月一四日、大阪万博の開会式で、当時の天皇、皇后、皇太子夫妻らを前にして、左藤は胸を張ってあいさつした。

「小雪混じりの雨は万国博の開会式を清めてくれました。必ず大阪万博は成功します」

名調子のスピーチを得意満面で口にした。

一八三日後の九月一三日、大阪万博は閉幕した。橋爪の前掲の著書『1970年大阪万博の時代を歩く』が閉会式の情景を伝える。

「最後に皇太子殿下のお言葉を賜ると自衛隊の祝砲が轟いた。参加国の旗とともにBIEの旗も同時に降ろされ、石坂会長からシャロンBIE代表へと手渡された。旗は次のフィラデルフィア万博へと引き継がれる」

「午前11時、閉会式は終了した。上空には航空自衛隊によるサヨナラの4文字が描かれていた」

万博実現で牽引車の役割を果たした堺屋は、前掲の著書『地上最大の行事　万国博覧会』で「日本万国博は大成功だった、と思う」と表明する。「万国博の成果」と題して、延べ入場者六四二二万人という数字について、「開催前の予想の三〇〇〇万人の倍以上、実に日本国民の六割が万国博にやって来た」、収支の黒字額一九二億円も、「国家予算が八兆円の時代である。巨額な黒字と言っていいだろう」と強調した。

「人材の輩出」について、「日本万国博は、その後の日本をリードし、国際的に活躍する人材を生んだ」「年功序列、実績主義の日本において、なぜ万博では二〇代、三〇代の若手が活躍できたのか。それは先述の通り、前例のないイベントだったから。日本は利権社会である。利権闘争のないイベントだったからこそ、未来を見据えた挑戦的な人材登用が可能となった」と評している。

七〇年大阪万博の経済効果は当時、約二兆円といわれた。七〇年度の国の一般会計予算は約七兆九五〇〇億円で、その四分の一に相当した。二〇二二年度予算（一般会計総額）が約一〇七兆六〇〇〇億円に達した現在、単純に比較すれば、約二七兆円という計算になる。

万博が大阪経済にもたらした効果は明確ではないが、開催の一九七〇年度、大阪経済、あるいは大阪府を含む関西圏の二府四県の経済は戦後のピークだった。

内閣府の『県民経済計算』によれば、全国の総生産に占める大阪府の府内総生産（名目値）は、六〇年は九・〇パーセントだったが、七〇年が一〇・二パーセントに上昇する。以後は八〇年が八・七パーセント、九〇年が八・五パーセント、二〇〇〇年が七・六パーセントと下降の道をたどった（大阪府商工労働部〈大阪産業経済リサーチセンター〉「大阪の経済成長と産業構造」参照）。

他方、『日本経済新聞』（電子版・二〇一九年四月二二日発行）掲載の「失われた50年、関西復権の条件」は、「2府4県の域内総生産（GRP）が国内総生産（GDP）に占める比率は、大阪で国際博覧会（万博）が開かれた1970年度の19％強がピーク。直近の2015年度は15％強に沈む。関西は『失われた30年』どころか、『失われた50年』に今なお直面する」と報じている。

第三章

黒田共産党府政

自民党の集票力の低下

一九七〇（昭和四五）年、大阪府知事として現地で大阪万博を担ったのは左藤義詮であった。一一年前の五九年から府政を担い、三期目の末期に万博を迎えた。「大成功」と評された大阪万博の担い手だった左藤の知事としての政治基盤は盤石と見られた。次の四回目の知事選は万博の直後だった。開会の一三カ月後、閉会からわずか七カ月後という巡り合わせである。「万博知事」の看板と評判の威力は絶大で、以後の長期在任は間違いないと、本人も周囲の関係者も疑っていなかった。

懸念材料は、在任六年超となる佐藤栄作首相に対する国民の反発や飽き、六三年の飛鳥田一雄・横浜市長や六七年の美濃部亮吉・東京都知事の登場による「革新自治体」台頭という潮流、公害問題に対する住民の不満や反対といった点であった。それでも府知事選四選は確実と信じ込んでいたようだ。

大阪府知事選では四七年以来、自民党が支持する赤間文三と、その次の左藤が勝利を重ね、保守府政が続いた。とはいいながら、大阪での自民党の集票力は低落の一途をたどった。衆院選の得票率を見ると、自民党は五八年総選挙で初めて五〇パーセントを割った。六三年は三八・八パーセント、六九年は二六・二パーセントまで落ち込んだ。

対して、「革新自治体」の実現を目指す社会党と共産党は票を伸ばしてきた。両党の合計の得票率は、五八年衆院選では自民党と同率の四九・五パーセントだったが、六三年は三九・七パーセント（社会党二六・三パーセント、共産党一三・四パーセント）、六九年は三一・四パーセント（社会党一七・三パーセント、共産党一四・一パーセント）と、自民党を上回った。

社会党と共産党は七一年四月の大阪府知事選で「保守府政ストップ」「革新自治体実現」を唱え、足並みをそろえた。七〇年秋から統一候補探しを始める。一方で、政策協定と共闘の組織協定を締結した。

最終的に左藤の対抗馬の統一候補に浮上したのは、大阪市大教授だった憲法学者の黒田了一である。本人が著書『わが人生論ノート』に書き残している。

「共産の推す学者・文化人では社会が警戒して賛意が得にくい。といって、全国各地の事例からして、労組の委員長や社会党の議員では幅広い支持が得られない」

黒田は統一候補として取りざたされた毛利与一（元大阪弁護士会会長）、社会党顧問の田万清臣（元衆議院議員。元社会党大阪府連委員長）、帖佐義行（元大阪総評議長）、渡瀬譲（元大阪市大学長。物理学者）、本城市次郎（元大阪大学名誉教授。生物学者）、岡田実（元阪大総長。溶接工学者）、林直道（元大阪市大教授。マルクス経済学者）、宮本憲一（同。財政学者）、本多淳亮（同。労働法学者）の名前を列挙した上で、続けて述べる。

「せっかく社・共連合戦線の気運の盛りあがりにもかかわらず、候補者選びの見通しが立たない。実は私自身も両党の依頼を受けて候補者探しに一役買ったのであるが、なんといっても自民党の現職候補を相手の戦いである。これを打倒することの困難さはだれもが痛いほどよく承知している。だれが候補者になろうが、知名度においては現職と比較すべくもないし、すでにその差をちぢめるための時間的余裕もない。いわば、もはや立ちおくれの状況にある。だからこそ、候補者の引き受け手を探すことがいよいよ困難になってくる」

その結果、候補者の擁立役だった黒田にお鉢が回ってくる。黒田が続けて述べる。

「こうした状況のなかで、いつしか候補者の的は私に向けられてきた。私はたんなる世話役であり、舞台裏の演出者の一人にすぎない。シナリオ・ライターが俳優として登場するなど、とんでもない場違いであり、いわばミス・キャストである。たしかに、私は選挙制度の研究についてはそれなりの実績があり（『選挙制度の見方・考え方』などの冊子発行）、また選挙情勢の分析についてはある程度の自信を持っていたが、あくまでも研究者・理論家の域を出でず、みずからが選挙戦に乗り出すなど思いも及ばぬことであった」

だが、火中の栗を拾う決意を固めた、と明かす。

「革新統一の芽を絶やすことがあっては、後世に堪えがたい悔いを残すであろう。他にその責めを負うものがなければ、みずから十字架を背負うほかない。この際、その大役はあえて私が買って出よう、とついに私は決心した」

黒田を窓口にして学者候補擁立工作を仕掛けたのは、社会党大阪府本部書記長の荒木伝（あらきでん）で、最後に黒田に白羽の矢を立てたという。

別の見方もある。民社党中央理論誌『革新』七九年三月号掲載のレポート「黒田共産府政を総括する」（清永高志執筆）が、「政治通によれば」と断って、「学者が出たがらなかったのは、使者となった黒田さんに信用がなかったためであり、また、黒田さん自身が出たかったので、わざとツブれるようにしていたんだ、というのである」という話も紹介している。

あだとなった万博成功による自信

四選を目指す左藤の対立候補は黒田と決まった。左藤は余裕綽々で、「黒田という人は、見たことも聞いたこともない」と豪語し、選挙の行方にも自信満々であった。

七一年四月、知事選を迎える。投票結果は、黒田の約一五五万八〇〇〇票に対して、左藤は約一五三万三〇〇〇票だった。約二万五〇〇〇票差で左藤は敗北を喫した。

負けた保守陣営からは「大番狂わせ」「青天の霹靂」と驚きの声が噴出した。その裏で、自信過剰と傲慢さ、油断と楽観の左藤が、府民の離反を招き、敗れるべくして黒田に敗れた自滅型敗北という冷静な評も多かった。

黒田自身は前掲の自著で「立候補を決意した瞬間から、必勝の予感をもって終始した」と打ち明け、勝因を次のように説いた。

「相手は元防衛庁長官、自民党、財界の要望に応えて、堺臨海工業地帯の造成と万国博覧会の北摂誘致に成功したことを誇り、千里・泉北ニュータウンの建設に力をそそいだことを積極的に宣伝した。しかし、実はそのことによって大阪の重化学工業化がいちだんと進んだ半面、地場産業や農漁業はいよいよ苦境を強いられ、大気汚染・水質汚濁・騒音・振動等による環境破壊はもはや放置しがたい状況をもたらしたし、医療・福祉・教育・文化の立ち遅れもいちじるしく、そのことがまた住民の不安をつのらせつつあった」

一九六〇年代、日本経済は世界が注目する驚異の高度成長を実現した。大阪経済も同時に成長を遂げたが、公害発生など「ひずみ」が大きな政治問題となった。

保守政治の公害無策に反発した府民が、大阪でも一二年の長期政権を誇った左藤府政にイエローカードを突きつけたのだ。砂原庸介著『大阪——大都市は国家を超えるか』が七一年府知事選の結果を分析している。

「大阪市内全体で見ると、黒田五九万四三五一票に対して左藤六二万四七四〇票と左藤票のほうが多い。しかし、此花区・港区・西淀川区・東淀川区など公害の厳しい地域で黒田が左藤を圧倒したほか、伝統的に保守色が強い大阪府の南部地域でも、堺市・高石市・泉大津市といった堺・泉北臨海工業地帯の造成にともなって公害が激化している地域で多くの票を獲得したことが、黒田の勝利の要因であった」

大阪の「革新府政」がスタートした。といっても、大阪府議会は総議席一一〇のうち、社会党が二三、共産党が一四で、計三七議席の少数与党であった。

最初に訪れた関門は副知事の任命である。黒田は七一年四月の就任直後、左藤知事時代の三人の副知事と出納長が提出した辞表を受理せず、八月の任期満了まで続投させた。

八月の選任で、副知事には出納長を昇格させる一方、残りの副知事の人選に入った。黒田は独自の副知事候補を思い描いたが、別の人物を副知事にする構想が進行した。黒田が前掲の著書で回顧する。

「幸か不幸か、社会党の幹事長が、民社の副議長とともに、自治省官房長の岸昌（きしさかえ）氏を副知事に迎える工作をどんどん進めてしまった。そして引くに引けない既成の事実をつくりあげたうえで、私が自治省におもむいて懇請するようにとの助言である。（中略）私は両与党の幹部にたいし、人事については私の方針を優先させてほしいと申入れたことを述べたが、そのことが社会党の府議団には通じていなかった。しかも、与党の一つである共産党には一言の相談もかけられず、社・民・自が先行していった」

黒田自身は学者や女性の副知事起用プランを思い描いていたが、壁は高かった。黒田の回想が続く。

「私のひそかに描いた学者副知事や女性副知事については、具体的な提案の機運を醸成することもできず、結局は社会党の構想に乗らなければ、議会の承認はとても得られない状況であった。革新府政の門出にあたって、いつまでも副知事問題にかかずらわっていては、環境・福祉等の新しい政策の推進にもさしさわりを生ずる。やむなく、私も重い腰をあげて自治省との直接交渉に乗りだした」

自治省（現総務省）の官僚の岸は、七五年に副知事を辞任した後、七九年の大阪府知事選で黒田を破って知事となる人物である。

岸の副知事起用をしぶしぶ受け入れた黒田は、「岸昌氏の性格・人物・識見等には、私の趣向と相容れないものがあった。しかし、それさえも受容せざるをえない政治力学のもとに革新府政が一歩踏み出されたのである」と書く。

岸のほうも、「距離を測りながら副知事に」という心境だったようだ。著書『暁闇をひらく』で明かしている。

「私が革新府政の副知事を引受けるという意外な選択をあえてしたのは、大阪府政を将来の『政権』構想のステップにしようとする特定の政権の実験に加担するためではなく、中央直結を謳歌した保守府政が一敗地にまみれた後において、（中略）地方自治を大阪府という一つの地域を舞台にして実現してみたい、と考えたからにほかならない。（中略）大阪という地域には、中央政治と違った、大阪という地域に特有の共通の問題がある。それを大阪府の『総意』によって、自主的・自発的に解決してゆく。私はその舵取りをしよう。それが私の使命だ、と考えたのであった」

岸が特筆した「将来の『政権』構想」と「特定の政権の実験」とは、共産党が提唱する「革新統一戦線」による「民主連合政府」樹立というプランと、構想実現のために共産党が主導して進める「革新自治体」の拡大などの運動を指している。岸は共産党の政治目的に手を貸す意思はないと明言したのだ。

公害に対する規制強化

憲法学者の黒田は、当選した府知事選で「大阪にきれいな空を取り戻そう」と公害対策を強く打ち出し、「公害知事さんさようなら、憲法知事さんこんにちは」と訴えた。公害拡大に反発する府民の支持を背に知事選勝利を果たした、と強く意識する黒田は就任後、何よりも公害対策・環境保全に力を入れた。

第一に取り組んだのが、工場三法の厳格適用による規制の強化だった。工場三法は工業等制限法、工業再配置促進法（七二年制定、二〇〇六年廃止）、工場立地法（〇五年制定の旧法を七三年に改称。現在も存続）を指している。その一つの工業等制限法は、「首都圏の既成市街地における工業等の制限に関する法律」（工業等制限法。五九年制定、〇二年廃止）と「近畿圏の既成都市区域における工場等の制限に関する法律」（工場等制限法。六四年制定、〇二年廃止）の総称である。

大阪に適用された後者の工場等制限法は、人口や産業の過度集中の防止と環境改善を目的に、大阪府と兵庫県の大阪湾岸の市街地や京都市の一部で、原則として延べ床面積が一〇〇〇平方メートル以上の工場と一五〇〇平方メートル以上の大学キャンパスの新増設には知事の特別許可を要するという制限を設けた。黒田はこの規制を厳密に適用したのである。

それだけでなく、七三年に「ビッグ・プラン」とうたって、大阪府環境管理計画を策定した。大気汚染、交通騒音、車の排ガス、河川汚濁などの都市公害に対して向こう一〇年間に実施すべき総合的な施策を打ち出した。黒田が自著『わが人生論ノート』で強調する。

「関西財界の激しい抵抗にもかかわらず、環境容量を設定し、総量規制方式を導入して、そのスケールの大きさと高度の科学性を誇る環境管理計画を練りあげ、公害対策については天下をリードすることに成果を収めた」

大阪府のホームページの「環境対策の歴史」に、規制の目的と内容の説明が掲載されている。

「この計画の最も注目すべき点は、既存の濃度規制に加えて、大阪地域の環境が受け入れられることができる汚染物質の量、すなわち環境容量の概念に基づく大気汚染物質及び水質汚濁物質の総量を算定し、これを満足するための目標とする対策を定めたことです」

黒田は既存の規制に加え、何重にもなる厳しい措置の「汚染物質の総量規制」を実施したのだ。

「一五の春は泣かせない」

黒田はこのスローガンを掲げ、府立高校の新増設も約束した。「革新府政」の担い手として、老人医療の無料化などとともに、低所得層重視の福祉政策に力を入れる方針を示した。

もう一つ、黒田が強く打ち出したのが「府民党」という姿勢であった。著書『やちまた放談』で説く。

「私は社共両党の推薦で立候補し、自民党知事と争って当選した革新知事ではあっても、政党人ではないし、五〇〇万有権者から直接選ばれた府民の代表なのだから、『住民と共に考え共に歩む』との基本姿勢は崩さぬにせよ、『反自民・反独占』といったお題目を唱えるだけが能ではない」

就任後、敵方の自民党政権の佐藤首相、元幹事長の福田赳夫（後に首相）、渡海元三郎自治相などを訪問した。関西財界のトップたちとの交流も怠らなかったと明かしている。

「私は財界人といえども決して敬遠したりはしないし、公式・非公式の二段構えで意見の交換に努めて来た。私が第一期就任直後、朝めし会で財界の首脳と語り合ったことや、松下幸之助相談役と幾たびか二人だけの話し合いの機会をもったことなどは、一度も語ったことはないし、報道関係者もキャッチしなかったところで」

松下幸之助は松下電器産業（現パナソニック）の創業者で、関西経済界の巨頭であった。

社会党の黒田不信

黒田府政の一期目に副知事だった岸は、黒田の「府民党」に疑いを持った。後に著書『暁闇をひらく』で、副知事就任前に「社共両党のどちらにウェートを置いた手綱さばきを」と黒田に質問した場面を回想している。

「黒田知事は、『自分は、いずれの政党にも偏らず、府民党的立場で行政をやりたい。』と答えられたものだ。その言やよし、しかし知事または共産党の考える『府民党』と私のいう『府民党』とは同じでないということが間もなくわかった」

府政を握った黒田は社会党と共産党という二頭立ての馬車で走り出したが、二頭の馬の足並みがそろっていたわけではなかった。副知事として黒田府政の裏表を目撃した岸が、続けて書き記している。

「社会党と共産党とのあいだで大きく意見が岐れた問題が二つあった。一つは、大阪府営地方競馬（開催地が岸和田市春木にあったので、春木競馬といわれた）の廃止の問題であり、いま一つは、同和問題であった」

春木競馬問題で、黒田は「公営ギャンブル廃止」の選挙公約に従って「即時廃止」を唱えた。廃止に必要な職員の退職金など約六五億円の手当てについて、一般会計からの予算流用を主張する。共産党はそれを強く支持した。

社会党は「一時中断していた競馬を再開して、その収益から、廃止に伴う補償金を調達する」という岸の案に理解を示す。社共は対立した。最後は自民、社会、公明、民社の各党が岸の案に賛成し、共産党の反対を押し切って決着させた。

岸は行政の当事者として深く関係した春木競馬問題への対応姿勢を例に、黒田の本質を述べる。

「行政当局の案に理解を示しながらも、交渉の場では共産党の公式論に正面切って反対できず、共産党の主張に引きずられ勝ちであった」

黒田府政は一期目から共産党主導の色が濃厚となる。同じ与党の社会党との足並みの乱れが目立ち始めた。社会党大阪府本部はもともと「反共」の右派が主流だったが、同和行政をめぐって社共の対立が表面化した。岸が前掲の著書で要点を解説している。

「社会党が部落解放同盟の主張を支持し、共産党が部落解放同盟正常化委員会の主張を支持して、両者は真向から対立していた。そのうえ社共両党間の話し合い、意見の調整は遂に行われず、そのため行政当局は難渋したが、この問題が社会党の『黒田不支持』の理由の一つとなったことは、人の知るとおりである」

衆参の選挙における社共両党の大阪府での得票率を見ると、社会党は六八年参院選が一八・六パーセント、六九年衆院選が一七・三パーセント、七一年参院選が二〇・九パーセントであった。対する共産党は一二・六パーセント、一四・一パーセント、一七・七パーセントと着実に勢力を拡大した。

七二年衆院選では、一七・三パーセントの社会党を追い越して、共産党は二一・五パーセントを獲得する。大阪府では二五・一パーセントの自民党に次いで第二党に躍り出た。

勢いに乗る共産党は、自前の原理・原則を高らかに唱え、「民主連合政府」路線で突っ走った。共産党寄りの黒田は、ますます共産党依存に傾斜する。一方、「与党の責務」を背負う社会党は、共産党主導府政の後始末で泥をかぶり、しりぬぐいを押しつけられるという図式が目立ってきた。

黒田府政の与党の社会党と共産党の対立が決定的となる。次の七五年四月の知事改選期を前に、まず労働組合の総評（日本労働組合総評議会。現在の連合の前身）が黒田陣営を離れ、同盟（全日本労働総同盟。同）と「反黒田」で合意した。

社会党は黒田府政一期で社共体制を見限り、「黒田不支持」に転じた。知事選で社共共闘から離脱し、公明党、民社党との連携を選択する。桃山学院大学学長の竹内正巳を擁立した。

社共の離反は、中央政界での野党多党化の潮流も影響した。

時の首相は小派閥の三木武夫だった。自民党政権は七年八カ月に及んだ佐藤が退陣した後、「三角大福」の時代に突入した。田中角栄が福田を破ってまず政権を担ったが、金脈問題で失脚する。混乱と内紛で、長期保守政権の退潮という現実が顕在化した。

野党第一党の社会党では、社公民の中道路線か、共産党も含む全野党かという論争が始まった。それが大阪府知事選にも投影した。

副知事・岸昌

七五年の知事選で、自民党は左藤知事の副知事だった湯川宏（後に衆議院議員）を擁立した。再選を目指す黒田を含め、三つどもえの戦いとなった。

支持母体の基礎票の算術計算では竹内優勢と見られた。だが、黒田が約一四九万票を獲得する。約一〇四万票の湯川、約九五万票の竹内を退けて再選を果たした。史上初めて共産党を単独与党とする知事が大阪で誕生した。

二期目を手にした黒田は、八月の副知事の任期満了時に岸を再任しなかった。岸は退任の際、庁内放送で不再任の経緯を自ら説明した。

最初に四年前の副知事就任時に「一党一派に偏することなく、府民全体の立場にたって黒田知事を補佐することを私の使命として自らに課した」と振り返った。続いて四月二三日に知事公舎で黒田から再任の協力要請を受けたとき、四つの条件を提示したと述べる。

「①人事に対し共産党がどの程度介入してくるのか、また、これに対し黒田知事がどのように対処されるのか。②府庁の職員が、いつ、どこで、誰と会って、どのような話をしたかが、直ちに、黒田知事と与党の共産党に通報されるような監視機構を作らないこと。③共産党府議団が、府庁の職員を控え室に呼びつけて、共産党の考え方に同調するよう執拗に説得するやり方を改めること。④共産党の機関紙で、副知事を誹謗するキャンペーンを張ることは謹んでもらいたいこと」

岸は三カ月後の七月二七日、再び知事公舎で黒田と会った。

「知事は『共産党の私に対する反対が（四年前に比較して）一層激しい情勢にあること』を私を再任できない理由にあげられました」

庁内放送で、在任中に体験した黒田府政の共産党支配の実態を明かした（以上、前掲の『暁闇をひらく』所収「副知事退任にあたっての庁内放送（全文）」より）。

共産党単独与党の府知事の出現は、大阪の政財界はもちろん、中央の自民党政権や経済界にとっても大きな衝撃だった。四年後の次の知事選での共産党府政打倒が至上命題となった。

ところが、自民党政権は翌七六年、ロッキード事件で大揺れとなる。七月に田中が逮捕された。

「三木降ろし」の嵐の中で、三木は衆議院の解散権を行使できず、一二月に任期満了の衆院選を迎える。敗北で退陣となった。一方、総選挙では社会党・公明党・民社党の中道勢力三党が躍進した。

後継首相の福田は幹事長の大平正芳（後に首相）との「大福提携」で政権をスタートさせた。大福体制は保守政権の立て直しと同時に、大阪府政の共産党からの奪還が隠れた重要課題だった。

といっても、大阪の自民党は低迷が続いている。七六年の衆院選の得票率も、自民党は全国で四一・八パーセントだったが、大阪ではわずかに二五・七パーセントで、単独で共産党知事を打倒するパワーはすでになかった。

自民党は他党と組んで反黒田連合を作り上げる道を目指した。河野洋平（後に自民党総裁、衆議院議長）らが結党した新自由クラブと連携する。対抗馬の統一候補として、黒田府政一期目に副知事を務めた岸の擁立に動き始めた。

国政の野党の社公民三党と、大阪総評、大阪同盟、電機労連（全日本電機機器労働組合連合会。現在の電機連合の前身）大阪地方協議会、新産別（全国産業別労働組合連合）の労働組合四団体は七八年一月、「新しい大阪をつくる革新府民連合」を結成した。共産党を除く全野党と大阪の労働団体が「共産党府政打倒」で一致し、総結集した。

「新しい大阪をつくる革新府民連合」は知事選の約一年二カ月前、岸に次期府知事選への出馬を要請した。共産党以外の全党、大阪の経済界、労働界が共産党からの府政奪還を目指して反黒田包囲網を作り上げた。岸は「革新府民連合」に立候補応諾と回答した。

選挙は三選を目指す黒田と岸の事実上の一騎打ちとなった。黒田は前掲の『わが人生論ノート』で、「自民の幹事長や三木・福田・大平など総理級の大物が多額の選挙資金持参で次々と大阪入り」と前置きし、敵陣営の「総力戦」について書き残している。

「関西財界もおっとり構えておれず、（中略）関経連を中心に、幾千という各下請関連企業の総動員態勢が確立して極端な企業ぐるみ選挙が展開される。さらに自・社・公・民など幾百人にのぼる府市会議員候補たちもまた、陣中見舞金を投入されれば各後援会ぐるみハッスルせざるをえない」

岸は自民党と「社公民」との変則的な共闘体制に乗る形で選挙に臨んだ。投票は七九年四月八日に行われ、約一七九万票の岸が約一二万票の差をつけて黒田を制し、共産党府政の終結に成功した。

黒田府政の功罪

黒田時代は幕となった。

七〇年代の初め、大阪経済がピークのころから、七二～七三年の田中首相の日本列島改造ブームや第一次石油危機、狂乱物価、七八年の第二次石油危機など、激動が見舞った。その時代に共産党主導で八年間、府政を担った黒田知事の舵取りの功罪を点検する必要がある。

先述した工場三法の厳格適用や汚染物質の総量規制方式など、公害対策を推進して、大気汚染都市だった大阪を「青空の町」に戻した功績は評価すべきだろう。一方で、工場と大学の追い出しによる大阪の産業構造の変化を問題にする声も根強かった。

『日本労働研究雑誌』二〇〇五年六月号所収の増田悦佐（ますだえつすけ）（ＨＳＢＣ証券シニアアナリスト）執筆の論文「規制撤廃でよみがえる大阪経済」が指摘している。

「大阪経済の衰退は『人や資源を全国土に分散配置させることが望ましい』とする誤った経済思想のもとで制定された工場立地に対する制限立法の結果、つまりは政策不況だったと断言できる」

九〇年代に入って、大阪圏経済の優位性の喪失が明白となった。

「大阪圏の製造業生産高の全国シェアは１９６０年代初めの23％から12～13％へと緩やかに低

下した。（中略）工場建築着工シェアは（中略）大阪圏では、１９６０年代末のピーク18％から、１９７０年代末には８％へと低下」

大阪万博開催の七〇年をピークに、大阪経済の衰退が顕著となる。「黒田共産府政」と経済の低迷との関係を問題にする声も噴出し始めた。

黒田府政の公害対策と共産党主導の「反独占」路線による経済軽視政策の影響もあって、七〇年代に入り、有力企業の大阪流出が相次いだ。大阪に本社を置いていた企業が本社を東京に移転したり、東京との複数本社制に切り換える例が急増した。

複数本社制は、六五年の時点では大阪本社の上場企業二一六社のうち三社だったが、七八年に全三一六社のうち四一社に上ったという（月刊『ＷＥＤＧＥ』二〇一一年一月号所収の「日本経済は大阪の二の舞いか」参照）。黒田時代の八年間で大阪経済の衰退が加速されたという批判は今も強い。

一方、黒田府政は府立高校新設のほかに、七〇歳以上の医療費の公費負担制度の導入など、福祉政策に力を入れた。見せ掛けだけという批判もあったが、もう一つの問題は府の財政である。

黒田は前掲の『やちまた放談』で、「私はすでに第一次行政改革も断行したし、府の財政運営はきわめて堅実であったから、東京都のそれと比べれば、はるかに立派だとひそかに自負する」と書き記している。実態はどうか。

知事就任の前年の七〇年度は、大阪府の財政は二六億円の黒字だったが、就任一年目の七一年度に二八億円の赤字となる。赤字額は第一次石油危機後の七五年度から急増し、二三六億円に達した。退任前年の七八年度も一九〇億円の赤字を記録した。

府が背負う借金（府債）も、七一年度の一三五二億円から、七八年度には七六五八億円となる。七七年度からは、大阪府は地方交付税交付金の交付団体に転落した。

功と罪を残して、共産党主導の黒田府政は八年で幕となる。自社公民の与野党と経済界、労働界も含めた反共産の「丸ごと一体体制」が大阪の政治を担うことになった。

第四章

関西国際空港建設

停滞していた新空港計画

大阪政治の五〇年を検証するとき、見逃すことができないのは空港問題である。村山富市（むらやまとみいち）内閣時代の一九九四（平成六）年九月四日、すべてが人工島の世界初の本格的海上空港である関西国際空港が供用開始となった。大阪湾の南東部、泉州沖約五キロの海上に約五一〇ヘクタールの一期島が造成され、長さ三五〇〇メートルの滑走路一本が設けられた。関西圏に大きな打撃を与えた阪神・淡路大震災の発生は九五年一月一七日で、幸運にも開港は四カ月半前だった。

関空オープンから一六年さかのぼった七八年一一月、自民党幹事長だった大平正芳が総裁選で現職の福田赳夫首相を破り、政権を担った。自民党は四カ月後の七九年四月、大阪府知事選で社会党、公明党、民社党との共闘に乗って、共産党府政の黒田了一知事を倒した。

自民党長期一党支配の時代である。自民党の衆院選の得票率は、全国集計で七二年総選挙が四六・九パーセント、七六年は四一・八パーセント、七九年は四四・六パーセントを記録した。その中で、大阪府の旧一～七区の合計得票率は、七二年が二五・一パーセント、七六年も二五・七パーセント、七九年は二二・九パーセントにすぎなかった。

大阪での自民党の退潮は「府民の期待と要望に応えない長期一党政治」という不満も要因と見られた。中でも深刻だったのが空港問題であった。大きな騒音公害を抱えながら、新空港建設計画は進捗せず、行き詰まりの停滞状態が長く続いた。

大平は政権獲得から一年半が過ぎた八〇年五月、衆議院での内閣不信任決議案成立を受けて衆議院解散・総選挙に踏み切った。大平は選挙中に急死したが、トップ不在となった自民党は総選挙で大勝を遂げる。七月、大平派の鈴木善幸（元官房長官）が後継首相に選出された。

鈴木は新内閣の組閣で、航空行政を所管とする運輸相に、旧大阪四区選出の塩川正十郎（後に官房長官、財務相などを歴任）を起用した。福田側近の政策通で、地方自治や商工行政に明るかったが、閣僚経験はなかった。初入閣で、過去に縁が薄かった運輸・交通の分野の大臣ポストが回ってきた。

塩川自身が著書『ある凡人の告白――軌跡と証言』で運輸相就任の内幕を語っている。

「組閣前に福田赳夫先生に呼ばれて、『君、勉強のため運輸省の仕事せい』とおっしゃる。『えー、大臣ですか』と。それも、私の専門でない運輸ですから、びっくりですよ。実は、福田派には運輸族が結構いたんです。それで、派内で『なんで塩川が運輸なんだ』とか言われておったんです。福田先生がそれを抑えて、僕を優先してくれたんです」

三年半後に自民党大阪府連会長となる塩川も、大阪での自民党の衰退を実感していた一人だった。

七月一七日、首相官邸で運輸相就任の記者会見に臨む。

「関西新空港については、航空審議会の答申を待って、建設に踏み切るめどをつけたい。効率のいい空港造りを目指して積極的に取り組みたい」

新任の塩川は、運輸省（現国土交通省）の事務当局が用意したメモに一行も記述がなかった関西空港問題を独断で取り上げ、いきなり口にしたのだ（以上、塩川正十郎編著『時代を拓く！ 関西国際新空港』参照）。

塩川は往時を回顧して前掲の著書『ある凡人の告白』に書き残している。

「パッと閃いたのは、永年の関西空港の問題かなということでした。（中略）運輸省が書いてくれたペーパーでは五項目しかなかったんですが、もう一つ私の大事な仕事があると、最後に『関空を発足さすことです』と言った」

「四面楚歌の中、決断し、成し遂げる、政治家にとって、未来を見通し、必要な政策実現のために弛まぬ努力を続けることがいかに大切か。それを教えてくれたのが関空プロジェクトだった」

「ワイズマン報告」が後押し

鈴木内閣では、ほかに大阪選出の参議院議員の中山太郎（なかやまたろう）（後に外相）が総理府総務長官に、衆議院の旧兵庫二区選出議員の原健三郎（はらけんざぶろう）（後に衆議院議長）が国土庁長官に起用された。新空港建設推進路線の地元経済界は歓喜の声を上げた。

「関西新空港内閣だ」

住友金属工業（現日本製鉄）の元会長で関経連会長だった日向方齊が記者会見で評した。関経連発行の『空の鎖国を開く――関西新国際空港建設促進協議会の記録』によれば、黒田に代わって大阪府知事となった岸昌も、「塩川運輸相の誕生を聞いて、『大変な朗報だ』と喜んだ。それまで『新空港建設の取り組みが遅れているのは、国の責任』と批判してきただけに、よほどうれしかったらしく『近来にないことです』と語った」という。

ところが、運輸省にとっては、想定外の異例人事だったようだ。大臣官房人事課の総括課長補佐から運輸相秘書官に転じた植村武雄（現小泉ビジネスソリューション社長）が二〇二〇年一月、インタビューで四〇年前を振り返った。

「『塩川運輸相』は意外な人事で、運輸省ではほとんどが、どんな人かも知りませんでした。もしかすると選挙区の八尾空港に関心があるのでは、と言われたりしましたが、記者会見で口にしたのが関西新空港。事務方は全く何も準備していませんでした。塩川さんの就任前は、省内では航空局の飛行場部計画課の関西新空港調査計画室の扱いで、ある意味、棚上げに近い形になっていました。それを塩川さんが『やる』と言って自ら動き始めたのです」

なぜ塩川は関空推進を明言したのか。植村の回想が続く。

「塩川さんからもよく聞かされましたが、根っこにあったのは、長い間の大阪の停滞に対する危機感でした。騒音公害に加え、がんじがらめの規制がある伊丹空港（大阪国際空港）だけでは、大阪は発展のしようがないと強く意識していました。航空に関しては、当時の大阪はあまりにも貧相でした。関空について、鈴木首相には特別の意識は全くなかったと思いますね」

関西圏での第二空港開設は、地域住民、関西の経済界や産業界の長年の悲願だった。関西圏でただ一つの伊丹空港は、大阪府の豊中市と池田市、兵庫県の伊丹市にまたがる形で住宅密集地の中にある。騒音公害を抱えた欠陥空港として知られた。拡大する航空需要を考えると、関西圏にもう一つの大型空港が必要、と説く第二空港必要論が早くから議論されてきた。

関西圏第二空港構想が最初に浮上したのは、塩川登場の一八年前の六二年六月であった。阪神都市圏の開発の方向性を調査するため、国際連合と合同で結成した日本・国連合同阪神都市圏計画調査団が報告書を発表した。国連側代表のアーネスト・ワイズマン社会局次長の名前を取って「ワイズマン報告」と名付けられた。

「伊丹空港の増加する負担を軽減するための新空港を阪神都市圏に対して計画すべきである」

ワイズマン報告が初めて新空港建設を提唱した。

伊丹空港は戦後、米軍の接収で伊丹航空基地となっていた旧伊丹飛行場が出発点であった。敗戦から一一年半が過ぎた五八年三月、全面返還となる。五九年七月に羽田空港に次いで国内で二番目の国際空港の指定を受けた。

運輸省は航空需要の拡大に伴う旅客機の大型化に対応するため、五八年八月、伊丹空港拡張計画を打ち出した。B滑走路を大型ジェット機の発着が可能な三〇〇〇メートルにするプランを盛り込んだ。

一方、ワイズマン報告の一年後の六三年八月、池田勇人内閣の実力者閣僚だった建設相兼近畿圏整備長官の河野一郎が、近畿圏整備計画に関連して、閣議に新空港構想を持ち出した。滋賀県八日市市の旧陸軍飛行場跡をベースに、隣接の蒲生町、日野町にまたがる丘陵地帯に国際空港を、と唱えた。

伊丹空港の拡張

運輸省は直面する課題の解決を優先し、「伊丹空港拡張が先決」という方針を崩さない。六四年一一月に拡張工事に着手した。

府知事だった岸が著書『「大阪の時代」をつくる』で、伊丹空港拡張と七〇年開催の大阪万博との関係について説明している。

「万国博に間に合わせるということで、大阪国際空港の拡張問題が起こりまして、滑走路を延長したわけですが、この時、地域の人たちに、新空港について検討することを約束したのが始まり」

六六年一二月、伊丹空港拡張問題で、用地買収に関して最後まで反対していた豊中市勝部地区の農地収用について、運輸省の航空局長、大阪府知事、豊中市長、勝部地区代表、全日本農民組合大阪府連会長の五者が覚書を交した。その中で、運輸省はこんな方針を明らかにした。前掲の『空の鎖国を開く』が舞台裏を明かす。

「住民の間からは『拡張によって、今後、騒音問題が大きくなるのは目に見えている。移転するか、新しい空港をつくるかしてほしい』といった声があがっていた。このため、運輸省では覚書の中で《将来、関西地区に第二空港の建設が必要と考えられるので、昭和四十二年度から所要の調査を進めることにしており、来年度予算で空港調査費を大蔵省に要求中である》と記した」

運輸省は六七年度からの調査開始を明言し、関西第二空港が必要であることを初めて認めた。

同時に、運輸省は「空港拡張は万博に間に合うように」という声を背に拡張完成を目指した。万博開幕一カ月前の七〇年二月五日、三〇〇〇メートル滑走路の供用開始にこぎ着ける。一方で、その約二カ月前、伊丹空港問題で騒音公害訴訟が起こった。

六九年一二月一五日、兵庫県川西市の南部地区飛行場対策協議会の会長ら二八人が国を相手取り、午後九時から午前七時までの夜間飛行禁止、精神的損害に対する賠償を求めて、大阪地方裁判所に訴訟を提起した。続いて豊中市の住民も裁判に訴えた。

空港騒音公害訴訟は、先行して議論となっていた第二空港建設論を加速させた。先述の八日市案も含め、実に一二案が飛び交った。

①淡路島案（六六年五月～・兵庫県、神戸市、京阪神商工会議所などが提唱）、②阪和案（六八年四月～・運輸省が基本調査を開始）、③堺沖案（同）、④明石沖案（同）、⑤錦海湾案

（岡山県の備後瀬戸。同）、⑥紀泉高原案（七〇年一月・堺商工会議所が提唱）、⑦神戸沖案（七〇年四月～・運輸省の施工計画調査で候補地に追加）、⑧泉南沖案（同）、⑨岸和田沖案（七一年九月～・運輸省がまとめた調査結果）、⑩西宮沖案（同）、⑪六甲沖案（同）。

七一年一〇月、佐藤栄作内閣の丹羽喬四郎（にわきょうしろう）運輸相が関西新空港の規模と位置について、航空審に諮問した。審議会に設置された関西国際空港部会で、運輸省航空局長の内村信行（うちむらのぶゆき）（後に事務次官）が、「総合判断の結果、泉州沖、神戸沖、播磨灘、淡路島の四候補地が望ましい」と表明した。

関西空港調査会発行の『関西国際空港――建設へのみちのり』が運輸省の方針を解説している。

「運輸省は候補地を4か所に絞ったことを明らかにした。それまでの調査は8か所を対象にしていたが（中略）阪和県境が脱落、西宮沖と六甲沖も市街地に近過ぎるという欠点から除外し、泉南沖と岸和田沖を合わせて『泉州沖』とし、明石沖もより広くとらえるため『播磨灘』と改め、これに神戸沖、淡路島を加えた4候補地が残った」

成田空港の教訓

候補地の絞り込みも進み、官民一体で本格的に新空港の建設推進を、と運輸省も関西経済界も本腰を入れ始めた。そのとき、突然、「黒田ショック」が襲った。七一年四月の大阪府知事選で「反公害」をスローガンとする社会党・共産党推薦の黒田が当選したのだ。

新空港待望論の一方で、空港悪玉ムードも根強かった。伊丹空港は騒音公害の元凶と見られた。

東の成田空港（新東京国際空港）計画は、六六年七月に政府が千葉県成田市三里塚を建設地と決定したが、反対運動の激化で、過激派騒動が続いた。西の新空港計画では、伊丹空港周辺の一一市が大阪国際空港騒音対策協議会（一一市協）を結成し、「新空港の早期実現」を運動方針に掲げたが、新空港の候補地となった自治体の議会は一斉に反対決議を行った。

七〇年二月から九月にかけて、大阪府最南端の岬町の議会が阪和案反対を決議したのを皮切りに、新空港反対決議は大阪湾岸の田辺町、泉南市、泉佐野市、貝塚市と広がった。一〇月には大阪府議会も泉南沖案反対を決議した。知事選では、反空港公害の大きな波が黒田の追い風となった。

「反公害知事」の黒田は、公害発生源には厳しく臨まなければならない、と主張する。伊丹空港の騒音問題では「反公害」の姿勢を鮮明にした。

新空港も、誕生すれば騒音公害を引き起こす可能性が大きかったが、黒田の新空港問題への対応は微妙に違った。佐藤章（朝日新聞記者）著『関西国際空港——生者のためのピラミッド』が「黒田のスタンスを知る上で最も注目されたのは、一九七二年八月二九日に運輸省で開かれた航空審議会関西空港部会の聴聞会」と指摘し、当日の『朝日新聞』夕刊の記事を引用して聴聞会での黒田発言を紹介している。

黒田は大阪府議会、大阪湾岸の五市三町の議会の反対決議、建設促進の経済界の動向を踏まえ、「住民の中にも、賛成はあるが、反対の方がはるかに強い。……大阪空港周辺の耐えがたい航空機公害を目の前にみせられている住民にとっては、新空港必要論は説得力をもたない」と陳述した。

「しかし、その後で、こんな風にも話した。『大阪空港の現状と、国際的な航空輸送時代に対応するため、公害のない国際空港を国が建設すべきである、との点では同意している。……騒音、大気汚染、土砂採掘などを、位置決定する前にもっと長期的にくわしく調べる必要がある。……南大阪の開発に公害のない空港は大きな関心事である。空港のみに限った議論ではなく、地元の総合開発の中で考えるべきだ』」

態度をあいまいにする「黒田流政治的テクニック」とも映る。著者の佐藤は、黒田の空港問題に対する基本姿勢について、「近畿に新しく空港をつくることには反対しないが、どこにつくるかということは慎重に検討しなければいけない。これが、知事時代の黒田の考え」と分析した。

黒田知事一期目の七四年八月、航空審が関西新空港の位置と規模について答申を出した（第一次答申）。「大阪国際空港の廃止を前提として、その位置を大阪湾南東部の泉州沖の海上とし」と、新空港候補地として初めて公式に「泉州沖最適」を打ち出した。

といっても、黒田知事在任の八年、新空港問題では、それ以外に目ぼしい進展はなく、袋小路が続いた。七九年四月、黒田に代わって、岸が府知事となる。その一年三カ月後に塩川が運輸相として登場したのだ。

首相の鈴木は、二年前の七八年五月に福田内閣の下でやっと開港にこぎ着けた成田空港の苦闘の記憶が鮮やかだった。関空建設に理解を示しながら、「関係省庁や地元と十分な協議を」とくぎを刺す。塩川も「独走はしない」と回答した。

大阪選出の塩川や関西財界は関空建設に積極的だったが、中央の政界や霞が関の官僚機構は冷ややかで、温度差が目立った。特に財政事情を理由にブレーキをかける空気は根強かった。

「新空港建設はそれほど差し迫った問題とは思わない」

鈴木内閣の渡辺美智雄（わたなべみちお）蔵相（後に副総理兼外相）は八〇年八月二七日に大阪入りし、発言した。

五日後の九月一日、政府の航空審が七四年八月の第一次答申（「泉州沖」を新空港の建設地に指定）から六年を経て、「関西国際空港設置の計画について」と題する第二次答申を塩川に提出した。「大阪国際空港の廃止を前提として」「位置は大阪湾南東部の泉州沖の海上」「当面の規模は長さ四〇〇〇メートルの滑走路一組二本と三二〇〇メートル以上の補助滑走路一本」と打ち出した。

それでも政府内には財政難を理由に難色を示す声が根強かった。一〇日、大阪で開催された大阪湾岸知事市長会議に出席した経企庁長官の河本敏夫（こうもととしお）も、「関西新空港は必要だが、金がかかりすぎる。計画より費用を三分の一か四分の一に減らすべきだ」とクレームをつけた（関西経済連合会発行『空の鎖国を開く』参照）。

建設工程の分割案

関空の見積もり建設費は総額二兆四三〇〇億円であった。これでは通らないと見た塩川は「安上がり」の道を探る。就任直後、航空局に指示した。

「はたして正しい見積りなのかどうか。もっと安く建設できる方法はないか。その疑問に答えるため、工事見積りの基準、根拠を明確にしてもらいたい。成田空港、羽田空港の沖合展開、地方空港の整備など含めた長期計画を早急に出してもらいたい。関西新空港計画には港湾関係の技術者も投入して強化するように」（前掲『時代を拓く！　関西国際新空港』より）

一方で、塩川は九月二四日、大阪で開催された「関西新空港セミナー」で九〇年度開港という方針で進めるための腹案を披露した。

「財政難のおりから新空港を一度に完成させることはむずかしい。六十五年度に一番機を飛ばすのに必要な最小限の規模や期間、さらに資金計画、事業主体なども含めて検討をすすめている」（前掲『空の鎖国を開く』より）

「六十五年度」（昭和）は一九九〇年度である。

塩川は運輸省内の航空局、港湾局、航空審のメンバー、関西財界のリーダー、運輸省ＯＢの土木技術の関係者らと会合を重ねる。「安上がり」プランを練った。

その結果、運輸省は約一カ月をかけて、航空審の答申で示された基本計画を修正した五段階施工案を取りまとめた。八〇年一一月四日、運輸省航空局が自民党交通部会に報告して了承を取りつけた。

建設工程計画を変更して、第一工期から第四工期までの四段階に将来計画を加えて計五段階とした。第一工期では当初計画の半分の面積の約六〇〇ヘクタールを埋め立て、連絡橋とターミナルビルを建設する。滑走路の年間離着陸能力も、当初計画の二六万回から、一六万回に変更して開港する。この計画だと、事業費は見積もり総額の二兆四三〇〇億円よりも九〇〇〇億円も少ない一兆五三〇〇億円に圧縮できると判明した。

八〇年九月の航空審の第二次答申で、もう一つ確定したのが建設工法であった。

海上に新設する関空は、建設構想が浮上したときから、埋め立てか浮体工法かという議論があった。この問題は七四年八月の第一次答申の際、埋め立て、桟橋、浮体、干潟の四つの工法を比較した上で「埋め立てが最適」という方向を示し、一応、結論が出ていたが、「確定」とはなっていなかった。

その点を突いて、福田内閣時代の七七年夏、石川島播磨重工業（現ＩＨＩ）社長の真藤恒（しんとうひさし）（後にＮＴＴ社長）ら日本造船工業会が浮体工法の導入を提唱した。埋め立てと土砂の採取による環境破壊、軟弱地盤での埋め立てが招く地盤沈下の懸念を主張した。

造船業界の提案は、深刻化する造船不況の乗り切り策と背中合わせという思惑が透けて見えた。大量の鋼鉄を必要とする浮体工法が造船各社の鋼材処理に貢献すると見られたのだ。福田内閣の運輸相だった福永健司（ふくながけんじ）（後に衆議院議長）が造船業界に理解を示した。造船不況の克服にとどまらず、景気浮揚の効果が大きいと唱えて後押しした。

埋め立てか浮体かという論争が蒸し返された。調査や検討に二年以上が費やされた。第一次答申以後、約六年も関空建設問題がたなざらし状態を余儀なくされたのは、反公害運動や地元自治体の反対決議の多発、黒田府政の消極姿勢などのほかに、建設工法をめぐる迷走も大きく影響した。

空気を変えたのは関西財界であった。塩川運輸相登場の約三カ月前の八〇年四月、関経連の日向会長、大阪商工会議所会頭の佐伯勇（さえきいさむ）（元近畿日本鉄道会長）らが「埋め立てのほうが安全」「世界に例がない浮体工法よりも実績がある埋め立てで」と声を上げた。

その後、航空審が関西国際空港部会の委員による採点投票に持ち込んだ。各工法の総合評価を示した上で、大差で「埋め立てが適当」と結論づけたのである。

予算をめぐって

「もし私が運輸相でなかったら関空計画は、まだ運輸省のロッカーの中で眠っていたかもしれない」

塩川は後年、運輸相として関空建設を主導した点について回想している（前掲『ある凡人の告白』）。塩川の下で運輸相秘書官を務めた植村は言う。

「塩川さんは自ら足を運んで、全力投球する人でした。関空については、筋道をつけたという満足感を持っていると思います」

運輸相在任は八一年一一月までの約一年四カ月だった。もちろん八四年一〇月の関西国際空港株式会社発足、八七年一月の建設工事着工の前に運輸相の座を降りたが、新空港建設が確定的となるかどうか、そのポイントは責任を持って在任中に見届けた。植村が続ける。

「予算の獲得で、調査費を獲得すれば、間違いなく計画がスタートしたということになります。整備新幹線計画でも、後の神戸空港建設でもそうです。実際には調査費を取るまでが大変なんです。それから、最初にどんな事業方式でやるかという点まで決めることができれば、オーバーに言えば、計画は八割方、できたと同じです。そういう意味で、塩川さんは満足して大臣を終えたと思います」

塩川登場から四カ月後の八〇年一一月二〇日、衆議院決算委員会で、関空建設問題について、蔵相の渡辺が「慌てて建設する必要性はない」と答弁した。早期着工を認めることになる八一年度予算への関連費の計上に難色を示した。

日本の国家財政は戦後、六〇年代半ばの佐藤内閣の一時期を除いて、終始、黒字を維持してきた。七五年一二月に一〇年ぶりに赤字国債の発行を余儀なくされ、マイナスに転落した。以後、国債発行残高は拡大の一途をたどる。七九年一〇月には五〇兆円に達した。

財政再建が大きな政治課題となる。ポスト鈴木の一番手だった行政管理庁長官の中曽根康弘（後に首相）は八〇年八月九日、行政改革推進のための臨時行政調査会（第二次臨調）の設置を打ち出した。

鈴木首相は九月九日の閣議で「赤字国債の八四年度脱却」を表明した。その場面で、財政を担当する最重要閣僚の蔵相に起用された渡辺は、財政支出の膨張につながる計画は阻止しなければならない。

新空港関係予算の獲得を目指す塩川は、関空建設に関係する八閣僚による関係閣僚会議の新設を鈴木首相に要請した。官房長官の宮沢喜一（後に首相）が仕切り役となる。閣内で調整を始めたが、渡辺と河本が強く抵抗する。閣僚会議の発足には至らなかった。

八一年度の予算編成では、運輸省は関空関連で、一般調査費四億円と、事実上の着工予算を意味する実施設計調査費三七億円を要求した。大蔵省（現財務省）の予算原案で、一般調査費三億円は認められたものの、実施設計調査費はゼロ査定だった。

塩川は渡辺と二人だけで協議した。覚書を交換する。前掲の『時代を拓く！　関西国際新空港』が内幕を解説している。

「原案は、関西国際空港については泉州沖にすることとし、これには必要な調査費として41億円を計上する。地元との協議を開始する。このため、すみやかに政府関係各省庁間で協議の体制をつくる――という内容だった。これに対して大蔵省は〝建設〟〝泉州沖〟という文字を抜いて欲しいと主張、激しい応酬が繰り返された」

結果、どう決着したのか。

「『関西新空港については、とりあえず泉州沖に建設することを前提にして、これに必要な調査費として〇〇億円を計上する』という覚書にまとまり、十二月二十七日の大臣折衝で両大臣間でこれを取り交わし、『土地調査費』の名目で21億5000万円が上積みされた」

塩川はこの場面を自ら振り返って前掲『ある凡人の告白』に書き記している。

「予算の原案が政府で承認されたんですね。新年度予算書に関西空港調査費という看板が一応立ったんです。政府関係当局では一般調査費の中に関西空港調査費を入れようかとしたんですね。しかし独立した特別調査費として計上されましたので、これによって政府は関空も建設する意志を明確にしたことになりました」

大蔵省内に塩川の陰の協力者がいた。主計局次長の西垣昭（にしがきあきら）（後に事務次官、海外経済協力基金総裁）と公共事業担当の主計官だった保田博（やすだひろし）（後に事務次官、国際協力銀行総裁）である。

七六～七七年に塩川が福田内閣の官房副長官のとき、保田は首相秘書官だった。塩川は「大蔵大臣は大反対であったのですが、西垣と保田と共同で『調査費は別立てにして特別調査費にすることを大臣に説得しよう』と頑張ってくれました」と回想している。

事業方式による空港建設へ

塩川は一方で地元合意の形成でも奮闘した。課題は二つあった。

第一は八〇年一一月に旧兵庫一区選出の石井一（いしいはじめ）（後に自治相）が私案として自民党航空対策特別委員会に持ち出した神戸沖案への対応、第二は大阪湾岸の泉州地域の自治体と大阪、兵庫、和歌山の三府県の同意の獲得であった。

神戸沖案は計画の検討段階で一度、候補に上り、選考で落選した案だった。見直しを主張し、復活を目指したのだ。

塩川は建設推進路線の関西財界などの「決定済み」という声を背景に、泉州沖案で押し切った。

湾岸の地元議会は泉州沖案が浮上した七〇年、相次いで新空港反対を決議した。その後、「公害のない空港」と産業振興への期待が高まる。まず七九年九月に泉南市が反対決議を撤回した。

塩川は泉州地域の市町の首長や議会関係者に対して活発に説得工作を展開する。八二年四月までに一〇市町のすべてが反対の旗を下ろした。

関係三府県の同意の取り付けでは、塩川は深謀遠慮の秘策を練って実行した。三府県の知事との協議に、空港計画案、環境影響評価案、地域整備計画案の「三点セット」を用意する。三知事を同じ日に一日で訪ねて決着させる作戦を考え、実行した。

八一年四月二七日、午前中に和歌山県の仮谷志良（かりやしろう）、大阪の岸の順で訪問した。両府県を攻略した後、神戸沖案の火が消えていなかった兵庫県に出向く。坂井時忠（さかいときただ）知事と午後、会談した。坂井は「留保条件付きで容認」という姿勢で対応せざるをえなかった。

七カ月後の一一月三〇日、内閣改造が行われ、運輸相が塩川から小坂徳三郎（こさかとくさぶろう）（引退後に信越化学工業会長に復帰）に交代した。その後、八二年六月に神戸市が神戸沖空港計画の試案を発表した。

大阪府は七月に、和歌山県は八月に、塩川が示した「三点セット」に同意した。塩川が用意した筋道に沿って、関空建設計画が動き始めた。

だが、塩川退場後、もう一つ大きな壁が立ちはだかる。空港建設事業の母体となる組織をどういう形にするかという事業方式の問題が議論となった。

運輸省も最初は成田空港建設と同じように、公団方式で「関西国際空港公団」を設立する計画だった。ところが、行革断行のために八一年三月に発足した第二次臨調（土光敏夫（どこうとしお）会長）が、八三年三月に最終答申を出した。その中に、特殊法人などの新設ではスクラップ・アンド・ビルドの原則を遵守する一項が盛り込まれた。原則的に公団新設を禁じたのだ。

公団方式に執着する運輸省は八三年七月、公団と第三セクターの二本立て案を打ち出した。

鈴木に代わって八二年一一月に登場した中曽根首相は「民間活力導入」を唱える。関空建設をモデルケースに、という姿勢を示した。中曽根内閣の竹下登（たけしたのぼる）蔵相（後に首相）も八三年一〇月、「高度な知恵を」と述べ、公団以外の事業方式の採用を示唆した。

四面楚歌の運輸省は最後に方針を転換した。八四年一月、公団と第三セクターの二本立て案を放棄し、特殊法人案に変更した。植村が回顧する。

「関空建設について、大蔵省がウンと言ったのは、すべてとは言わないまでも、事業方式で特殊会社案を認めるかどうかがかなりのウェートを占めていたと思います。直接、国が進める公共事業方式だと、金がかかりますからね。塩川さんは大臣在任中、大蔵省にも自ら電話を入れていましたよ」

事業方式について、意外にも建設推進路線の関西財界の中から反対の声が上がった。続けて植村が語る。

「日向さんが『国の国際空港だから、国の直轄方式でやるのが当たり前』と言って、会社方式に大反対でした。それを塩川さんが独特のソフトタッチと粘り腰で口説きました。最後は不満ながら何とか納得してもらったと思います」

八四年一〇月、関西国際空港株式会社が発足した。八七年一月から工事がスタートする。九四年九月に関西国際空港が開港した。

第五章

政治家・塩川正十郎

小泉政権の重しとして

一九九四（平成六）年九月に関西国際空港が開港した。それから二一年が過ぎた二〇一五年九月一九日の午前一〇時一五分、塩川正十郎が大阪市内の病院で九三年の生涯を終えた。「塩じい」と呼ばれたとぼけた味が魅力的だった。五年五カ月に及んだ小泉純一郎内閣で、政権発足時の〇一年四月から〇三年九月まで、前半の二年五カ月、財務相を務めた。

一五年九月二四日、大阪府吹田市の公益社千里会館で自民党と塩川家の合同葬が営まれた。「友人代表」でマイクの前に立った小泉が弔辞の中で塩川への思いを語った。

「初めて出会ったのは、福田赳夫先生のお宅で玄関番のようなことをさせていただきながら政治修業をしていたころでありました」

「小泉内閣最初の組閣で財務大臣を引き受けていただきました。多くを語らなくても、常に私の真意を直感的に正確に分かってくれる塩川先生の存在が、その後の政治運営に大きな力となったことは、多くの人が認めるところであります。小泉内閣の重しであり、小泉の精神安定剤と言われたのも、むべなるかなの感があります」

塩川は大阪府東大阪市の出身だが、東大阪市から選出されて大阪府議を長く務めた東田保（元府議会副議長）が小泉政権時代、塩川の存在と役割をこんな言い方で評した。

「あれは小泉内閣の文鎮です。重しになって、上からこうやって押さえとる。漬物も重石がちよろかったら、腐ってきます」

「内閣の文鎮」として、小泉長期政権の重しと礎となった塩じいは「不思議な老人力」の持ち主だった。

財政や税制、金融などに通じた政策通だったが、官僚出身ではなく、会社経営や郷里の布施市（現在の東大阪市）の助役などを経て政界入りした党人政治家である。一九二一（大正一〇）年一〇月生まれで、四五歳のときに衆議院議員となった。

二〇〇三年に引退するまで、一回の落選を挟んで、東大阪市などの旧大阪四区と現一三区で当選一一回を記録した。政治家人生は三七年余で、長い政治歴を誇ったが、派閥の領袖や自民党総裁選への出馬経験はなかった。財務相就任前は全国区の知名度の政治家とは言いがたかった。

政治家をなぜ志したのか、塩川に生前、インタビューで聞いてみた。

「私は政治をバカにしとったんです。戦後、二四歳で復員してきて、日本の政治がひどい目に遭わせやがったと思いました。だけど、私んとこは、親父が政治家をやっていて、後援会が残ってた。私はいろんな商売をやってましたが、後援会の人たちから、『おまえ、何やっとんや、はよ政治に出んかい』と言われて政治に引きずり込まれた。それで助役に推薦されたんです」

塩川は大阪府中河内郡布施町（現在の東大阪市）で七人の兄弟姉妹の二番目に生まれた。戦前の一九二八年、六歳のとき、父親の塩川正三（しおかわまさぞう）が布施町長となる。市制施行後、初代の布施市長も務めた。

正十郎は旧制の大阪府立八尾中（現在の府立八尾高校）に進み、父親の指示に従って三九年に慶応義塾大学の予科に入った（四四年、経済学部卒業扱）。第二次世界大戦中の四三年一〇月、東京の神宮外苑競技場で学徒出陣壮行会が行われた。塩川は一二月一日に陸軍に入隊する。中国大陸に送られた。

敗戦後、約一カ月、捕虜生活を送った。四六年一月に復員したが、マラリアを患っていて、二年の療養が必要だった。

後年、中選挙区時代に同じ衆議院の旧大阪四区で議席を争った元公明党委員長の矢野絢也（やのじゅんや）（後に政治評論家）が笑いながら語った。

「塩川家は近鉄布施駅前一帯の地主の旧家で、あの人はええとこのボンですわ。あの方面の旧家の坊っちゃん。選挙もずっと大名選挙ですがな」

大阪府豊中市の服部緑地に、各地の古民家を集めた日本民家集落博物館がある。入り口となっている「河内布施の長屋門」は六九年に移築・復元した布施駅前の塩川家の門だ。

あだ名は「かんてき」

復員後、塩川は四八年に健康を取り戻した。二六歳で大阪魚網製造の代表取締役となる。その後、父親がほかの関係者らと協同して創業した弘容信用組合の常務理事も務めた。

三五歳で布施青年会議所の初代理事長に就く。三年後の六〇年、日本生産性本部と日本青年会議所が共同で派遣する欧州企業活動調査団の一一人のメンバーに選ばれた。塩川が「三九歳の秋」を振り返った。

「長い療養の後、仕事は何をやっても素人でうまく行かず、後始末ばっかりの日々で、うっくつしていた。そんなとき、七五日かけて一〇カ国を回りました。それまでと全く違う気分と考えになった。世界に向かって目が開いたんですわ。この旅行で、将来は政治家に、と思い始めました」

訪欧の前後、後に東大阪市となる布施、河内、枚岡の三市合併の動きが起こった。塩川は六四年六月に布施市の助役に担がれる。合併運動の事務局長を兼任した。

政界入りについて、塩川本人は周りから強く言われて「引きずり込まれた」と語ったが、政治家志望は強かったようだ。大阪府議時代に自民党東大阪支部長を務め、後に参議院議員となった東大阪市出身の北川(きたがわ)イッセイ（元国土交通副大臣）が回顧した。

「ずっと政治志向ですわ。助役になったのも、正味な話、衆議院の選挙区に現職の議員がおったから。一期待って、その間、地方政治の勉強をしたらどうやということで……」

旧大阪四区には六三年の衆院選まで、岸信介元首相に近かった自民党議員の大倉三郎(おおくらさぶろう)（元布施市長）がいた。塩川が言う。

「うちの親戚なんですわ。ところが、病気で引っ込むことになって、岸先生が『次は塩川に』と」

大倉の引退を待って六七年一月の衆院選に立候補した。そのときから選挙運動に関わってきた東大阪市在住の本多博（土梅本店社長）が振り返った。

「選挙では、日本をどうするとか、まともなことを言うてましたわ。地域のことは言わん人でした」

六七年の衆院選では、同じく初陣だった公明党の矢野に次いで、定員四人の二位で当選する。国会に出た。

晩年は「老練・おとぼけ・洒脱の塩じい」というイメージで知られたが、昔は違った。矢野が新人議員時代の印象を口にした。

「慶応的紳士ですが、やっぱり河内のおっちゃん。気はええけど、瞬間湯沸かし器でした」

旧制八尾中の二年先輩で、塩川の後援会長を長く務めた澤田憲佑（元東大阪市議会議長、元豊商事会長）も評した。

「若いときは気が早うて短気で、『かんてき』というあだ名がついてました。だけど、まじめ一本で、研究熱心。行動力のある人で、時間は関係なしに、どこへでも出向いていきました」

かんてきは七輪のことで、すぐ火が着くという意味だ。

岸元首相の陣営だった大倉の地盤を引き継いだこともあって、中央政界では岸派の後身の福田派に所属した。

政界入り後はおおむね順風だった。選挙地盤は安定していて、順調に当選を重ねた。政治家として初めて注目を集めたのは、七二年、佐藤栄作首相の後継をめぐる福田と田中角栄の角福戦争の場面であった。福田派の斬り込み隊長として「かんてき」の顔をのぞかせた。テレビの討論会で「福田首相が実現したら官僚国家になる」と訴える田中派議員に対して、「田中さんの政権ができたら、日本は土建国家になる」とやり返した。

田中の逆鱗に触れる。田中政権ではポストには恵まれなかった。

四年後の七六年、福田内閣が誕生する。官房長官の園田直（後に外相）を支える官房副長官に起用された。

闘病で機会を逸する

福田派の中堅幹部として頭角を現した。八〇年、当選六回で運輸相となり、初入閣を遂げた。八三年、安倍晋太郎（後に自民党幹事長。安倍晋三元首相の実父）が福田派を継いだ。塩川は八七年に安倍派事務総長となった。

次の中曽根康弘内閣では文相を務めた。竹下登内閣を経て、八九年六月、宇野宗佑内閣に移る。ポスト竹下の首相選びでは、リクルート事件で「汚染政治家」として名前が挙がった安倍晋太郎、宮沢喜一、渡辺美智雄ら、実力者が総失格となった。有力候補の伊東正義（元外相）

も固辞したため、無印だった宇野にお鉢が回った。

塩川が自ら内幕を明かした。

「私は政調会長になるはずだったんですよ。ところが、宇野さんの親分の中曽根さんが『中曽根派に官房長官の適任者がいない』と言うので、安倍さんと竹下さんが相談して、『塩川がやれ』という話になったんですわ」

他派閥ながら、官房副長官経験者で、政策に明るく、敵が少ない塩川に白羽の矢が立ったのだ。

宇野は女性スキャンダルで超短命首相に終わる。塩川の官房長官も二カ月で幕となった。

翌九〇年三月、自民党税制調査会長に就任した。三塚博（後に蔵相）、加藤六月（元農水相）、森喜朗とともに「安倍派四天王」と呼ばれ、自民党の準実力者と見られるようになった。展開次第で安倍派の後継の座も、と色気を持ち始めるところまで行った。そこで予期しない事態に遭遇した。六八歳でがんに襲われた。

九〇年四月、東京の虎の門病院で健康検診を受けたところ、胃の異状が見つかった。新聞記者がかぎつける。問いただされ、開き直ってがんを認めた。

官房長官が終わって八カ月後の五月二日、虎の門病院で胃の切除手術を受けた。腸にも癒着があると宣告され、翌九一年一月に腸の一部も切除した。

八〇キロあった体重が六〇キロまで落ちた。目の前が真っ暗になる。「政治家人生も終わりかも」と気弱になった。

幸いがんは早期発見で大事に至らなかったが、大きなチャンスを逃した。九一年五月一五日に派の領袖の安倍が死去し、派の跡目争いが起こった。三塚と加藤のバトルとなるが、漁夫の利で第三の候補の塩川の目もあった。

派閥の長の座に手が届きそうな局面だったが、調整役の福田から引導を渡された。塩川が振り返って語った。

「福田さんに『今は体が大事。派の会長問題よりも、とにかく生き残ることだけに懸命になれ。生き残っていれば、いつかは君が必要となるときがある。ここは三塚にやらせたらいいじゃないか』と言われました」

悔しい思いをしたが、闘病に専念した。がんを克服して生還を遂げた。

手術前はショートピースを一日五〇本、酒は一日一升、早飯、大食いで有名だった。生き方を変え、禁煙を実行する。「瞬間湯沸かし器」も「かんてき」も少なくなった。

二度目の手術から一〇カ月後の九一年一一月、新発足の宮沢内閣で自治相兼国家公安委員会委員長となる。政治活動の再開を国民にアピールした。

二週間余が過ぎた一一月二三日、『朝日新聞』朝刊の「声」の欄に、「酒の無理強い、死を招く怖さ」と題する投書が掲載された。投書の主は「東京都　塩川正十郎（衆議院議員　七〇歳）」であった。

衆議院議員なのに、筆まめな塩川は、一読者と同じように新聞に投書を寄せた。そんな隠れた一面もあった。

大学のコンパで死亡した支持者の子息の事件を取り上げ、一気飲みの害を広く人々に訴えた。その一カ月前に急性アルコール中毒で息子を失った東大阪市の加来仁（大建プラスチックス元社長）が回顧した。

「こんなバカな死に方をして、おかしいじゃないか、と塩川先生にも相談に行きました。一応、警察や厚生省、自治省、文部省あたりに話をしてくれました。だけど、『通達しましょう』という程度で済んでしまった。それで『朝日新聞』に投書されたという経緯があるんですよ」

厚生省は現厚生労働省、文部省は現文部科学省である。

初めての落選

九三年の衆院選でも連続一〇回目の当選を果たした。選挙後の八月、非自民八党派連立による細川護熙内閣の誕生で、自民党は一度、野党に転落した。

八カ月後の九四年六月、自民党は社会党の村山富市首相を擁して新党さきがけを含む自社さ連立政権を組み、与党復帰を果たす。塩川は翌九五年の九月、党の総務会長に就任した。

九六年一〇月、橋本龍太郎首相の下で衆院選が行われた。小選挙区・比例代表並立制が導入された最初の総選挙である。塩川は東大阪市が選挙区の新大阪一三区で戦った。

現職の党総務会長で、初出馬から連続一〇回当選を誇る実力者である。塩川は比例代表選挙の近畿ブロックからの重複立候補を辞退し、小選挙区一本で選挙に臨んだ。

本人は負けるはずがないと高をくくっていたようだが、情勢は厳しかった。過信が裏目に出る。小選挙区で新進党候補の西野陽（にしのあきら）（元大阪府議会議長）に七五〇〇票差で敗れた。

政治生活二九年目で初めて落選の憂き目に遭った。公明党の矢野が内情を語った。

「私の後の公明党の諸君は、あまり気が乗らなかったみたいやけど、相手の西野候補を応援しました。党の立場もあるから、こら、もうしょうがない。その票が影響したと思いますよ」

創価学会・公明党グループの票が相手方に回ったのが大きかった。塩川陣営でも、危ないと気づいた人は多かった。

「選挙中も事務所はひっそり閑としたもんでしたわ。先生にも『危ない』と言いましたもん」

選挙事務所に詰めていた本多が振り返った。

がんの後、七五歳での初めての落選である。政治家人生も一巻の終わりと誰もが思った。

「先生も『もう辞めよう。これでしまいや。一切畳んで』と言うて、選挙後、東洋大学理事長の専任になりました」

地元で支え続けてきた澤田が回想した。

塩川も一度は本気で政界引退を考えたようだが、闘魂の火は消えなかった。澤田が続ける。

「しばらくして、『このまま辞めたら情けない。もう一回、何とか』という気になりはったんです」

大阪府議だった北川は塩川からこんな話を聞かされたという。

「年が変わって九七年の初め、当時の橋本首相に呼ばれて東京に出ていったそうです。『もう一回、頑張って出たらどうか、と懇々と言われたんや。それならやってみるかという気になった』と話していました」

次の二〇〇〇年六月の衆院選は、森首相の下で行われた。塩川は大阪一三区で再挑戦した。北川が続ける。

「もともとどぶ板選挙をやる人やなかったけど、再挑戦を決めはってからは約三年間、中小企業を一軒一軒回りました。『みんなの話を聞いて勉強になった』と先生も言うてました」

塩川は全有効投票の五三パーセント超の約一一万票を獲得し、共産党、民主党などの候補を倒して当選した。がんと落選を乗り越えて七八歳で復帰を果たしたのだ。「奇跡の返り咲き」と話題になった。

闘病と落選を経験して一皮むけた。「味わいの塩じい」の出現である。

「優しゅうなりました。反省されたところがあったと思いますわ」

長いつきあいの澤田は言い添えた。

「人をはなから信用すると危ないという気持ちを持つようになりましたね」

一九六〇年代から深い交流を重ねてきた元慶大教授の加藤寛（元政府税調会長）が笑いながら語った。

政治家には珍しく、元来、権力欲や地位欲は強いほうではなかったが、塩川は復帰後、無欲に徹するようになる。「最後のご奉公」と口にすることが多くなった。

六七年初当選の同期組で交流が深かった水野清（元建設相、元総務庁長官）が人物評を述べた。

「あの人は割合、人のために尽くす人でした。だから、福田さんの信任が厚かったのです。小泉内閣の財務相になってからも、自分の欲でやるようなことはありませんでした。相当、危なっかしいことも言ったけど、誰も文句を言わなかった。本人の欲が表に出ていなかったからです」

塩川財務相の誕生

返り咲きから一〇カ月後の二〇〇一年四月二四日、退陣する森首相の後継者を決める自民党総裁選が実施された。三度目の挑戦の小泉、元首相の橋本、経済財政政策担当相だった麻生太郎（後に首相）、自民党政調会長の亀井静香（後に国民新党代表）が出馬した（亀井は本選挙を辞退）。

小泉は「自民党をぶっ壊す」と叫び、脱派閥政治を唱えて戦った。

「まだ経世会の力が強く、とても勝てるとは思わなかった」

塩川が振り返って語った。経世会は旧田中派、竹下派、小渕派、橋本派と受け継がれた派閥である。田中が福田を破った一九七二年の「角福戦争」の総裁選以来、党内選挙で二九年間、不敗を誇っていたのだ。

塩川は当初、小泉擁立には消極的だった。「『三度目』で負けると、将来の目がなくなる。勝てない勝負はやらせるわけに行かない」と主張した。

ポスト森の総裁選の後、二〇〇一年夏に参院選が控えている。落ち目の自民党は参院選で敗北、という空気が強かった。塩川は参院選後に備えて、小泉温存論を唱えたのだ。

塩川と小泉は一九六九年以来、三一年以上のつきあいだった。小泉は塩川が初当選した六七年衆院選の次の六九年一二月の衆院選に初出馬したが、落選する。その次の七二年一二月の衆院選で当選を遂げた。

水野が塩川本人から聞いた話を明かした。

「小泉さんは、お父さんが亡くなって、六九年の総選挙で後継者を決めるとき、最初、『政治家になるのは嫌だ』と言った。そのとき、塩川さんが行って、『おまえ、やれ』と小泉さんをどなりつけた。小泉さんは『一晩考えさせてほしい』と言った後、一晩、考えて、翌日、出馬を決めた。塩川さんは『そのときから小泉さんの面倒を見たんだ』と話していました。多分、総理・総裁を目指していた福田さんに、『君、ちょっと面倒を見てやってくれ』と言われたのでしょう」

六九年八月、衆議院議員だった父親の小泉純也（元防衛庁長官）が急死した。小泉純一郎は迷った末、塩川の強い指示もあって一二月の衆院選に出馬したが、当選しなかった。その後、福田の秘書を経て、七二年の衆院選に再挑戦して国会入りを果たした。

小泉は九五年九月、自民党総裁選に初めて挑んだが、橋本に敗れた。九八年七月の総裁選も小渕恵三（直後に首相）、梶山静六（元官房長官）の後塵を拝して三位に終わった。

小泉は郵政三事業民営化が持論であった。二〇〇一年四月の総裁選で、三度目の出馬を決意した。一九六九年以来、ずっと面倒を見てきた塩川は、小泉の出馬の意志が固いと知って温存論を捨てる。自ら推薦人となり、小泉陣営の選挙対策本部長を引き受けた。

小泉は世評の橋本優勢論を打ち破り、新総裁に選出された。

「自民党史上、初めて最大派閥の支援を受けない総裁が誕生した」

小泉は自ら感想を口にした。

二〇〇一年四月二六日、国会で首相の指名を受け、組閣人事に着手する。約束どおり、脱派閥作戦を敢行した。自民党政権で常態化していた派閥による閣僚推薦システムと派閥均衡人事を排除した。

派閥の推薦リストは受け取らない。派閥が抱える国会議員の数に従って閣僚を各派に割り振り、起用する顔触れも当選回数などの派閥内の年功序列を尊重するという旧来型のやり方を完全に無視した。

党内最大派閥だった橋本派からは、総務相の片山虎之助（後に日本維新の会共同代表）を含め、二人しか入閣させなかった。党三役は幹事長に山崎拓（当時は山崎派。後に自民党副総裁）、総務会長に堀内光雄（当時は堀内派）、政調会長に麻生を起用した。

一方で、総裁選で小泉擁立の牽引役を果たした無派閥の田中眞紀子を外相に起用するという離れ業を実行した。「政策新人類」と呼ばれて評判だった石原伸晃を行政改革・規制改革担当相に据えた。経済政策の舵取り役を担う経済財政担当相に、非議員の竹中平蔵（後に総務相、参議院議員。元慶大教授）を登用した。

もう一つ、注目を集めたのは財務相人事であった。「官庁の中の官庁」と呼ばれて霞が関ナンバーワンのパワーを誇る財務省を所管とする財務相は、閣内の最強・最重要ポストである。下馬評で有力候補といわれたのは加藤紘一（元幹事長）であった。小泉は政権獲得まで、派閥を超えて長年、山崎、加藤と盟友関係を続け、「ＹＫＫ」と呼ばれた。

小泉は党の要の幹事長に山崎を起用した。内閣の要の財務相には加藤を据えるのではないかと見た人も多かった。

ふたを開けると、加藤ではなく、塩川財務相だった。運輸相、文相、官房長官、自治相などのポストをこなしてきた政策通の塩川は、自民党税調会長の経験もあり、財政や税制に精通している。豊富な経験と政治歴を持つベテランだったが、財務省の官僚たちも驚いた。塩川が前任大臣の宮沢の就任時とほぼ同じ七九歳という高齢だったからだ。

「七八歳で就任した宮沢さんが高齢すぎると言われていましたから、同じ年の人が来るとは誰も思っていなかった」

官僚の一人が打ち明けた。宮沢は二つ前の小渕内閣と一つ前の森内閣で連続して蔵相と財務相を務めた。塩川は宮沢よりも二歳、年下だが、財務相就任時の年齢は、小渕内閣で三度目の蔵相に就任したときの宮沢より一歳、上であった。

特別会計にメスを入れる

塩川の財務相起用が決まったのは〇一年四月二六日の昼だった。二七日の未明、小泉内閣の初閣議の後、塩川は記者会見で述べる。

「昨日の昼、小泉総理から『財務大臣、やってんか』とぽんと言われてびっくりした。役割は年寄りの世話役やな」

塩川は八年後の〇九年に刊行した自著『ある凡人の告白』でその場面を振り返って書きつづっている。

「七九歳の僕に役職くれるわけないやろと思って、僕は二五日に大阪に帰りました。そしたら、小泉から『明日の国会で首相指名選挙前に、昼飯食べよう』と連絡があったんです。二六日の昼に総裁室でライスカレー食べながら、『財務大臣やってよ』と言われたんですわ。私はな通訳付けるから心配いらん』『早く決めんと。明日からだから』って言う」
『英語一切できんから、国際会議が多い財務大臣は勘弁してくれ』と。そしたら、『すごい優秀

財務相ポストは本人も予想外だったようだ。六八歳でがん、七五歳で落選、七八歳で返り咲きと「荒波の晩年」を生きた塩川が、「最後のご奉公」で引き受けたのが財務相という大役だった。

就任から一年一〇カ月が過ぎた〇三年二月、民主党の上田清司（後に埼玉県知事。現在は参議院議員）が衆議院財務金融委員会で特別会計制度を取り上げて追及した。担当大臣の塩川が答弁する。

「要するに、母屋でおかゆ、食って辛抱しょう、と節約しとるのに、離れ座敷で子供がすき焼きを食っておるんです。そういう状況が実際にあります」

とぼけた表情と味のある発言で「塩じい」と呼ばれて隠れた人気を博していた塩川は、関西弁を交えて絶妙な比喩で日本の予算の実態を表現した。

母屋は一般会計、離れは特別会計を指している。巨額財政赤字という状況で、国の一般会計はけちけち路線を強いられているのに、官僚機構が握る特別会計は潤沢で、無駄がまかり通り、余剰金も眠っているというのが内実だった。財務相が自ら「子供が離れですきやき」と認めて、見直しの必要性に言及したのだ。

特別会計の積立金や余剰金は、後に「霞が関の埋蔵金」と呼ばれて議論を呼んだが、発端は

この塩じい答弁であった。塩川がインタビューに答えて解説した。

「特別会計は収入と支出の差が総額の一〇パーセントくらいで、これが余剰金。所管の大臣が判断できるようになっていますが、二パーセントくらいは使い道が自由になるものがあります。ここがうまみですよ」

併せて、塩川は前掲の自著『ある凡人の告白』で内幕を説き明かしている。

「怒り心頭に発したのは無駄遣いの温床、特別会計ですよ。僕は財務相の時、主計局に予算執行調査係（現在は予算執行調査室）を作って各省の予算執行を事後チェックさせたんです。担当者が『特別会計はノーマークです』と言うんです。調べたら、一般会計と違って、いいかげんに使ってるし、チェックはずさんだし。驚いた。だから、『母屋ではおかゆを食べて節約しておるのに、離れではすき焼き食っておる』と言ったんですわ。この発言をきっかけに特別会計改革が進みました。官僚と道路族議員の聖域だった道路特定財源の一般財源化もそうですよ」

政府は長らく埋蔵金の存在を否定してきたが、その後、認める。少しずつ掘り出しが行われた。

小泉内閣は〇五年暮れ、三一あった特別会計を二分の一ないし三分の一に減らすという内容の特別会計の合理化計画を閣議決定した。実際に民主党政権時代も含めて圧縮作業が進む。塩じい答弁から一二年後の一五年度、国の特別会計は、三一から、国債整理基金、年金、財政投融資など一四まで減少した。

人を煙に巻くスタイルで人気に

塩川は昔から柔らかなイメージとは裏腹に、口をついて出る言葉は最初からきつく、問題発言で物議を醸すことが多かった。中曽根内閣で文相だった一九八七年五月一六日、京都で開かれた教育改革推進懇談会で「舌禍」が問題となった。

「子供が義務教育を受けている間は、母親は家庭にいたほうがいい。働くならその後に」

こんな言葉を口にして、女性の社会進出を否定するのか、と女性側の猛反発を食った。

八九年に二カ月だけの宇野内閣で官房長官を務めたときも、中国情勢に関するマル秘の外交情報を報道陣にぺらぺらとしゃべって大騒ぎになった。

多くの人の記憶に残っているのは官房機密費（正式には内閣官房報償費）に関する発言である。財務相就任前の二〇〇〇年の一月、テレビで官房長官時代の機密費の使途について聞かれ、「野党対策に使っていることは事実。現ナマでやるとか、一席設けて、こちらが負担するとか」と口を滑らした。

しゃべった時点では、一年三カ月後の財務相就任は予想していなかったのだろう。ところが、入閣直後の〇一年五月一五日、衆議院予算委員会で共産党の穀田恵二（こくたけいじ）（後に党国会対策委員長）の追及を受けた。

塩川は「忘れてしもうた」を連発する。録画があると言われると、「思い出したが、当時は錯綜していた。報道陣から聞いたことなどがごちゃごちゃになって」と答弁を変える。以後は「錯綜」の一点張りで逃げ切りを図った。

「忘れた」「錯綜していた」はないだろう、と厳しい批判が渦巻いた。一方で、「塩じいの厚かましさを学べ」と処世術の手本にされたり、「役者やのう」と、妙に感心する人などもいて、塩じい人気は落ちなかった。

こんな場面もあった。財務相就任後、〇一年度の第二次補正予算を組むべきかどうかが議論になっていたころだ。

追加歳出額が約二兆六〇〇〇億円の第二次補正予算案は、実際には〇二年一月二一日に国会に提出され、その後、成立した。提出前、景気対策のために第二次補正を求める動きに対して、財政膨張を回避したい財務省がブレーキをかけるという毎度おなじみの構図が見られた。

そんな折、記者会見に臨んだ塩川は「第二次補正をやるのか」という質問を浴びた。財務相としては、やるともやらないとも言えず、答えに窮する場面である。

「あっ、地震や」

塩川は突然、口走る。何も答えず、会場から出ていった。

この模様を映し出したテレビの画面に「地震は発生していません」というテロップが流れた。報道陣を煙に巻いたのである。

塩川は政治家人生三五年目で小泉内閣の財務相となり、思いがけずスポットライトを浴びた。突然、重責を担ったが、人を食った発言、つかみどころがない行動で、正体不明の政治家と映った。その半面、直球だけでなく、変化球やくせ球を多投しながらピンチを乗り切る政治技術は政界一流、と評価する人もいた。

小泉内閣の財務相に就任する少し前、インタビューで塩川にこれから自民党が進むべき道と政治路線について尋ねた。

「規制緩和などを進めると、マイノリティーが出てきます。政治はそこを十分、吸収していかなければ……」

「自由民主主義というよりも社会民主主義政策では」と問い直したら、こんな答えが返ってきた。

「いいじゃないですか。全くの自由主義なんてできない。民主主義を守ろうとすると、自由主義はある程度、制限せざるをえません。私は民主主義のほうが大事だと思いますよ」

こう話していた塩川は、「聖域なき構造改革」を唱える小泉内閣に財務相として入閣すると、一転して改革の断行を唱え、知略を駆使して小泉改革路線を支え続けた。

竹中との関係

小泉構造改革の推進役として、もう一人、非議員だった竹中が経済財政担当相に起用されたが、経済活性化を唱える竹中と、自民党内の守旧派や改革反対派が、政権と与党の内部で激しく対峙する構図となった。

小泉内閣では、経済運営の舵取りを担う竹中と塩川の綱引きやあつれきがしばしば話題を呼んだ。改革路線を走る竹中に対して、財政重視の財務省の意向を尊重して立ちはだかる塩川、という図式でとらえる論調も多かった。

塩川は郵政事業や旧日本道路公団の民営化、国と地方の関係を見直す「三位一体改革」など、小泉改革に理解があり、推進派だった。一方で、財政健全化を最重視する財務省を背負ったため、竹中とは表向き何度も綱引きを演じた。

注目を集めたのが国債発行三〇兆円問題であった。〇二年度予算から一年間の国債発行高を三〇兆円以内に抑えることになった。

竹中は三〇兆円枠が経済活性化の足かせとなると見ると、「三〇兆円にこだわる必要はない」という立場に立った。塩川は財政出動を警戒する財務省の主張に沿って、「三〇兆円を守る」と言い続けた。塩川が内幕を明かした。

「予算の仕上げをどうするか。最初は経済財政諮問会議で骨組みを決め、予算編成は首相官邸でやるという雰囲気でした。私は『細かい数字の整理は誰がするのか』と文句を言いました。『諮問会議はデザインを書くだけ。基本設計して、これでいいのかというのが閣議による基本方針。実施・設計して削ったりという仕事は財務省でやる』と私が言ったら、向こうは『話が違う』と言う。大問題になりました」

結末はこうだ。塩川が続ける。

「小泉さんが『実施の計算は財務省で』と断を下しました。私が『箇所付けなんかも含めないと、予算編成にならないよ』と言ったら、小泉さんは『それでいい』と。諮問会議が打ち出す方針は『骨太』という名前になりました。それで『骨太の方針』には協力しました」

竹中が率いる経済財政諮問会議は〇一年六月、小泉内閣の経済政策の基本となる「今後の経済財政運営及び経済社会の構造改革に関する方針」を発表した。「骨太の方針」と呼ばれ、その後も毎年六月に打ち出された。

小泉は〇一年一二月、低迷する経済の打破のために税制改革の断行も言い出した。所得税の課税最低限の引き下げ、道路特定財源の見直し、炭素税導入、地方交付税交付金制度の見直しなどを検討項目に挙げ、〇二年秋までに結論を、と政府税調に指示した。

〇二年二月、施政方針演説で「六月をめどに基本方針を」と言明する。秋に結論を取りまとめ、早ければ〇三年一月から実施というスケジュールを想定した。

案の定、諮問会議と政府税調の路線対立が表面化した。政府税調の背後にいる財務省が増税のシナリオを書いていると見た人は多かった。

諮問会議を率いる竹中は三月、「税制改革の論議に増税を持ち込む考えは全くない」と語る。政府税調が唱える「公平・簡素・中立」という税制改革の原則のうち、「中立」を「活力」に改めるべきだと主張し、「当初の二年程度は活性化に重点を置いて改革のための先行減税を」と訴えた。

塩川は「税の具体的な問題で諮問会議が突っ走るのはいかがなものか」と注文をつけた。税制改革では、先行減税は容認しながら、歯止めとなる「塩川三原則」を示して竹中の独走にブレーキをかけた。「一定期間内の増減税中立、歳出の一層の抑制と重点化、成長分野に国の政策を集中」という内容であった。

政策論争の裏で、諮問会議と財務省が主導権争いを演じた。財務省では主税局が諮問会議主導に反発した。塩川は税制論議への諮問会議の深入りを牽制する。諮問会議は内閣主導の名の下に税制論議をリードしようとした。

その場面で、税制や財政に詳しい自民党議員が内実を明かした。

「両者の綱引きは勝負がついている。政治力では塩川さんが一枚も二枚も上手。竹中さんを駆逐しました。その塩川さんを手のひらに乗せて動かす財務省の政治力も健在でした」

小泉政権では、諮問会議は一年目、竹中主導で動いていたが、政治技術にたけた塩川が、財務省と二人三脚で諮問会議の乗っ取りを図る。二年目には財務省ペースに乗せた。

「最強の官庁」の財務省が塩川をコントロールしていると映ったが、この図式どおりかというと、財務省の中からも異論が聞こえてきた。

「財務省が大臣を操っているというのは見当違いです。財務省も基本的には調整型の役所です。大臣を動かして、進んで何かをしようという気はありません。それよりも、道路特定財源や地方交付税の見直しなどでは、大臣が自ら担当主計官をしかりつけて、しりをたたいてきました」

地方交付税の見直しは、国の権限の地方移譲、国税を削減して地方の財源とする税源移譲と併せて、小泉内閣が推し進める「三位一体改革」と呼ばれた。塩川はこの問題で地方行政を担当する片山総務相と激論を展開した。前掲の著書『ある凡人の告白』に書き残している。

「僕は片山さんに地方交付税を見直せと迫った。片山さんは国税から地方に税金を移せと。片山さんは財務省が移譲すると思ってないので、『できない話をするな』と。僕は『やってもいいんだ』と。財務省は反対でしたよ。ある幹部は『大化の改新以来、国の税を削って地方に回した歴史はない』と大げさなことを言いよった。僕は『政治が決める』と、やらせました」

塩川は「財務省の代弁者」を演じながら、実際は「及び腰の財務省を強引に牽引する改革派大臣」という顔を見せていたのだ。

佳き凡人たらんとす

豊富な政治経験から、塩川は官僚の習性を読み取った。霞が関の官僚の「ふたつの要素」について、著書『佳き凡人をめざせ』で解説している。

「ひとつは、前例を尊重して、前例から離れたことを積極的にやろうとしない。たえず後ろを向いて仕事をしているということ。ふたつ目は、ある改革を命じたときに、従来のやり方を変えることで、どんな影響が出るのかを計算する。それで左右のバランスを取って、少しでも偏った影響があるのならやめてしまおう、と考える」

官僚の発想と本質を見抜き、走ろうとしない馬のしりをたたいて走らせる要諦を心得ていたのである。

竹中は官僚からも自民党内の「抵抗勢力」からも敵視されながら、小泉改革の原動力として奮闘した。練達の塩川は、政権の内外を見渡して、巧みに距離を取りながら、竹中を援護射撃した。そうやって小泉政権の屋台骨を支えた。

小泉内閣発足時、「経済政策の舵取り役は誰がいいか」と小泉から相談を受けたのは、慶大在学時代の小泉の恩師で、塩川とも竹中とも親しかった元政府税調会長の加藤であった。竹中起用を助言した加藤が、塩川と竹中の関係を観察して、老獪な塩川の真意と政治行動のパターンを解き明かした。

「竹中さんは当時、『塩川さんはとっても政治家で、言っていることが分からない。右に左に揺れ動く』と言いました。国債三〇兆円問題で、塩川さんは最初、『守る』と言ったが、竹中さんはそれにこだわるのはおかしいと思っていました。私は『あれは予算を作るまでの話。塩川さんは必ずころっと変わるから』と竹中さんに言いました」

予想どおり、塩川は予算編成作業が終わると、「守る」とは言わなくなった。加藤が言葉を継ぐ。

「今度は『何で簡単に変わるのか。信じられない』と竹中さんは言いました。塩川さんは全然変わっていない。初めからそう思っている。政治的パフォーマンスがうまい。だけど、竹中さんから見ると、信頼できないという話になるわけです」

塩川の本心は竹中と諮問会議の援護だった、と加藤は見た。

「本当は諮問会議を立てていたんです。塩川さんは竹中さんの言っていることをやらせようと思った。それを言うと、自分が財務省から浮いてしまう。私は竹中さんに『塩川さんが何か言っているけど、心配しなくていいよ』と言いました。だけど、竹中さんは半信半疑だったんです」

加藤は塩川にも注文をつけた。

「周りの人がすべて塩川さんを理解していたわけではなかったから、自分の考えをどうやってにおわせていくかです。自分の気持ちが分かっている人を通して、連絡を取ったほうがいいと思いました」

塩川は財務相退任後、竹中についてこんな人物評を口にした。

「竹中さんは難しい立場でよくやった。小泉さんと心中するつもりで、それに徹していましたから、私もあれ以上は何も言わなかった」

竹中の覚悟と姿勢を高く買っていたのである。

機略縦横、変幻自在の塩川は、スピードのある直球に、コントロールされた多彩な変化球と、計算されたくせ球を織り交ぜて打者を翻弄する投球技術があった。それは名人芸の域と評した人もいた。

財務相在任中、加藤が「政治家・塩川」の個性と本質を語った。

「頭はいいし、政策能力もありました。だけど、本人も学問的、理論的な裏づけがあるとは思っていなかったから、そんなことは別に気にしていなかった。勘もいい。腹も据わっていました。裏でもすごく動いてくれた。竹中半兵衛のような人。黒幕として最高の人物です」

竹中半兵衛は織田信長と豊臣秀吉に仕えた戦国時代の謀将である。塩川の謀将の才を認める人は多かったが、トップリーダーの条件は備わっていなかったかどうか。

財務相就任の少し前、塩川をインタビューしたとき、「総理・総裁を目指す気持ちは」と聞いた。

「わしも、なるはずやったんや」

しれっと言った。

支持者にも、「もう五年若かったらなあ、総理を狙うんやけど」と口にした。周囲にも何度も漏らしたという。案外、本音だったのでは、という気もする。

塩川は〇二年一〇月に八一歳となった。財務相となって、二年四カ月間で二四回の国際会議をこなした。〇三年には、一月にマレーシア、四月にワシントン、五月にパリ、八月にマニラと外遊が続いたが、高齢の身にはこたえた。

九月三日に急性胆嚢炎の手術を受けた。小泉に辞任を申し出る。一二日に財務相の座を降りた。

一〇月一〇日、小泉が衆議院を解散した。塩川は総選挙不出馬を決め、都合三四年余の国会議員生活の幕を引いた。

政治家として表面上の「無欲」の顔は、実は「見果てぬ夢」を覆い隠す塩じいのおとぼけだった可能性もある。もしかしたら、〇三年一〇月、総選挙不出馬を選択して政界引退を決める直前まで、「最後のワンチャンス」を追い求めていたのかもしれない。

二年後の〇五年一〇月、回顧録『佳き凡人をめざせ』を刊行する。「まえがき」で自身の生涯を思い返して書き記している。

「83歳まで無事生き残ってきたことは、幾多のリスクがあったのにもかかわらず、自覚しないで避けてこられた幸運に感謝しなければならないのではないか。振り返ってみれば私の生涯にはドラマもなくロマンもない、平凡なものである。標準的な通常の常識の中で平常心を是とする人生であったと満足している」

「塩じい」は生涯、平凡を心掛け、それを演じ続けた「非凡な凡人」であった。

第六章

バブルと五輪挑戦

ベイエリアの開発が進む

関西新空港の候補地として「大阪湾南東部の泉州沖の海上」が初めて公式に打ち出されたのは、一九七四（昭和四九）年八月の政府の航空審の第一次答申であった。

第四章で述べたとおり、八〇年七月に運輸相に就任した塩川正十郎が新空港建設の推進を宣言し、八四年一〇月に関西国際空港株式会社が発足する。八七年一月から工事が開始した。

並行して、大阪市と大阪府で、大阪湾岸臨海部の開発構想が浮上した。大阪市が人工島活用による大阪湾岸の開発の検討を始めたのは、大島靖（おおしまやすし）市長（七一〜八七年在任）の時代だった。八九年に訪れる大阪市制施行一〇〇年の記念事業として、八三年八月にテクノポート大阪の計画作りが始まり、八八年七月に基本計画が策定された。

「関西国際空港を始めとする各種プロジェクトの連なる湾岸軸と、中之島、大阪ビジネスパークから関西学術研究都市に至る東西の都市軸が交わるこの地域の埋立地（約775ha）に、高次都市機能を集積した新都心を形成しようとしたもの」

大阪湾ベイエリア開発推進機構発行の広報誌『O-BAY』（大阪市港湾局の取材協力・資料提供）第三九号「特集　大阪市臨海部　咲洲・夢洲地区のまちづくりについて」（二〇〇九年春号）が計画の狙いを説いている。

関西経済の衰退に危機感を募らせる経済界も後押しした。関経連会長として大阪湾ベイエリアの開発プロジェクトを推進した宇野収（元東洋紡績会長）が、大阪府「なにわ塾」編『呼ばれてこの世の客となり』で述べている。

「大阪湾を取り巻く海域を巡回する道を作り、海を中心とする地域全体の開発をしようというのが大阪湾ベイエリア構想です」

「歴史的にも立地的にもアジアとのつながりの深い大阪湾を総合的に開発し、地域整備を進めようという構想で、すでに特別法も成立しています」

関経連は八九年四月に「グレーター・ベイエリア・ルネサンス構想」を発表した。九二年一二月には大阪湾臨海地域開発整備法が施行された。

テクノポート大阪計画の主眼は埋立地活用と新都心造りだった。それだけでなく、底流に大阪経済の活力低下に対する官民共有の危機感があったのは間違いない。

事業の主体は大阪市の計画局と港湾局であった。多数の施設の建設を含む官民共同事業で、総事業費は約二兆二〇〇〇億円、二〇一〇年度の完成を予定した。

テクノポート大阪計画に基づいて建設されたのが、後に破綻処理が大問題となる大阪ワールドトレードセンタービルディング（ＷＴＣ。開業時の総事業費一一九三億円。現大阪府咲洲庁舎）や、アジア太平洋トレードセンター（ＡＴＣ。開業時の総事業費一四六五億円）などの施設である。ＷＴＣは一九八九年二月に事業計画（基本方針）策定、九一年三月に着工、九五年四月に開業、ＡＴＣは八八年一〇月に構想推進委員会が基本構想決定、九一年五月に着工、九四年四月に開業した。

日本経済がバブルの膨張から崩壊を経て長期低迷に至る時代である。大阪市長は大島の後の西尾正也（八七～九五年在任）であった。WTC開業の八カ月後の九五年一二月、西尾の後継市長に元大阪市大経済学部長の磯村隆文（二〇〇三年まで在任）が就任した。バブル崩壊後の経済低迷期に工事が進み、完成に至るという巡り合わせとなった。

WTCは高さ二五六メートルの高層ビルだが、交通の不便さとバブル後の不況の影響で、入居が予測を大きく下回った。開業の翌年の九六年度から債務超過に陥る。二〇〇二年度決算で超過額は二三六億円を超え、事実上の破産状態となった。

ATCも高い賃料に加え、アクセスが悪く、開業後、入居企業の撤退が相次いだ。毎年、巨額の赤字を計上し、経営悪化に直面した。

大債務超過はWTC、ATC、同じく大阪市の第三セクターの湊町開発センター（MDC。大阪市浪速区。大阪シティエアターミナルの経営母体）の三社で、約五八〇億円に達した。三社は〇三年六月、金融機関に債務免除を求める特定調停を大阪簡易裁判所に申請した。

的外れな投資による巨大赤字

大阪市が第三セクター方式で進めた投資開発プロジェクトの破綻が次々と明らかになった。

一五年まで計七期二五年余、大阪市議を務めた福田賢治（元民主党系市議団幹事長。現大阪市旭区体育厚生協会会長）が語る。

「磯村市長時代、大阪市はかつて長く大阪経済を支えた日立造船や住友金属工業、三菱倉庫などの跡地を利用して観光客などの集客で大阪を発展させようという構造改革を考えました。WTCやATCなどの箱物を造る。中身ではなく、大きさを競ったんです。経済は右肩上がりという前提で造ったところ、バブルがはじけ、どうにもならなくなりました」

コンサルティング会社のマッキンゼー・アンド・カンパニーの出身で、経営戦略・行政改革が専門の慶大教授の上山信一は、磯村の次の關淳一市長の時代、弁護士出身で助役の大平光代からの依頼で、〇五年に大阪市市政改革推進会議委員長となった。著書『大阪維新』で、大阪衰退の理由として三点を指摘している。

「大企業の本社が大阪から東京に次々と移ってしまったこと」、「国際化への対応の遅れ」とともに、大阪市役所が大阪を業務都市として発展させる投資戦略について、「的外れの投資ばかりをやった」という点を強調する。

「的外れの投資」とは何か。上山は「大阪市の各局がこぞって第3セクターをつくり、商業ビルなどを開発しましたが、ほとんどが失敗します。また、土地信託事業も展開しました。これらで失った資金は、合計1000億円を超えます」と解説している。

「的外れの投資」は主として西尾市長と磯村市長の時代であった。西尾は市役所出身の生え抜き市長で、一期目終盤の一九九〇年に磯村を助役に起用した。後輩の市職員だった柏木孝（後に大阪市副市長。現帝塚山学院常務理事）が回顧した。

「大阪市大はもともと行政とも関係が深く、西尾さんはその分野で重みがあった磯村さんを助役に引っ張ったのです。経済学者の磯村さんは学識豊かな方で、情報公開などにも熱心でした。大阪市の財政もきつくなってきたから、その状況を市民に対して分かりやすく説明するため、二〇〇二年一一月に磯村市長は財政非常事態宣言を発したわけです」

第三セクター方式で多くの施設を造った影響は大きく、大阪市は〇一年度の全会計の市債残高が初めて五兆円を超えた。

大阪市役所はなぜ的外れの投資ばかりをやる無能組織となったのか。上山が前掲書で「職員約4万人、2010年度の当初予算総額（全会計）は約3兆8550億円の巨大企業」の大阪市役所の構造と実態を説き明かしている。

「1963〜71年まで市長を務めた中馬馨市長の頃から、『市長―労組―議会』の慣れ合い関係ができました。これを称して、大阪では『中之島』一家問題と言います（市役所の所在地が中之島であることに由来します）」

「歴代の市長選挙では、助役出身者が当選してきましたが、町内会組織や労働組合、そして多くの議員が影響力を行使してきたと言われます。『中之島一家』のメンバーが総力をあげて、自分たちの言うことを聞く市長を応援するのです。こういう市長が当選すると、〝職員の職員による職員のための市役所〟になります」

「議会は各区を選挙区とする中選挙区制です。（中略）こういう構造の中で、一部の支持者のほうだけを向いて仕事をする族議員が次々と生まれてしまうのです」

府もバブル崩壊で損失

バブル期に第三セクター方式で多数の開発計画を推進し、後に経営破綻に見舞われて巨額の財政赤字を生んだのは、大阪市だけではなかった。

大阪府も、関西国際空港の対岸のりんくうゲートタワービル（泉佐野市。総工費は約六五九億円）の建設や、地域開発を行う泉佐野コスモポリス（泉佐野市。総事業費は約一一五〇億円）の事業など、「的外れの投資」にのめり込み、手痛い損害を被った。

「大阪市のWTCは高さ二五六メートル。対して、大阪府のりんくうゲートタワービルは二五六・一メートル」

大阪市と大阪府が建物の高さを競い合ったため、建設計画がどんどん膨らみ、最後はわずか一〇センチの差で勝負がついたという話もある。

高層ビルの高さランキングで、大阪のあべのハルカス、横浜ランドマークタワーに次いで全国第三位のりんくうゲートタワービルは、関西空港対岸の埋立地のりんくうタウン（三一八ヘクタール。泉佐野市、泉南郡田尻町、泉南市）にある。この土地も大阪府の造成で、一九八七年三月から工事に着手した。

大阪府職員だった梶本徳彦（後に大阪府副知事。現大阪府日中友好協会会長）が説明する。

「着工は岸昌知事の時代です。関空の対岸に六〇〇〇億円をかけて新たな町造りを、ということで大阪府の事業として計画に着手したんです。その象徴的な施設がりんくうゲートタワービルです」

ビルの着工は次の中川和雄知事（九一〜九五年在任）の時代の九二年八月だった。

中川は東大法学部を卒業して厚生省に入った後、三〇歳で大阪府庁に転じた。黒田了一、岸の二代の知事の下で生活環境部長、企業局長、出納長、副知事を歴任した。

生活環境部長時代、革新知事の黒田の反公害路線に沿って、公害物質の総量規制方式の導入で奮闘した。九一年四月の府知事選に、共産党を除く全党の推薦と支持で出馬して圧勝し、知事となった。

りんくうゲートタワービルは九六年八月に完成した。着工はバブル膨張期で、バブル崩壊後に完成するという巡り合わせとなる。経済激変の直撃を受けた。

大阪府の税収（実質収入）を見ると、八九〜九一年度は高水準の一兆三〇〇〇億円台を維持していたが、バブル崩壊の影響が顕著となる。九二年度は一兆一九〇七億円、九三年度は一兆〇六〇三億円、九四年度は一兆〇一七八億円と下がり続けた。

にもかかわらず、中川は財政危機意識が乏しかった。格別、対策を講じることもなく、計画中のプロジェクトや地域整備事業をそのまま続行した。放置すれば財政悪化が明白なのに、手を打たずに放漫財政を続けた。中川府政の無策を批判する声は今も根強い。

りんくうタウンでのビルなどの建設計画はバブル期、五〇棟前後も存在した。だが、りんくうゲートタワービル以外、すべて頓挫した。りんくうゲートタワービルも当初はツインビルの計画だったが、建設は北側の棟だけで幕となった。

九二年、りんくうタウンに進出していた企業の撤退が始まった。その年の四月に大阪府の企業局理事兼地域整備部長となった梶本が振り返った。

「埋立地の企業に土地を売却するということで、契約も全部できていたのですが、バブル崩壊で、契約した企業は違約金を払ってでも撤退すると言う。企業の軒並み撤退で、りんくうタウン事業は先行き破綻するのでは、という問題が、府政の大きなテーマとして浮かび上がってきたのです。それで破綻処理というか、再建・撤退を検討しろと言われて、私は地域整備部長を仰せつかりました」

梶本はマッキンゼーにいた上山のサポートを得て破綻処理と再生に取り組んだ。回想談が続く。

「当時の浦西良介（うらにしりょうすけ）副知事から、マッキンゼーの日本支社長だった大前研一（おおまえけんいち）さん（現ビジネス・ブレークスルー代表取締役）の力を借りて、りんくうタウン事業の処理をやれ、とトップダウンで言われました。上山さんたちと合同のプロジェクトチームを作って取り組みました。

全く売れる見通しがないのは明白でしたから、最終的に借金で、つまり起債で処理しました。総額一〇〇〇億円という巨額で、本体の借金の元本五〇〇億円は簡単に返せる額ではありません。土地は長期の定期借地にして、起債は今も借り換え中。いつ終わるかは永遠の宿題で……」

りんくうタウンの中に一つだけぽつんと立つりんくうゲートタウンビルは、関西空港の利用客が頼みの綱だった。関空はビル開業の二年前の九四年九月に開港した。だが、空港利用客が長らく低調だったため、空室が目立った。上層階に入居した全日空ゲートタワーホテル大阪（現スターゲイトホテル関西エアポート）も後に二〇一一年で閉館となった。

大阪府出資のりんくうタワーゲートビルは経営に行き詰まる。〇五年四月に会社更生法の適用を申請し、認められた。負債額は約四六三億円であった。

一九八七年に大阪府や泉佐野市などが出資して設立した泉佐野コスモポリスも、バブル崩壊などで思惑が外れ、負債総額六〇七億円を抱えて九六年に経営破綻した。

中川は九五年四月に知事一期目の任期満了を迎える。九四年一二月に一度、知事選出馬を表明した。その後、九五年二月に違法献金事件で後援会の会計責任者が有罪判決を受ける。不出馬に追い込まれた。

オリンピック招致の動き

バブルの崩壊が始まり、湾岸開発ブームが急速にしぼみ始めた九〇年代初めの大阪で、新しい運動が始まった。九二年、「日本で二度目の夏季オリンピックを大阪で」という声が上がった。

夏季五輪大会の日本初開催は六四年の一回目の東京オリンピックであった。日本再招致の計画はその後、二〇二一年開催の二回目の東京オリンピックまで、計四回を数えた。

オリンピック開催権はＩＯＣが定めるオリンピック憲章の規則三二－二に規定がある。

「オリンピック競技大会を開催する栄誉と責任は、オリンピック競技大会の開催地として選定された、原則として一都市に対し、ＩＯＣにより委ねられる」

この条項に基づいて、開催権は都市に与えられる。夏季五輪大会の日本再招致は、一回目の東京オリンピックの一三年後の一九七七年八月、まず名古屋が手を挙げた。当時の愛知県知事の仲谷義明が八八年大会の名古屋招致を表明した。

八一年九月、ＩＯＣ総会の選考でソウル（韓国）との決戦となる。前評判は「名古屋有利」だったが、ソウルの猛烈な招致運動で、名古屋は逆転敗北を喫した。

次に大阪市が九二年一月に名乗りを上げる。三回目は東京都知事の石原慎太郎が二〇〇五年九月に招致を表明し、国内選考で福岡市を破って候補都市となった。

東京は〇九年一〇月のＩＯＣ総会で、一六年大会の招致をリオデジャネイロ（ブラジル）、マドリード（スペイン）、シカゴ（アメリカ）と争った。第二回投票で三位となる。開催都市はリオデジャネイロに決まった。

敗れた東京は一一年七月に再立候補を決める。四回目の日本再招致に挑んだ。一三年のIOCブエノスアイレス総会でイスタンブール、マドリードを破って二〇年大会の開催権を手にした。

東京再招致が決まる約一〇年前の一九九二年一月、「大阪で二度目の夏季オリンピックを」と第一声を発したのは、大阪市会（市議会）議員だった元コメディアンの船場太郎（後に議長。当初は無所属。後に自民党）であった。花登筐主宰の劇団・笑いの王国、花登プロダクション、吉本新喜劇を経て、九一年四月の大阪市議選に当選した。

八〇年代後半に膨らんだ日本経済のバブルが崩壊に向かい、全国的に景気大失速の波が襲い始めた時代である。船場は九二年一月、大阪市会でいきなり提唱した。

船場が振り返って語った。

「僕は芸能界にいたから、大阪で何かにぎやかで明るい話、ないもんかなあ、思って、オリンピックはどないかなあ、と議員の先輩連中に相談したら、ええやんかという話になりました。バブルがはじけて、大阪は元気がなかった。そのころ、みんな、『国際都市大阪』と言うてました。それなら、オリンピックを呼ぶのが一番やろ、と思った。日本全体にどんな効果があるんか、そこまで考えなかった。花が咲いて、相乗効果で、沈滞した大阪を変える動きにつながるんでは、という思いがありました」

ＪＯＣ（日本オリンピック委員会）やスポーツ団体などからの働きかけや連携の話はなかったのか、と質問した。船場は「そんなもん、全然なかった」と答えた。

船場は市会で提案したが、最初は大阪市側の反応は今一つで、通り一ぺんの答弁で片付けられた。市長は八七年一二月に初当選して二期目の西尾である。

市会の議場で、西尾が席に戻りかけたとき、船場は「個人的な意見でいいですから、オリンピック招致について感想を」と声をかけた。西尾は「個人的にはやりたいと思う」と告げた。

西尾は五〇年に京大法学部を卒業して大阪市役所に入った。七〇年四月、市内の大淀区で七九人が死亡する天六ガス爆発事故が起こった。

西尾は事故と関係がない港湾局管理部長だったが、いち早く現場に駆けつけ、担当者不在の段階で、事故処理などの対応で手腕を発揮した。当時の中馬市長など幹部の目に留まる。以後、栄達のコースに乗った。

九二年、大阪の夏季五輪大会招致の歯車が動き始めた。九四年三月、大阪市会は二一世紀初頭の開催を目指す「オリンピックの招致・開催に関する決議」を全会一致で議決した。

九三年九月のＩＯＣモンテカルロ総会で、二〇〇〇年大会のシドニー（オーストラリア）開催が決定済みだった。過去の例から、夏季五輪大会はヨーロッパとヨーロッパ以外の都市の交互開催が通り相場である。

「二一世紀初頭」といっても、次の〇四年大会はヨーロッパ開催の可能性が高い。大阪招致は早くても次の次の〇八年大会というのが暗黙の目標となった。

大阪市が日本での立候補都市に

大阪市の五輪大会招致は、オリンピック関係者、政府、大阪府などとのチームプレーではなく、意欲満々の大阪市が独自に走り出した感があった。底流にあったのは、一九七〇年代以降の大阪経済の長期衰退に対する危機感であった。九〇年代初めのバブル崩壊で、経済低迷に拍車がかかった。「大阪浮揚」は市政でも重要なテーマとなった。

そこで五輪大会招致に乗り出したが、疑問点は、当時、大阪市にオリンピックを開催するだけの財政的な余力があったのかどうかである。実は大阪市の場合、バブル崩壊にもかかわらず、九〇年代前半、財政は潤沢だった。西尾市長時代、大阪市の財政局で予算担当の財務課長だった柏木が明かした。

「税収は国も大阪府も九〇年度がピークでしたが、大阪市は、実は九四年の固定資産税の評価替えで、地価は下落しているのに、固定資産税が増収となり、ピークの九六年度まで税収増が続きました。オリンピックを招致して、仮に国と大阪府の協力がない場合でも、計算すると、大阪市単独で開催するだけの財政能力はあると考えていたんです」

国の税収は九〇年度が約六〇兆一〇〇〇億円だったが、九六年度には約五二兆一〇〇〇億円に下落した。大阪市は九〇年度が七三六二億円、九六年度は七七七六億円に達した。

大阪市の一般会計の決算は、六〇年代初めから、中馬市長と次の大島市長の時代を通じて二八年間、赤字続きだった。といっても、内実は「黒字隠し」で、八九年度に黒字決算を行ったという。柏木が続ける。

「中馬市長時代から、大阪市職員労働組合と大阪市会と部落解放同盟が市政を支えてきましたが、次の大島市長は『黒字だと歳出要求に抵抗しにくいから、赤字でもいい』というタイプの市長で、赤字決算を続けました。西尾市長時代、バブルで税収増となり、将来に備えて高齢化基金とか国際交流基金とか、貯金も増やしたのですが、西尾さんは『税収も貯金も伸びているのに、赤字決算では財政手腕がないと思われるので、頼むから黒字決算にしたい』とおっしゃったのです」

大阪市は好調財政を武器に、市を挙げてオリンピック招致活動に邁進した。市民の反応も上々だった。船場が言う。

「大阪は商店街が多いけど、一商店街一国運動といって、各商店街がそれぞれ参加国応援の運動をやるなど、すごく盛り上がった」

大阪市は九四年の九～一〇月に郵送法で招致に関するアンケート調査を実施した（標本数・市民三〇〇〇人＝回収率六七・五パーセント、企業一〇〇〇社＝回収率三二・九パーセント）。招致に「賛成」は、市民が七九・四パーセント、企業は九一・四パーセント、市民の

「反対」は五・一パーセントだった（大阪オリンピック招致委員会編「2008年オリンピック競技大会招致活動報告書」参照）。大阪市民の関心は高かった。

そんな折、九五年一月に阪神・淡路大震災が襲った。招致宣言を打ち出すべきかどうかが問題になる。大阪市役所の内部では、春の選抜高校野球大会の開催の成否を判断基準に、という話になった。

九五年の選抜高校野球は予定どおり阪神甲子園球場で三月二五日から開催された。大阪市会は一五日、二〇〇八年の夏季五輪大会の招致を目指す「大阪招致宣言」を全会一致で決議した（後に共産党は反対に）。

五輪大会招致への大震災の影響は軽微で、招致活動が本格化した。一九九五年四月に大阪府知事が交代する。一期在任で退いた中川の後任に、漫才師で参議院議員だった横山（よこやま）ノック（山田勇）が就任した。大阪市長も一二月に西尾から磯村に代わった。

二カ月前の一〇月、大阪オリンピック招致推進会議が発足する。一一月には基本理念策定委員会が大阪オリンピックの基本理念を答申した。大阪市は九六年九月、答申案に沿って基本理念を策定し、開催立候補申請書をJOCに提出した。

「世界初の海上オリンピック」を標榜する。大会の主会場は大阪市此花区の大阪湾岸の北港にある人工島の舞洲を予定した。舞洲（約二二〇ヘクタール）は隣接の夢洲（此花区。完成後の総面積は約三九〇ヘクタール）、咲洲（大阪市住之江区。約一〇四五ヘクタール）とともに、大阪市が推進した「テクノポート大阪」計画の対象とされた人工島三島の一つである。

メインテーマに「地球市民のオリンピック」を掲げ、「スポーツパラダイス」「新しい都市環境の創造」「世界と共に歩む都市大阪」の三点を唱えた。とはいえ、「なぜ今、オリンピックを大阪で」という疑問に対するアピールとしては、決定打に欠け、パンチ不足は否めなかった。

一方で、大阪が目指す二〇〇八年夏季五輪大会に、国内でもう一つ、横浜市も名乗りを上げた。大阪は「夏の一都市開催」、横浜は「秋の広域開催」を打ち出した。

一九九七年八月、ＪＯＣの立候補都市選定会議が開かれた。ＪＯＣ理事二〇人と競技団体代表二九人の計四九人の投票の結果、二九対一七（無効三）で、大阪が立候補都市に選ばれた。

強敵・北京に完敗

招致への道は険しかった。行く手には、高い壁が幾重にもそびえている。

大阪市は九八年四月、オリンピック招致局を設置した。市の財政局から招致局計画課長に転じた内本美奈子（うちもとみなこ）（現公益財団法人大阪国際交流センター理事長）が述べる。

「ＩＯＣは何よりも政府の保証を、と言いました。財政についても、国がきちんと面倒を見るという保証が必要でした」

九九年一二月から有効のオリンピック憲章（二〇〇〇年版）は、規則三七－四に「その国の政府がオリンピック憲章を尊重する旨をＩＯＣに対して保証して、政府自らが作成した文書を候補都市が提出しない限り、その都市にオリンピック競技大会の開催を委託することはないものとする」という条項を設けた。開催国の政府が事前にオリンピック招致に了解を与え、財政面も含め、競技大会開催について保証しなければ、開催権は手にできないという規定である。

大阪が横浜を破って国内の候補都市に決まった九七年八月、日本の政権は自民党・社会党・さきがけ三党連立の橋本龍太郎内閣だった。

国の税収は、バブル崩壊の影響で、九〇年度を頂点に大きく落ち込んだ。九六年度は五二兆一〇〇〇億円となる。六年で八兆円も低下した。

橋本は九七年三月、政府の財政構造改革会議で、財政赤字を二〇〇三年に対GDP比で三パーセント以内にするなど、「改革五原則」を示し、財政再建路線に踏み出した。併せて省庁統合・再編案を含む大型の「橋本行政改革」にも挑戦した。

だが、一九九八年七月の参院選で敗北を喫する。在任二年半で首相の座を降りた。後継選出の自民党総裁選で、元副総裁の小渕恵三が梶山静六と小泉純一郎を破る。小渕政権が誕生した。

約四カ月後の一二月一一日、政府は閣議で二〇〇八年大会の大阪招致を了解する決定を行った。一九九九年二月にオリンピック招致委員会が発足する。大阪市の担当者だった内本が政府の対応を振り返った。

「文部省が窓口で、それぞれの課題に関係する省庁の担当者を集めて調整を行ったり、大臣スピーチなどは、私たちと一緒に、文章の書き方なども含め、作業をしました。ですが、対応は前例に倣う官僚的なもの。全体的には政府が協力的ではなかったのは確かです。磯村市長は招致に力が入っていましたが、学者出身で、自ら政府に働きかけるといったタイプでは全くなかったですね」

大阪の五輪大会招致について、政府は閣議了解を与えたものの、実際には橋本も小渕も、支援や協力どころか、無視同然だった。無関心というよりも、はた迷惑、やりたければ勝手に、という姿勢を隠さなかった。船場が打ち明ける。

「国は本気ではなかった。大阪市の顔を立てて、しぶしぶ応援したという形でしたから。私らも首相官邸にお願いにいったが、首相や官房長官は出てこなかった」

大阪市の財政課長だった柏木が「非協力」の背景を解説した。

「大阪市とは反対に、国はバブルの後、財政が苦しくなり、大阪がオリンピックで何か頼みにいっても、国は『何を言ってるのか。税収が落ちて大変なのに』という感じで、冷たかった」

小渕内閣が大阪招致の閣議了解を決める一六日前の九八年一一月二五日、海外から衝撃的なニュースが届いた。北京が二〇〇八年大会への立候補を表明したのだ。

北京の登場は脅威だった。船場が回顧した。

「北京は少し遅れて手を挙げました。初めてのオリンピック開催となる中国が出てきたら、勝ち目ないなあ、これはあかんわ、と思った。僕は、招致をやめようという話をしようかとも考えました。勇気ある撤退はできんかな、と。だけど、お役人は一度始めたら止まりません。どんどん進めていきました」

〇八年大会には、大阪のほかに、バンコク（タイ）、カイロ（エジプト）など、世界の九都市が招致の動きを示したが、二〇〇〇年八月、ＩＯＣ理事会が大阪、北京、イスタンブール、パリ、トロントの五都市を立候補都市として承認した。大阪は初めてだったが、ほかの四都市は、いずれも一九九二年大会の開催都市を決めた八六年のＩＯＣローザンヌ総会以後、二度目である。

結局、そのまま二〇〇一年七月一三日の開催都市決定のＩＯＣモスクワ総会を迎えた。

当日、大阪市北区中之島の大阪市中央公会堂に、決定の瞬間を実況中継する大画面が設置された。立ち見であふれるほどの市民が駆けつけた。

中継が始まる。その直後、大阪市の名前が画面から消えた。

第一回投票で全一〇二票のうち、大阪は六票しか獲得できず、五都市の最下位で最初に落選したのだ。第二回投票で北京が五六票を獲得し、二二票のトロント、一八票のパリを制して「初の中国開催」を実現した。

第七章

ノックと初女性知事

大阪と東京で無党派知事が誕生

一九九〇年代を迎えて、バブル崩壊の影響と後遺症が全国各地で噴出する一方、「失われた時代」と呼ばれる経済の長期低迷が深刻化し始めた。

停滞が続く一九九五（平成七）年、任期満了に伴う大阪府知事選が実施された。大阪では、バブル期の「的外れ大型投資」の一つといわれた大阪府出資のりんくうタウン事業などの経営行き詰まりの懸念が顕在化していたときである。

現職知事の中川和雄は九一年四月、前任の岸昌知事の後継として、共産党を除く全党の推薦と支持で府知事選に圧勝し、副知事から知事となった。九四年一二月、二期目への挑戦を表明した。

自民党は当初、中川の再選を期する計画だった。ところが、九四年一一月、中川の後援会の幹部が違法献金事件で逮捕される事態となる。

九五年二月、後援会の会計責任者が政治資金規正法違反で有罪判決を受けた。追い詰められた中川は二月二二日、府議会で知事選出馬断念を表明した。

この騒動を見て、出馬を検討し始めたのが参議院議員の横山ノックであった。著書『知事の履歴書』で明かす。

「ぼくの心に火を点けた事件が起こりました。大阪府知事の後援会献金疑惑事件です。（中略）この時はっきりと思ったことがありました。『このゴタゴタが続くようなら、そして大阪府民を馬鹿にするようなことが続くなら、ぼくは黙ってへんで！』ところがぼくのそんな思いを知ってか知らずか、事件はいっこうにすっきりとはしませんでした。それどころか知事は次の府知事選にも出馬する意向を示したのです。ここへ来て、ぼくは初めて府知事選に出ることを真剣に考えはじめました」

中川の出馬断念の約一カ月前の一月一七日、阪神・淡路大震災が発生した。ノックが続けて書きつづる。

「しかし迷いもありました。知事選に出るには参議院議員を辞めなければなりません。それにぼくは国会議員は二十年のキャリアがありましたが、地方行政の経験はまったくありません。まして相手は現職の知事です。選挙で闘って勝てる見込みがあるとは言えません。さすがにぼくも迷いました。そんなぼくの迷いを吹き飛ばしてくれたのが、あの阪神大震災だったのです」

ノックはどの政党の支援も受けない野党系の純粋無所属で知事選に立候補した。中川府政の与党だった自民党、新進党、社会党、公明党、さきがけの各党は、共産党を除く総与党体制継続で一致したが、候補決定に手間取った。大蔵省出身の平野拓也（ひらのたくや）（元科学技術庁事務次官）を擁立する。決まったのは選挙告示の直前であった。

四月九日の知事選で、ノックは約一六三万票を獲得する。約一一五万票の平野を下して当選した。大阪府政で「ノック劇場」が開演した。

同じ日、東京都知事選も実施され、作家・作詞家・タレント・元参議院議員の青島幸男(あおしまゆきお)が一位となる。「東京と大阪で無党派知事誕生」と話題になった。

ノックはそのとき、参議院議員四期在任のベテランだったが、本人も自著で述べているとおり、大阪府政には素人である。大阪府民はなぜ芸人政治家を知事に選んだのか。大阪人特有の「面白がる文化」を原因に挙げた人は多かった。

他方、大阪では岸、中川の二代一六年にわたる「非共産・全党寄り合い体制」の副知事出身の知事の下で、政・官・財がもたれ合うという構図が続いた。挙げ句の果てに、バブル期の放漫支出などで、バブル崩壊後は財政悪化に、という展開となった。それを見て、行政は未経験ながら、しがらみのない無党派のノックに賭けてみるか、という気になったのも事実だろう。

政治風刺の漫才師から政治家へ

ノックは一九三二（昭和七）年に神戸市で生まれた。父親は外国航路の貨客船の機関士だった。

高等小学校を出た後、米軍施設勤務などを経て、漫才の世界に進んだ。六〇年代に「ノック・フック・パンチ」の漫画トリオで人気となった。

三六歳だった六八年、漫画トリオを解散して七月の参院選に全国区から無所属で出馬した。

なぜ政治の道を目指したのか。前掲の自著に書き残している。

「『パンパカパーン！』で始まるおなじみの『今週のハイライト』で、政治風刺をやっていることに対する虚しさのようなものでした。この頃ぼくは忙しい中、それこそ毎日欠かさず新聞の政治欄、社会欄に必死で目を通していました。初めのうちは、政治のあやしい部分や不合理な部分を見つけると、それを風刺して笑いを取っていただけでしたが、続けていくうちにそうした部分に対し真剣に批判の気持ちを持つようになっていたのです。その思いが一層、風刺に磨きがかかり、より鋭いオチと笑いを生み出したのでしょうが、いつの頃からかそれだけでは駄目なんじゃないだろうかと考え始めていたのです。政治のおかしな部分を茶化して笑っているだけでは何もならない、そう考えると、これまで笑いの種にしてきたような記事が、そうは見えなくなってきたのです。（中略）一介の漫才師が舞台の上で何をどう頑張ってみたところで何もなりません。でもある時ふと気づいたのです。自分が政治家になればいいのではないか」

初出馬の参院選で約六七万票を獲得して二五位で当選した。「一緒に」と誘ってくれた婦人運動家の市川房枝（いちかわふさえ）に従って、国会では第二院クラブに所属した。

だが、二期目の七四年の参院選は六五位で落選した。三年後の七七年の参院選に再挑戦する。全国区で三三位となり、返り咲きを果たした。

三期目の八三年の参院選から全国区が廃止となった。国政選挙に初めて比例代表選挙が導入された。

政党に所属しないノックは、大阪選挙区（定数三人）への転戦を決めた。民社党推薦・新自由クラブ支持で立候補する。約八七万票でトップ当選を果たした。当選後は国会で民社党の会派に所属した。

四期目の八九年も大阪選挙区で戦った。連続当選を遂げたが、六万票以上も票を減らし、順位も二位に落ちた。五期目の九五年が近づく。落選経験があるノックは必勝作戦を模索し始めた。

九三年の衆院選で旧大阪二区から民社党で当選した吉田治（よしだおさむ）（後に国土交通副大臣）が語る。

「一緒に民社党でやっていて、周りに聞くと、ノックさんは二つの理由で知事選出馬を決意したようです。一つは、市川さんの愛弟子として、中川知事の疑惑は許せない。だから、自分が出る。もう一つは、次の参院選が知事選の三カ月後です。九四年一二月に新進党が結成されたが、ノックさんは党員ではないので、参院選は単独で戦うことになります。だったら、その前に知事選に出ておこう、と。その気持ちは早くからあったらしい」

自民党は中川の後継候補の選考を、地元の大阪府連の頭越しに党本部主導で進めた。といっても、自社さ連立の村山富市内閣の下支えと阪神・淡路大震災への対応で手いっぱいだった。大阪府知事選どころではない。九一年の知事選の中川擁立方式を引き継ぎ、連合（日本労働組合総連合会）大阪も取り込んで、共産党を除く全党体制で知事選に臨んだ。

選挙は「人気のノック」が大勝した。吉田が選挙戦を振り返った。

「ノックさんは大震災の直後、大阪の梅田駅前で募金活動に参加しました。ノックさんがいるだけで、けた違いに人が集まった。知事選に出ても大丈夫かどうか、反応を見ていたんですよ。そこはなかなかの政治家です。根強い人気の秘密は、目配り、気配り、当たりのよさ。知事選で新進党は平野候補を推したのですが、旧民社系はノックさんを応援しましたよ」

味方のいない議会

ノックは知事として大阪府庁に初登庁した。その日、通常なら正面玄関で府議会議長を筆頭に府議、職員がそろって出迎えるのに、立っていたのは、ノックの与党会派「改革おおさか」の五人を含む府議七人だけだった。

その時代、大阪府庁の福祉部長で、ノック知事時代に企画調整部長を経て九九年に副知事となる梶本徳彦が当時の空気を述べる。

「一期目は、政策らしいものはほとんど見えなかったですね。選挙中、『弱者の視点で』と唱えていましたが、それが具体的な政策にどう結びつくかがはっきりしませんでした。議会は『改革おおさか』を除いて全部、反対派。府の職員にしても、知事の手腕は全く未知数で、どんな人やろ、と見ていました。本当に孤立無援で府庁に来られたという感じでした」

ノックは就任時、「議員に対する根回しはしない」と宣言した。案の定、議会との関係は初めから断絶状態であった。

最初の課題は副知事の選任である。議会が抵抗し、難航した。ノックは女性を含む三副知事と出納長の同意案を提出する。九五年七月、議会は否決した。九月にやっと副知事二人と出納長の選任にこぎ着けた。

孤軍奮闘の素人知事なのに、容赦なく前知事時代からの積み残しの難問が次々と襲いかかった。

第一は、大阪府が直接的な指導・監督の権限を持っていた木津信用組合（大阪市浪速区）の破綻処理であった。バブル崩壊後に巨額の不良債権を抱えた木津信組は、総資産のうち、七三パーセントに当たる約九六〇〇億円が回収不能（破綻直後の九五年九月）という状況である。数カ月前から預金流出が起こり、取り付け騒ぎの発生が懸念された。

破綻前日の九五年八月三〇日、大阪府は昼前、午後六時の一部業務停止命令の発令を決める。大蔵省や日本銀行に通知した。午後、テレビが「木津に業務停止命令」と報じた。

予想どおり本支店に預金者が殺到し始めた。ノックは午後六時、「預金の払い戻しを除く業務の停止」を宣言した。同時に、大阪府は「元金と提示金利の保証」を約束する。預金者の列は九月一日まで続いたが、地域金融危機は何とか回避した。

第二に、九六年、泉佐野コスモポリスの破綻が表面化した。大阪府が約一一五〇億円を投じた事業である。

第三は、同じころ、大阪市北区中之島の府立国際会議場（開館二〇〇〇年四月）の着工とぶつかった。大阪府庁が事業主体となって建築する建物で、地上一三階、地下三階、総工費が約七〇〇億円の施設であった。

ノックの次に府知事となる太田房江（齊藤房江。現参議院議員）が明かした。

「私が知事になってテープカットした施設ですけど、ノックさんは『これだけ使ったら、大阪府の財政状況はもっと悪くなる。だから、はんこを押さない』と言って一週間くらい頑張ったと聞いて、立派な方だなと思いました。最後は震えながら、はんこを押したと聞いています。ノックさんは財政危機について正しい理解があったと思います」

ノック府政の大きなテーマの一つは、関西国際空港の二期工事着工問題であった。

関空は建設開始から七年半を経て、中川時代の一九九四年九月に開港した。長さ三五〇〇メートルの滑走路一本で、うたい文句の「アジア・世界と結ぶゲートウェイ」「国際貨物ハブ空港」としては貧弱すぎた。開港時から二期工事への取り組みが課題だったが、次のノック府政への置き土産となった。

一期と二期を合わせた府の負担額（出資額と貸付金の合計）は約一四〇〇億円に上った。財政悪化の大阪府には大きすぎる負担、と受け止める府民も多かった。二期工事は無駄ではないか、という声を背に、ノックは知事選を戦ったのだ。

府庁の福祉部長だった梶本が回顧する。

「ノック府政の重要課題は財政悪化と関空二期工事でした。府議会との対立は関空問題が一番大きかった。ノックさんは最初、『二期工事には反対』と言っていました。庶民感覚からいえば、無駄な投資と映ります。ですが、知事就任後、事情を聞くと、やっぱりやらなければという考えになり、三カ月で賛成に変わりました」

関空の二期工事は就任から四年後の九九年七月にスタートした。

財政再建プログラムに着手

ノック府政の最大の懸案は財政赤字だった。ノックは就任時、実態について認識不足だったのか、財政問題への関心は薄く、取り組みも熱心ではなかった。梶本がノック流の行政手法を解説した。

「ノックさんは政策について自分のポリシーはなかったから、トップダウンで指示が降りてくることは、私には一回もありませんでした。きさくな知事で、職員とも意見交換するし、提案・提言を受け入れてくれました。一方で、庶民派知事として、府民から圧倒的支持がありました。財政再建が必要でしたが、ノック知事で府民の府政への注目度が高まっていたので、府民にかなり痛みを強いる財政再建もできたのです」

大阪府の財政は、バブルがピークだった八九年度以降の実質収支（歳入総額から、歳出総額と、翌年度に繰り越すべき財源を引いた額）で見ると、ノックが登場する九五年度までずっと黒字だった。黒字額は毎年、減少する、ついに九八年度から赤字に転落し、マイナス一〇二億円を記録した。

府の税収（府が実際に使える実質収入）も、九〇年度の一兆三五一〇億円をピークに下がり続ける。ノック登場の前年の九四年度は一兆〇一七八億円まで下落した。

大阪府は現行の地方交付税制度が創設された五四年度から九二年度まで、二度の石油ショックの影響を受けた七七～八四年度を除いて、ずっと不交付団体だったが、九三年に交付団体に転じた。実質収支の黒字額は九六年度に三四億円まで減少した。それを見て、九七年九月、大阪府議会が財政再建計画の策定を要望する決議を行った。

財政悪化に必ずしも敏感ではなかったノック知事も危機感を抱いた。府議会の決議を受けて、すぐに財政再建プログラムの試案作りを指示した。翌九八年三月の府議会で、知事をトップとする財政再建本部を四月一日から府庁に設置すると表明した。

財政再建本部の中に、腕利きの次長級職員五人を集めて、知事直轄の財政改革プロジェクトチームを設けた。ブレーン役を受け持ったのは、九七年まで財政課長だったプロパー職員の竹内脩（たけうちおさむ）・知事直轄審議室長（後に枚方市長）であった。同じくプロパーの山口信彦（やまぐちのぶひこ）（現大阪府副知事）がそのころの府庁内の空気を回顧した。

「庁内で『五奉行』と呼ばれていました。五人が最初に改革案をまとめ、それ以後、大阪府は完全に行革モードに突入しました。ノック知事も財政の状況についてレクチャーを受けていたと思いますが、税収減なのに、景気対策で公共事業なども膨らんでいて、財政再建が必要という意識が庁内で高まり、改革がスタートしました」

九八年九月、「五奉行」チームは「財政再建プログラム（案）」を取りまとめた。財政の現状分析の「I　大阪府財政の危機」に始まり、「II　これからの社会と府政のあり方」、「III　財政再建への具体的取組」、「IV　国への要請」の各章で、大阪府の行財政の各分野にわたる改革プランを示した。

最終章で「減収補てん債、退職手当債及び財政健全化債の制度概要」と題して、財政悪化に対応する財源確保の道として、新規の府債発行の制度化を提案した。特にこの構想は、大阪府に総務部長と財政課長を送り込んでいた自治省との連携プレー、という舞台裏が見え隠れする（喜多見富太郎著『地方出向を通じた国によるガバナンス』参照）。

財政再建プログラムを打ち出したノックは、進んでこの改革案を大々的にアピールした。街頭に立ち、テレビにもどんどん出演して行財政改革を叫び続けた。

タレント知事の出番到来で、本領発揮の場面である。そこまでの約三年は、人気だけが頼りの「政策不在の素人知事」という悪評も少なくなかった。行革と財政再建を主導する「改革派知事」へ、一気にイメージチェンジを試みる。看板の塗り替えに成功した。

ノックは「大阪で最初に行財政改革を唱えた知事」として歴史に名前を残すことになった。ノック人気はさらに高まった。

九九年四月、二期目の知事選を迎えた。共産党を除き、各党とも対立候補も立てられない状況となった。選挙では、ノックは全投票の六八パーセント超の約二三五万票を獲得する。悠々と再選を果たした。ノックの芸能・政治人生の絶頂期であった。

スキャンダルによる辞任

最高潮のノックは突然、つまずいた。絶頂とどん底、天国と地獄は隣合わせであった。ノックらしい失敗と転落という評も多かったが、選挙中の強制わいせつ行為が選挙後に露見したのだ。

知事再選から八カ月が過ぎた一二月二一日、大阪地方検察庁が在宅のまま起訴する。ノックはその日、辞表を提出し、二七日に辞任した。「ノック劇場」は幕となった。

次の知事選は二〇〇〇年二月六日に実施された。一〇カ月前の知事選でノックの高人気に負けて不戦敗に甘んじた自民党は、党本部主導で候補擁立を図った。時の政権は小渕恵三内閣だった。

自民党は中央政治では、橋本龍太郎首相の下で行われた一九九六年の衆院選で選挙前の議席を大きく上回って復調したものの、九八年七月の参院選では敗北を喫する。過半数を二二議席も割り込んだ。

橋本は退陣する。後継選出の総裁選で、小渕が勝利を握り、政権を手にした。

小渕内閣は「衆参ねじれ」の弱体政権だった。政権安定を狙う。官房長官に就任した野中広務（後に自民党幹事長）が中心となり、すぐに一部野党の抱き込みによる連立工作に着手した。

御厨貴・牧原出編『聞き書　野中広務回顧録』で、野中は自民党の前幹事長の加藤紘一、国対委員長の古賀誠（後に幹事長）と交わした八月一五日の会話の中身を明らかにしている。

「『この異常事態をどう乗り切って行くか』という話をしました。そこで、『何といっても政策にブレがないのは公明党だ、やはり公明党に連立を頼む以外にないな』という話をしました」

野中は公明党の草川昭三副代表、冬柴鐵三幹事長（後に国土交通相）らに接触する。しばらくして協議は決着した。続けて野中は公明党側の意向について述べる。

「話はついたけれど、『昨日まで敵のようにやってきたのが、途端に仲良くするということは、あなたらとのつき合いではわかるけど、わが党としてはできる話ではない。やっぱり真ん中に座布団を置いて欲しい』という話だった。真ん中に座布団といったら自由党以外にない、ということで、自由党に話をしなければならない」

野中は八月下旬、自由党党首の小沢一郎（後に民主党代表）に会う。「今まで非常に不都合なことがあったけど、国家的危機だから、ご理解を」と頭を下げた。

野中と小沢の密談が出発点となり、九九年一月の内閣改造で、まず自自連立が成立した。次に「座布団」の小沢自由党を間に挟む形で、一〇月五日に公明党が連立政権に参加した。現在まで約二二年にわたる「自公体制」がここからスタートした。

自公路線を作り上げた野中は、九九年一〇月に自民党幹事長代理に転じた。直後にノック辞任と後継の大阪府知事選出という場面に遭遇した。自民党本部の選挙の総元締めのポストに就いた野中は、突然、訪れた府知事選でも、新発足の「自公体制」を最優先に、党本部主導で臨む方針を固めた。

自民党本部と府連のあつれき

ポスト・ノックを選出する二〇〇〇年二月の府知事選には、自民党・民主党・公明党・自由党・改革クラブが推す太田、共産党推薦の鰺坂真（元関西大学名誉教授）、元大阪青年会議所理事長で学校法人清風学園専務理事だった平岡龍人（現清風情報工科学院理事長）ら四人が立候補した。

太田は広島県呉市で生まれ、愛知県の県立高校から東大経済学部に進んだ。卒業後、通産省に入った。岡山県副知事の後、通産省に復帰して大臣官房審議官だったとき、府知事選に担ぎ出された。当選すれば、日本初の女性知事の誕生である。

太田がその場面を回顧した。

「公明党の側が、創価学会の池田大作名誉会長も含め、クリーン・イメージがある女性がいいのでは、という意向で、副知事の経験があった私が網にかかったのです。創価学会は当時、『二一世紀は女性の時代』を標榜していました。公明党は『女性を』と言うけど、野中さんは候補が見つからず、親しくしていた通産省の広瀬勝貞（ひろせかつさだ）事務次官に相談した。私は過去に通産省で三回、お仕えしたことがある広瀬さんから、一九九九年一二月に『こういう話があるけど、どうだ』と言われました。創価学会とのつながりについていろいろ書かれましたが、私も家族も全く関係はありませんでした」

広瀬は現大分県知事である。

太田はノックが圧勝した九九年四月の知事選でも一度、候補に取りざたされた。取材で訪れた新聞記者から名前が挙がっていると知らされた。太田は大阪生まれの夫に打ち明けた。

「夫は『何、言うてんのや。ノックでええねん』と。あのときのノックさんの人気はすごかった」

八カ月後、太田は結局、安定した官僚人生を捨て、選挙の関門が立ちはだかる政治の道を選んだ。

「通産省は、女性には優しいし、蝶よ花よときれいに育ててくれますが、崖から突き落として鍛えるというところではありませんでした。安定よりも、面白い人生のほうがいいかな、と思って飛び込んだんです」

二一年前の「決意の瞬間」を振り返った。

選挙では、名前の「ふ・さ・え」に引っかけて、「吹き飛ばせ不景気、支え合おう安心、ええとこ大阪」を標語に掲げた。知事になれば、こんな大阪に、と考えていた太田ビジョンを説明した。

「東京は日本の東海岸、大阪は西海岸。『アジアの中の大阪』を目指せば、東京を追い越すことはできなくても、東京、大阪という特色ある町を作ることができます。官僚的ではなく、自由な発想で新しいビジネスをどんどん作り出していく。大阪にはその素質は十分にあります。女性が知事となるのだから、充実した福祉や教育を経済が支えるという新しい絵図を描けば、大阪は再生すると思っていました」

自民党本部主導の太田擁立構想が大阪に伝わったのは、ノック辞任の二日後の九九年一二月二九日であった。寝耳に水の自民党大阪府連は大騒動となった。

自民党府議団の実力者だった松室猛（二〇〇三年まで七期連続当選。元府議会議長）が、自身の講演録を基にしたウェブ記事「歴代知事選からみた、大阪の推移」で、寝耳に水の太田擁立情報に接した大阪府連の困惑と右往左往ぶりを回想している。

「まさに青天の霹靂で、太田房江氏が何者かも判らなければ事前に何の相談も無かったので、それこそ蜂の巣を突っついたような騒ぎになった。当時の府連会長は中馬弘毅氏だったが府議団には何の連絡もなかった。（中略）中馬府連会長を呼び出し急遽議員団会議を招集し議論したが、理不尽な決め方は承服できない、府連会長として責任を取る意味も含めて中馬氏自身が立候補すべきだということになった。彼はこの時、紅潮した顔で『大変名誉に思う』とコメントし一件落着かと思われた」

三日後の二〇〇〇年一月一日、元日にもかかわらず、大阪府連と府議団の幹事長が上京し、党本部に、当時の森喜朗幹事長の来阪を要請した。党本部は幹事長代理の野中と総務局長の鈴木宗男（現参議院議員）の大阪派遣を決めた。

三日、大阪駅前のホテル「ヒルトン大阪」で野中、鈴木を囲んで大阪府連の緊急拡大役員会が開催された。野中は「党本部の決定」と言い切り、太田擁立で譲らない。「反対」の大阪府連と党本部の対立が鮮明となる。話し合いは決裂した。

府連会長だった衆議院議員の中馬弘毅（後に内閣府特命担当相）は数日後、松室に電話で「総理が立候補すべきでないと言っているので出馬しない」と通告した。太田擁立を認めない大阪府連は、中馬会長の不出馬通告を受け、独自候補を模索し始めた。

自民党の府政奪還

「清風の平岡が出馬に意欲的」

自民党大阪府連にこんな情報が伝わる。一月九日、府連の幹部が清風学園に出向き、平岡と交渉した。前掲の松室のウェブ記事によれば、舞台裏はこんな動きだったようだ。

平岡は「自民党の推薦が得られるなら出馬も」と前向きの姿勢を示した。その晩に開かれた府連の会合で、党所属の国会議員は態度を明確にしない。それを見て、落選中の塩川正十郎元府連会長が府連幹部に向かって、一言、「われわれは太田を推すが、君らは平岡でやればいいじゃないか。あまり硬く考えずにファジーで行こうよ」と口にしたという。

平岡は府知事選出馬を決めた。決断に至った経緯と事情を自ら振り返った。

「府知事選に、と声をかけてくれたのは作家の堺屋太一さんでした。一九七三年に著書をたくさん読んで影響を受け、清風学園の教職員の会に講師としてお呼びしたのがつきあいの始まりです。その後、八〇年の大阪青年会議所理事長時代に青年会議所の世界会議を大阪で開催したとき、いろいろと応援していただきました。私は、東京一極集中と官僚主導資本主義をやめるために大阪を変えなあかん、と考えていた。それを知っていて、堺屋先生が『知事選に出ろ』と言ってきたんです」

阪神・淡路大震災の二日前の九五年一月一五日に堺屋から電話が入る。最初はノック初当選の九五年四月の府知事選への出馬を持ちかけられた。平岡が続ける。

「『準備ができていません』と言って断ったのですが、電話で二時間、口説かれました。そのときは出ませんでしたが、五年後、ノック知事辞任で、堺屋先生からもう一度、『知事選に』と言われました。『出ろ出ろ』の一点張りで、強引でしたよ」

自民党大阪府連は二〇〇〇年一月一〇日、緊急選対会議を開いて平岡推薦を決める。党本部と大阪府連が別々の候補を担ぐ党分裂選挙となった。

平岡出馬の立役者の堺屋はそのとき、小渕内閣の経企庁長官だった。政権内で府知事選をめぐる「野中対堺屋」の綱引きに注目する人もいた。

堺屋は表向き平岡支援の行動は取らなかった。だが、平岡は「もちろん裏ではいろいろと。それから塩川さんも応援してくれました」と明かした。

ポスト・ノックの府知事選は太田が圧勝した。自民党本部と民主党、公明党などが推薦し、関経連、連合大阪、創価学会が太田を支援した。選挙では約一三八万票を獲得する。約一〇二万票の共産党推薦の鯵坂、約五七万票の平岡を破った。自民党は五年ぶりに府政を奪還した。

選挙では公明党・創価学会グループの肩入れが目立った。一年七カ月前の一九九八年七月の参院選で、公明党の公認候補は大阪選挙区で約八七万票を獲得した。この固い組織票が太田に流れた。それが当選の決め手となったのは疑いなかった。

自民党分裂となった二〇〇〇年二月の大阪府知事選が、後に大阪維新の会や日本維新の会などの結党につながる「維新政治」の出発点であった。敗れた平岡が吐露した。

「完敗でしたが、今の維新にいる人たちがほんまに燃えてやってくれはりました。大阪府連は、地域の意思を無視して中央の方針を押しつけてくる自民党本部のやり方にはノー、と反発したんです」

そのとき、自民党の一年生府議だった浅田均も、党本部に反発した大阪府連のメンバーの一人だった。

府連の会合に出席した官房長官の青木幹雄(あおきみきお)に異議を唱える。浅田が打ち明けた。

「党本部は一九九九年一一月の大阪市長選で現職の磯村隆文市長を担ぎ、府知事選では太田候補を推薦した。大阪の将来構想のビジョンが全然違うのに、党本部は両方を推薦した。『これはおかしい』と言ったら、青木さんは『地域の課題は地域で解決を』という返事でした」

大都市制度のあり方について、太田は大阪府と大阪市の一元化を目指す「大阪新都構想」をイメージしていたのに対して、九五年一二月から大阪市長の座にある磯村は、豊中市、吹田市などの周辺都市まで市域を拡張して大阪市の権限を強化する「スーパー指定都市」を掲げた。両者の方向は反対だった。

財政危機に直面した太田府政

二〇〇〇年二月、史上初の女性知事による太田府政がスタートした。この時期、府政の最大のテーマは財政危機であった。

バブルの崩壊で、府の税収（実質収入）は、最高額だった一九九〇年度の一兆三五一〇億円をピークに、下落が始まった。太田知事登場前年の九九年度は九〇七二億円に落ち込んだ。太田の一期目、さらに減り続ける。ボトムの二〇〇三年度には八三三三億円まで減少した。

太田は財政のやりくりから、「減債基金」の活用という手を使った。減債基金は府債の償還財源の確保と健全な財政運営のための積み立てを目的とした基金である。太田府政は府債の満期日に備えるための減債基金を取り崩して予算の財源の一部に充てたのだ。

太田時代、毎年の財源不足を補うための減債基金からの借り入れは、〇一年度から〇七年度までで総額五二〇二億円に上った。〇四年度以降は、償還期限を迎える府債が急増する。減債基金の取り崩しが限界に達した。そのために償還の先送りで財政赤字を隠蔽する方法を取った。その結果、後に赤字隠しが問題となった。

後年、太田の後任の橋下徹が知事に就任する〇八年度から、減債基金の取り崩しはストップとなる。以後、減債基金の復元、つまり借り入れの返済を進めて、一八年度までに計三五七七億円を元に戻した。

太田が在任当時を振り返って語った。

「後に新型コロナウイルス対策で財政調整基金を使いました。私が知事のとき、この制度はありましたが、入れるお金がなくて、減債基金しかなかったんです。地方自治体は赤字額が一定の数字を超えると、財政再建団体といって、自治権を失います。これはまかりならぬということで、手をつけてはいけないけれど、減債基金を使うしかなかったのです」

財政調整基金は財源調整や健全な財政運営を行うための積立金で、将来のリスクや不測の事態に備えるという目的もある。大阪府の財政調整基金の残高は、〇二年から〇七年まで、ずっと一三億円で推移した。

一方、地方自治体は、赤字額が決められた水準を超えて破綻状態になれば、地方財政再建促進特別措置法に基づき、総務大臣の同意を得て財政再建に取り組むことになる。「財政再建団体」と呼ばれ、この状態に陥った地方自治体は事実上、国の管理下に置かれて、自主的な自治はできなくなる。それを避けるため、太田府政は、禁じ手といわれた減債基金の取り崩しに手を染めたのだ。

太田府政は一期目、前任のノック知事時代からの懸案だったバブル崩壊による「負の遺産」の処理、ノック時代の一九九八年に策定された府の財政再建プログラムの継続実施、九九年七月に着工した関西国際空港の二期工事の推進などに取り組んだ。行財政改革の一つとして、「公務員の天下り」「高給取り」「退職金の二重取り」と批判が強かった府の出資法人の改革にも挑戦した。

出資法人とは、大阪府が出資して設立した外郭団体のことだ。府の出資金などの割合が二五パーセント以上、かつ最大出資で、府が実質的に主導的立場にある法人を「指定出資法人」と呼んだ。二〇〇一年の段階で、株式会社のりんくうゲートタワービル、ゲートタワーホテル、泉大津港湾都市、岸和田港湾都市、財団法人の文化振興財団、社会福祉法人の大阪府社会福祉事業団など、その数は七九に上った。

出資法人改革のプラン作りの中心となったのは、副知事だった梶本である。当時を振り返って、事情と経緯を説明した。

「ノック知事の時代から府の内部で検討していて、それを一九九八年の財政再建プログラムの中に盛り込みました。既得権益となっているとか、実際に働いていないのでは、といった批判が強かったので、要するに半分くらい減らそうということになりました。赤字がひどいものは特別清算、民間でできるものは民営化、要らないものは廃止に、ということに。府議会では特に反対はありませんでした」

出資法人改革では、ノック時代に府の財政再建プログラムに盛り込んだ案を引き継いだ。太田時代、出資法人改革のための条例（大阪府の出資法人等への関与事項等を定める条例。二〇〇六年三月公布）を成立させた。

赤字団体は会社更生法による処理や特別清算を、民間でできるものは民営化を推し進め、不要な団体は廃止した。指定出資法人の数は、一期目で七九から六六に、太田時代の八年間で四六まで数を減らした。

太田による大阪新都市構想

知事となった太田は、一方で、大都市制度の問題点に気づいた。大阪には大阪府と大阪市という二つの巨大な地方自治体が並立している。その弊害を克服しなければと思い始めた。太田が思いを語った。

「出身の通産省で経済の効率性を教え込まれたこともあって、二つの都市が、ああでもない、こうでもないと言っているうちに、スピード感が失われます。二つを一つにしなければ、と分かってきました。いろいろアイデアを出して、あれこれとやってみましたけど、どうしても大阪市とうまく行きません。これではとてもグローバルな競争に勝てない。これは一人で決めて一人で走らなければ、と思い、『大阪新都構想』ということになりました」

大都市制度の改革問題は、大阪では長い歴史を背負った古くて新しいテーマであった。

元大阪府議で大阪経済法科大学教授の西脇邦雄（にしわきくにお）の論考「大阪都構想の歴史的考察――特別市制定運動とその挫折の実証的研究」によれば、戦後、太田時代の前、大阪では大都市制度をめぐって二回、大阪府と大阪市の大きな対立の動きがあったという。

一回目は、本書の「序章」でも触れた敗戦直後の地方自治法制定による特別市制度の誕生が引き金だった。

「特別市の個別の指定を行う段階で、府県から一番税収が多い大都市が独立するのを必死で府県側が阻止した。大阪府も大阪市の拡張をおそれ、大阪産業都の決議を行い周辺市町村の大阪市への併合を妨害した。これが戦後の一回目の対立である」

二回目は一九六九年に大阪市長の中馬馨が唱えた「大大阪市構想」をめぐる対立であった。前掲の砂原庸介が著書『大阪――大都市は国家を超えるか』で解説する。

「地方制度調査会などで展開された中馬の主張の核心は、大阪市が大都市として小さすぎるというものである。（中略）他の政令指定都市と比較すると大阪市の面積は非常に小さい。隣接の一〇市を併せても、まだ京都市よりも小さく東京の特別区部と同程度だというのである。大阪市が狭すぎて飽和状態にあるために、周辺の衛星都市の人口は急増し、周辺の市町村から大阪市への昼間流入人口は一〇〇万人を超えていた。この人口流入に対応するために、大阪市は大きな負担を抱え込んでいた。この問題の解決策として提示されたのが、大阪市の市域拡張である」

これに対して、大阪府知事だった左藤義詮は、反対に大阪府を軸とする広域行政を説いた。左藤の論説を、砂原は併せて紹介する。

「都市問題の重点が衛星都市に移りつつあり、大阪市を超えた広域的な行政こそが重要であると主張する。そのときに中心となる概念は『機能分担』である。大阪府が中心となって策定した『大阪地方計画』のような広域の計画に基づいて、大阪市は大都市圏の中心として市内の再開発を行い、衛星都市は中心部の過密性を緩和する都市整備が必要であるという考え方である。そして、中馬による市域拡張の提案に対しては、基礎的な自治体として住民に密接な行政サービスを提供するという機能が果たせなくなると批判した」

府と市の二重構造打破に向けて

大阪府と大阪市の対立の第三幕が、太田と磯村の論争であった。太田の大阪新都構想に対して、大阪市長の磯村は「スーパー指定都市」を提唱した。太田が説明する。

「磯村さんが言ったのは、大阪をもっとグレーターにして、周りの豊中市とか、全部ひっくるめて指定都市にする構想です。私が唱えた新都構想は、後の大阪都構想とほぼ同じ。源流は私だと思います。大阪市を特別区にする。将来の道州制のとき、州都になれるくらいの力を蓄えようとするなら、府と市がいつまでも対立していないで、一つの方向を目指して足並みをそろえてやっていくほうがいいと思いました」

後に維新が推進することになる大阪都構想と、太田の新都構想の違いはどこか。太田が続ける。

「一つは財源ですかね。維新の会が最終的に狙っているのは、大阪全域を大阪都にして、国からの財源は全部、大阪都に入れることでは。私はここが膨らむと、結局、地方分権に反すると思います。もう一つは、大阪市を特別区に分けるとき、私は四つではなく、基礎自治体にふさわしい人口約三〇万人の単位で一三くらいにして、ばらばらにならずに、住民サービスがすべての自治体で施されていくように、財政調整も含めてやっていくという優しい発想です」

太田が知事になったとき、大阪新都構想の知恵を授けた人物がいた。太田が漏らした。

「初当選して、自民党を回ったとき、『大阪の知事をやるなら、大阪都構想みたいなものをやらなければ。東京に負けずに頑張ろうというときには、都に財源が集中する形を作っておかないと、うまく行かないぞ』と言われました。私の通産省の先輩の細田先生です」

発案者は後に自民党の最大派閥の細田派（現安倍派）を率いることになる現衆議院議長の細田博之（元通産省産業政策局物価対策課長・元自民党幹事長・元官房長官）であった。

他方、大阪府庁の中からも、大阪府と大阪市の二重行政打破を目指す都構想案が浮上した。太田知事の下で副知事を務めた梶本が打ち明ける。

「都市として大きすぎる、権限を持ちすぎる大阪市と大阪府が、互いに競争して、無駄な投資とか、地下鉄の延伸問題のように府域と市域が壁になるとか、問題がありました。両者が合体すれば、政策がスムーズに行くという狙いで、構想が出てきたのです。大阪府の地方自治研究会で、小西禎一(こにしただかず)さんが大阪府の課長時代にまとめ、それを私が関経連などに行って説明したりしました」

大阪府地方自治研究会は、地方自治制度に関する諸問題について、専門的見地から有識者の議論や提言を得て研究を進めてきた機関である。一九五一年に発足し、二〇一〇年に廃止となった。

元大阪府副知事の小西は、後に一九年四月の府知事選に自民党、公明党、連合大阪の推薦を受けて出馬した。直前まで大阪市長だった維新の吉村洋文との戦いで敗北した。

太田の下で練られた大阪新都構想は〇三年六月に中間報告、〇四年一〇月に最終報告として取りまとめられたが、日の目を見ずに終わる。大阪市長の磯村が唱えるスーパー指定都市構想との綱引きという壁を最後まで越えることができなかった。太田が述べる。

「新都構想はお蔵入りになりました。磯村さんに何回も相談しました。『やれるところからやってもいいよ』と言われたので、例えば大阪の府と市の水道事業を一つにしようとか、相談したのですが、大阪市会議員ががちがちの反対で、磯村さんから最後に『絶対に協力しない』と言われました」

大阪の衰退

太田府政が始まって三年が過ぎた〇三年、浅田から一期四年遅れて、同じく府議二世の松井一郎が府議選で当選し、自民党府議団に加わった。

松井は一九六四（昭和三九）年一月三一日、大阪の八尾市で生まれた。福岡工業大学附属高校（現福岡工業大学附属城東高校）を経て、福岡工業大学工学部電気工学科を卒業した。民間会社のきんでん、大通に勤務した後、二〇〇三年の統一地方選で、大阪府議選に八尾市選挙区から自民党公認で立候補して初当選した。いずれ政治家に、と昔から思っていたかどうか。松井が告白した。

「いや、全く思っていませんでした。ですが、父が政治をやっていまして、私はビジネスの世界でそこそこ頑張ってやっていたんですけど、親父から税金の使われ方に対する怒りを聞かされた。『おまえもそこそこもうけられるようになったら、ちょっと世のためにも働けよ』と言われました」

太田の一期目、松井、浅田、東徹（あずまとおる）（後に日本維新の会総務会長。現参議院議員）らは太田府政に対して不満を抱いた。太田知事登場の際、自民党内で太田擁立に異議を唱えた浅田は、その後も「反太田」の旗を下ろさない。

ノックと太田の両知事の下で副知事を務め、先述の出資法人改革でプラン作りの中心となった梶本は、〇二年から〇三年、自民党の若手府議の間から太田批判の声が数多く聞こえてきた、と回顧した。

「府政に熱心に取り組んでいないという姿勢、大阪の将来を展望する大胆な政策がないという二つの点が大きかったですね」

一九五〇（昭和二五）年一二月に大阪市城東区で生まれた浅田は、京大文学部哲学科を卒業してＮＨＫに入った。在職中にアメリカ西海岸の名門のスタンフォード大学に留学する。その後、ＮＨＫを退職して、九一年にフランスに渡り、日本の外務省の所属の専門調査員として、日本大使館内のＯＥＣＤ（経済協力開発機構）日本政府代表部に勤務した。

後にＯＥＣＤの職員に転じる。その後、大阪府議だった父親から「後継に」と言われて、九八年に帰国した。九九年の大阪府議選に出馬し、当選を果たした。

パリ在住時代、大阪の政治や経済、住民生活については詳細を把握していなかったが、府議となって驚くべき実態を知る。それは「大阪の衰退」であった。浅田が述べる。

「大阪は年間所得が二〇〇万円以下の世帯が全体の四分の一とか、所得は低く、生活保護の受給者の割合は大きい。犯罪の発生率も高かった。東京に匹敵するポテンシャルがあるのに、発揮できないのはなぜだろうと思いました」

四年後に初当選した松井も、当時の大阪の実態を振り返って語る。

「あのころの大阪府庁はひどかった。財政状況は八年連続の赤字で、事業は何もできない。経済も生産が落ち、企業は出ていくばかりで、暗黒の時代でした。浅田先輩と『とにかく大阪を再生させなければ。このままでは大阪はだめになる』と、いつも話をしていました。当時は次の府知事選に自民党はどういうスタンスで臨むのか、それが一番の懸案でした」

松井は浅田に太田打倒を訴える。

「大阪は太田府政になって、さらに悪くなっているのに、自民党は太田知事と戦う気概もなかった。どうしても納得できず、次の知事選に向けて、私は『戦うべきだ』と発言していました。そのとき、浅田先輩から『松井君の言うとおりや。このままやと、大阪は本当に立ち直れなくなる。ここは戦うべき。政策や現状分析などの武器は僕が作る。君は先頭でやってくれ』と言われた。そこから非常に親しくつきあうようになりました」

浅田と松井は太田の二期目となる〇四年二月の知事選に照準を合わせて動き始めた。

自民党は党本部も大阪府連も、現職の太田推薦の流れが早々とでき上がった。公明党が強く推す太田に相乗りしなければ勝てないという空気が強かったからだ。

維新の萌芽

太田再選反対論を唱える浅田や松井は、〇三年の夏ごろから対抗馬探しを開始した。松井が続ける。

「自民党で、僕ら若手九人が主戦論を主張しました。ですが、厳しい選挙となる。負ける確率のほうが高い。浅田さんと一緒に候補者探しをしました。知名度が高くて、大阪の現状に危機感を持ち、大阪を変えたいという思いが強かった辛坊治郎さんに接触した。こちらは飛び込み営業みたいなもんです。『ぜひ一緒に』と持ちかけたけど、やっぱり断られました」

浅田と松井は、ニュースキャスターだった辛坊を含め、計三人と交渉したが、誰も乗ってこなかった。〇三年一一月、四人目に元プロ野球投手の江本孟紀（当時は民主党の参議院議員。現野球解説者）と会った。松井が舞台裏を明かした。

「府議会で太田府政に批判的だった人から情報を得て、江本さんに、ということになりました。『政策は全部、僕らで作る。活動も支える』と言ってお願いしました。選挙のスタッフ、資金、事務所の手当ては全部、僕がやりました。選挙では『知事退職金の五割削減、知事報酬の二割削減、府職員の人件費の総額五パーセントのカット』を掲げた。その後、僕らは『身を切る改革』をやってきましたが、それを最初に唱えたのは、江本さんの選挙のときです」

〇四年二月の大阪府知事選で、現職の太田は、〇三年九月の段階では、「政党の推薦を受けずに無党派で」と宣言していたが、江本の出馬が決まると、方針を転換して各党や各種団体に推薦を要請した。自民党、公明党、民主党、社民党が推薦を決めた。

選挙戦は太田、無所属の江本、共産党推薦の梅田章二（弁護士）ら五人が立候補した。府民の関心は低く、投票率は過去最低の四〇・四九パーセントと低調だった。

結果は太田が約一五六万票を獲得する。約六七万票の江本、五〇万票余の梅田らを大差で破って再選を果たした。

太田は二期目を迎えた。在任四年が過ぎ、太田府政が本格始動か、と期待する声は強かったが、実際には無策と惰性が目立った。

太田在任の八年間を通して副知事だった梶本が評した。

「通産省出身ですから、経済政策で何かやってほしかった。やろうと思えば、できたと思いますが、それがありませんでした。関空の第二期工事には熱心でしたが、それも道筋が決まっていた話です。政治家という感じではなく、二期目に入ってからは、政治の仕事にも積極的ではなくなりました」

二期目の太田府政は低空飛行が続いた。太田はそれでも三選に意欲満々だった。

だが、「バンザイ事件」でつまずいた。太田は〇四年の知事選を自民党、民主党、公明党などの相乗りで戦った。なのに、〇七年一一月の大阪市長選の日、民主党推薦の平松邦夫の当選が決まると、平松の事務所に出向いて一緒に万歳をした。

〇七年の市長選で、自民党と公明党は現職の關淳一市長を推薦したが、対立候補の平松に敗れた。太田の万歳は自公両党の反発を招いた。

追い打ちをかけるように、太田が過去に大阪府内の中小企業の経営者団体からたびたび高額の講演謝礼を受け取っていた事実が発覚した。二回の知事選で推薦してきた各党が不支持を決める。太田は立候補断念に追い込まれた。

第八章

橋下徹の実験

堺屋との出会い

二〇〇八（平成二〇）年一月、太田房江知事の後任を選ぶ大阪府知事選が実施された。その二カ月前、關淳一市長と対抗馬の平松邦夫が争った〇七年一一月の大阪市長選の舞台裏で、注目すべき出馬工作の動きがあった。

当時、政権は福田康夫内閣の時代だったが、与党の自民党で選挙対策副委員長だったのが後の首相の菅義偉である。菅が官房長官時代、インタビューに答えて明かした。

「当時、大阪市はめちゃくちゃな公務員天国でした。それをぶち壊そうということで、大阪の自民党の市会議員たちが、大阪市長選に担ぎたいと言って、私のところに橋下徹さんを連れてきました。『橋下さんを口説いてくれ』と言われ、私は会って口説きました。それが初めての顔合わせです。そのときは、芸能プロダクションに所属していたからだめということで、橋下さんは『選挙には二〇〇パーセント出ない』とか何とか言って断った。その後に大阪府知事選があった。今度は逆に橋下さんが『出たい』と言ってきたんです」

橋下は一九六九（昭和四四）年六月二九日に東京の渋谷区で生まれた。小学校五年生のときに大阪の吹田市に移り、大阪府立北野高校を経て、早稲田大学政治経済学部経済学科を卒業した。

大学時代から法律家を目指して勉強を始める。卒業後、司法試験に合格した。司法修習を終えて九七年に弁護士となった。

大阪で弁護士活動を続ける一方で、テレビ出演の機会を得る。二〇〇三年から日本テレビ系の番組『行列のできる法律相談所』、読売テレビの『たかじんのそこまで言って委員会』に出て人気を博した。

タレント弁護士だった橋下は大阪市長選を見送り、二カ月後の大阪府知事選に出馬することになる。「大阪市議が橋下を連れてきた」と菅は語ったが、菅、橋下の両方と交流がある浅田均に尋ねると、「橋下さんを菅さんのところに連れていったのは、自民党の衆議院議員だった中山泰秀（なかやまやすひで）氏」と答えた。当時は大阪四区選出の細田派の中堅議員であった。

橋下は大阪市長選に一度、前向きの姿勢を見せ、自民党本部に出向いたが、菅の説得を振り切り、市長選への出馬は見合わせた。ところが、わずか二カ月後、府知事選に出た。

テレビ出演などの芸能プロダクションとの約束も事実だったかもしれないが、それ以上に橋下に大きな影響を与えた人物がいた。橋下が「師」と仰ぐことになる作家の堺屋太一の働きかけが大きかったと見られる。浅田が解説する。

「橋下さんは最初、『大阪市長選に出たい』と言っていましたが、堺屋さんに『やりたいことを実現するには府知事でなければ』と勧められたのです」

橋下は堺屋の後押しで〇八年一月の府知事選への出馬を決意した。橋下に白羽の矢を立てた堺屋は、自ら口説き落とすとともに、自民党大阪府議団の幹事長だった長老の朝倉秀実（あさくらひでみ）（元府議会議長）に橋下擁立の下工作を依頼した。

朝倉は副幹事長の浅田と政調会長の松井一郎に、「自民党が推薦できる人物かどうか、橋下と会って政策の協議を」と命じた。浅田がその場面を回想した。

「最初は太田知事の対抗馬を探そうということで、いろいろな人に当たりました。松井さんは松井さんで、私は私で、探したんです。そういうときに、堺屋さんが橋下さんを推薦すると決めて連絡してきました。そうやって橋下さんに行き当たったのです」

松井も朝倉から連絡を受けた。松井が語る。

「当時、橋下さんは茶髪の弁護士で、テレビでも言いたい放題、言っていました。自民党に対しても、ばさばさメスを入れていたので、党内に反対する人もたくさんいました。浅田さんも最初、橋下さんに少し疑心暗鬼なところがあり、評価もあまり高くなかった。僕は朝倉幹事長から、『橋下さんを自民党が知事候補として推薦できるかどうか、本人と会い、政調会長が中心となって一度、政策の協議をやるように』と指令を受けました」

太田の不出馬が濃厚という情勢になった〇七年一二月、浅田と松井は橋下を府議会の自民党政調会長室に呼んで「面接テスト」を行った。

第七章で述べたとおり、浅田や松井は太田知事時代、大阪府が出資する外郭団体への職員の天下りの抑制や補助金の改革を推し進めた。副知事の梶本徳彦が中心となって策定した出資法人条例の成立を図るため、議会側で各種団体の実態や補助金の内実を検証した。

松井が「面接」で橋下に「これをやれるか」と尋ねる。橋下は「知事になるのは、まさにそれをやりたいからだ。自民党がこういうことをやろうとしているとは知らなかった」と応じた。

橋下改革がスタート

出馬断念に追い込まれた太田の後任を選ぶ府知事選には、自民党推薦・公明党支持の橋下、当時の民主党と社民党と国民新党が推薦する熊谷貞俊（くまがいさだとし）（元阪大教授。後に衆議院議員）も含め、五人が立候補した。開票の結果、約一八三万票の橋下が、約一〇〇万票の熊谷とそのほかの三候補に大差をつけて当選を手にした。

当選時の橋下は、上り調子の民主党に対抗する自公両党が担いだ保守系知事というイメージが強かった。橋下自身は、選挙前の浅田・松井チームとの政策協議で約束した方針と路線が基本という意識があった。

松井は橋下府政を支える体制を確立する必要があると思った。

「橋下さんも、納めた税金が既得権益のところばかりに行くのを改めなければ、という思いで手を挙げたわけですから、僕らが前に作っていた大阪の行財政改革案は渡りに船でした。一緒にやろうという話になる。僕は浅田さんに『橋下さんは本気ですよ』と言って知事就任後、すぐに三人で会食しました」

橋下の改革路線を支えるためには、自民党内の改革派が府議団の幹事長を押さえる必要があった。その点で三人の考えが一致した。

橋下知事登場から三カ月余が過ぎた〇八年五月に党内の役員が改選となる。浅田が府議団幹事長の座に就いた。

「浅田幹事長の下で支えるから、思いっ切りよくやってもらいたい」

松井が橋下に告げる。太田知事時代に浅田・松井ラインが提唱して取りまとめてきた改革案を、橋下は矢継ぎ早にスタートさせた。

「維新を作り上げたのは橋下さんの発信力、松井さんの求心力、浅田さんの政策力です」

二年後の一〇年四月に大阪維新の会が旗揚げするが、結党メンバーの一人の岩木均（いわきひとし）（現大阪府議）が評した。

浅田、松井、橋下はその後、「維新の三本柱」と呼ばれることになる。三本柱が歩調を合わせて走り始めた。

〇八年二月六日に大阪府知事に就任したとき、橋下は三八歳で、当時としては最年少の知事だった。橋下は選挙戦で、出産や子育ての支援などを掲げたマニフェストを発表した。

他方、府債残高が五兆円、〇八年度の財源不足が四八〇〇億円という状況に強い危機意識を抱き、財政立て直しを打ち出した。大阪府はバブル崩壊による法人税収の落ち込みなどが影響して、中川和雄元知事の時代の一九九三年に地方交付税の交付団体に転落した。それ以来、財政悪化は府政の大きな課題だった。

橋下は二〇〇八年の知事選で「大阪府は破産会社」と強調した。就任直後の記者会見で真っ先に財政非常事態宣言を表明する。「収入の範囲内で予算を組む」と言明した。

府庁内の部局を超えて集めた一一人による改革プロジェクトチームを設置した。砂原庸介著『大阪――大都市は国家を超えるか』が解説する。

「改革プロジェクトチームは、二〇二一年度までの財政見通しを試算し、『収入の範囲内で予算を組む』、すなわち減債基金からの借入をやめて将来の償還に備えるためには、二〇〇八年度に一一〇〇億円、その後も二〇一六年度までで総額六五〇〇億円の歳出削減が必要であると発表した。あらかじめ用意されていた二〇〇八年度予算は凍結されて、（中略）一一〇〇億円の歳出削減を目指して、職員退職金のカットを含む約一〇％の人件費削減で最大四〇〇億を捻出することをはじめ、施設の整理、市町村への補助金削減など大胆な内容を盛り込んだ『財政再建プログラム試案』を四月一一日に提出した」

橋下改革がスタートした。ターゲットは、財政改革のほかに、教育改革、空港問題、水道事業の統合、賃金制度の見直しや「わたり」の廃止などの公務員制度改革、大阪市との二元行政・二重行政の打破による無駄の排除などであった。

最初に挑んだのが教育、空港、水道の三点である。いずれも民意の強い支持が後押しした。

橋下は「民意との結託」を武器に、既成の構造や既得権益に切り込む。ポピュリズム批判と背中合わせの「橋下劇場」が開演した。

競争力を強化

教育改革を取り上げた理由を、橋下は二〇一一年一〇月刊行の堺屋との共著『体制維新——大阪都』で説いている。

「残念ながら大阪は犯罪発生率、失業率、生活保護率、離婚率など、あらゆる指標で全国ワーストかそれに近い状況です。僕は、この大阪の低迷、『大阪問題』の根本は、教育にあると考えてきました」

橋下は私立高校の授業料無償化に着目し、全国に先駆けて実現した。一方で、公立中学校の給食実施率の向上計画も推し進めた。

教育の制度改革にも挑戦する。就任時、大阪の学力は小学生が全国四一位、中学生が四五位だった。橋本は競争促進による学力向上を狙って、全国学力テストの結果を市町村別に公表すると明言し、教育の現場にも切り込んでいった。『体制維新——大阪都』で実態を明かす。

「当時、文部科学省は教職員組合に妥協して、都道府県別の結果は出すが、競争を煽らないように、市町村別の結果は出さないことにしていました。（中略）文科省や教育委員会の言い分は、結果を公表すると過度な競争が生じ、不当な序列化が生じるというものでした。最初にこの理由を聞いて、バカ言ってんじゃないよと感じたので、その後『文科省はバカ』と言ってやりました」

空港問題は、関西地区で競合関係にある伊丹空港、関西国際空港、神戸空港の三空港の取り扱いがテーマだった。

橋下は大阪経済の行方を左右するのは関空のあり方と見定め、競争力アップをもくろむ。関空は一兆三〇〇〇億円の有利子負債が重荷だった。橋下は〇八年七月、関空の活性化を狙って伊丹空港廃港を表明した。

地元は伊丹空港存続の意向が強かった。三空港一元管理案が浮上する。橋下は国営の伊丹空港の民営化で資金を捻出し、関空の債務の返済に充てる案を考えた。

〇九年九月、政権交代で民主党政権が発足する。鳩山由紀夫内閣の国土交通相となった前原誠司（元民主党代表。後に外相）は一〇年四月、伊丹空港の民営化と民間企業の関空会社との経営統合案を提示した。前原が言う。

「橋下さんとは、関空をハブ空港に、という要請を受けたときが始まりです。こちらから『羽田空港をハブにして国際化する。伊丹空港と関空の統合で運営会社を一つにして民間に任せるので協力を』と持ちかけたら、全面的に協力してくれました。伊丹空港のターミナルビルは大阪府や大阪市が権利を持っていたけど、『一体にしないと、統合した会社の運営権の価値が下がる』と言ったら、快く府の権利を出してくれました。彼とはケミストリー（相性）が合うというか、改革志向で共に仕事をしてきたという自負があります」

自民党・公明党推薦の知事だったが、「人気の橋下」との連携を意識する民主党政権が空港問題で配慮した感もあった。二空港の経営統合は二年後の一二年七月に実現した（神戸空港との統合は一八年）。

水道事業一元化の試み

橋下は大阪府と大阪市の水道部門の一元化にもチャレンジした。

府と市は淀川沿いの至近距離でそれぞれ別々の浄水施設を設け、水道事業を進めてきた。節水と需要減で、府と市を合わせた浄水場の能力の約三分の二しか必要としなくなる。統合による余剰施設の縮小や跡地の再利用、水道料金の値下げなどが見込まれたのだ。

二重行政の解消を視野に入れる橋下は、就任直後の〇八年二月、住宅供給公社や信用保証協会と合わせて、水道事業の一元化を大阪市の平松市長に提案した。

橋下登場直後、二人の関係は「蜜月」状態で、協議は順調だった。四年後に「政敵」として大阪市長の座を争うことになるが、最初は違った。

自民党と公明党の後押しの知事と民主党推薦の市長という立場の違いにもかかわらず、同じテレビ界出身という共通項もあり、自他共に認める親密な関係だった。平松は自著『さらば！虚飾のトリックスター』で、「ともに『大阪』をより良くしていこうと語りあった仲であった」と回顧した。「蜜月」の具体例として、〇八年八月二九日に大阪城ホールで行われた読売テレビ五〇周年ライブ「たかじんプロデュース〝Ｋｏｉ－ｃｏｎ〟」で、歌い終わったタレントのやしきたかじんが演じたシーンを自ら書き残している。

「『さあ、今夜は、サプライズなゲストをお呼びしています』と言うと、会場は一瞬、静まった。『くにおちゃんと、とおるちゃんです！　どうぞ』　たかじんさんのこの口上の段階では、会場の人々は、『あの漫才コンビ酒井くにお・とおるがきとったんかいな。なにがサプライズや』と思ったに違いない。しかし、登場したのは、くにおはくにおでも平松邦夫、とおるはとおるでも橋下徹だった。そして、たかじんさんが私たち2人の手をとって握手をさせると、会場はさらに沸いた」

就任初期に二人を結びつけたのは、読売テレビの看板番組の「そこまで言って委員会」で人気を博していたあの「やしきたかじん」さん、と平松は記述している。

水道事業の一元化の協議も順調に進んだ。〇八年四月、統合の方向で足並みがそろった。六月の協議で具体案が示される。その案を軸に検討を進めることが決まった。橋下と平松が七月二四日に共同記者会見を開き、統合で合意したと発表した。

その後、〇九年九月に大阪府と大阪市が統合で正式に合意し、覚書を交わした。ところが、一〇年二月、破談に終わった。平松は著書『さらば！　虚飾のトリックスター』の「第三章　わが体験的『橋下徹論』」に記している。

「2010年2月に急きょ雲行きが変わる。私には何の連絡もなく、メディアに『府市水道協議はご破算に』という観測記事などが掲載され始める。知事からは何の連絡もない」

一九九一年以来、二〇一五～一九年の期間を除いて、大阪市会議員を務める松崎孔（まつざきとおる）（元民主党大阪府連副代表）が背景の事情を説明した。

「最初、大阪市がコンセッション方式で大阪府全域の水道の面倒を見ますという話を持ちかけ、橋下さんもそれに乗ったんですよ」

コンセッション方式とは、大阪府が府内の市町村に用水供給している水道事業を、大阪市が受託するシステムである。松崎が続ける。

「大阪市は自分とこで水を作って二七〇万人市民の家の蛇口まで送っています。一方、大阪府が作った水は、卸しの役割の水道企業団が買って、府下の各市町村に売る。これを一元化して、大阪市がコンセッション方式で全部、面倒見るという話になりましたが、そこで水道企業団が拒否しました。橋下さんはそれでもええわ、という話でした。だけど、ぴたっと連絡が取れへんようになりました」

方向性の違いが明らかに

平松は前掲の著書で、橋下との関係断絶の印象と自身の橋下評を書きつづっている。

「結局、はしごを外されたのが私である。方針変更についても、協議打ち切りについても、何の連絡もなかった。逃げ足が速く、言い訳だけは巧み――。この一件は、私にとって橋下という人は信用できない人であると結論づけることになった」

「一番不思議なのは橋下氏の思想信条がどこにあるのか、私にはまったくわからないことである。大阪府知事時代、彼がどんな成果を上げたのか、何を目指していたのかも当時はわからなかった」

「基本的には強者の論理の信奉者、市場原理主義やネオリベラリスト（新自由主義者）的なスタンスに見えるが、単純にそれだけでもないようだ。その場その場でメディア受けを狙った発言を繰り返すため、首尾一貫した思想や哲学といえるものが見えてこない。アドバルーンを上げて世論やメディアの反応を探り、前言撤回をしても、それを『潔さ』だと見せる手法にたけている」

橋下は平松について、前掲の『体制維新――大阪都』でこんな見方を述べる。

「平松市長と僕の違いは何なのか。僕は仕組みを変えるのが政治家の一番大事な仕事と考えています。それに対し、平松さんは行政の長として、いまの仕組みを前提として組織を安定的に動かすことを重視しているのだと思います。体制を変えるなどとは考えてもいないのでしょう」

「平松さんとの考え方の差は、大阪府知事という広域行政の長と、市町村という基礎自治体の長との立場の違いに根ざしているのでしょう。基礎自治体の長たる市長は、区民祭など地域の行事に頻繁に出て、住民の皆さんの顔を直接見てコミュニケーションを図るのも重要な仕事です。対して広域行政の長たる知事は、住民と直接接触するよりも、景気対策や雇用対策、空港、港湾、高速道路、鉄道などの広域インフラ整備、自治体外交、国との権限折衝など、地域全体をどう改善するか考えるのが仕事です」

「大阪全体の大都市の経営者である広域自治体の長と、住民の皆さんとコミュニケーションをとりながら生活を支える基礎自治体の長、この二つの仕事は全然違うものです」

言い分はすれ違いのままだが、二年の「蜜月」の後、一転して離反・対立となった原因は何か。橋下が続けて説く。

「『大阪都構想』を僕が宣言してから、それまで比較的良好だった平松市長との関係は悪化しました。市長は『橋下知事は大阪市を潰そうとしている』『大阪市民を潰そうとしている』と批判します。僕は『大阪市役所と大阪府庁を潰して新しい役所をつくる』と言っているのに。統治機構の仕組みを変えよう、と提起しているのです。これこそが政治家にしかできない政治の役割だからです」

橋下は「低迷する大阪」を打破するために大阪独自の成長戦略を、という広域行政のビジョンを描き、実現に必須と位置づける統治機構の変革を目指す考えであった。

片や平松は、橋下が大阪都構想を言い出した場面を振り返り、前掲の著書で、「橋下氏と水道事業の統合協議中であったので、印象深く受け止めたことをよく覚えている」と前置きして、「『大阪都構想』とは、策に窮したら目先をかえる、それも話が大きければ大きいほど効果は大きいという橋下流政治パフォーマンスの『先行事例』だったのである」と一刀両断にしている。

結局、蜜月は長く続かなかった。やがて不倶戴天の敵となる。橋下の大阪府と平松の大阪市の対立は、二重行政問題と重ね合わせて、「府市合わせ（不幸せ）」の象徴と評された。そこから「大阪市廃止・特別区設置」を柱とする大阪都構想の運動が本格化した。

大阪府庁移転問題

橋下と平松の絶交から約二カ月さかのぼった〇九年一二月二五日の夜、大阪市中央区の地下鉄谷町四丁目駅に近いレストラン「エルカミーノ」で、橋下、自民党大阪府議団の反主流派の中核だった浅田と松井の三人が会食した。

「府とか市とか超えて、ワン大阪にしよう。新しいローカルパーティーを旗揚げせなあかん。橋下さんにトップになってほしい」

松井が橋下に持ちかけた（吉村洋文・松井一郎・上山信一著『大阪から日本は変わる』より）。

ローカルパーティー（地域政党）結成は浅田の持論だった。浅田が強調する。

「従来の中央主導の地方分権ではなく、目指すのは地方主導の本当の地方分権。自民党も含め、既存の党は、党の構造も中央集権党で、東京で決めて地方に『従え』というやり方です。

党内構造が分権型で、国会議員も地方議員も同等という形のローカルパーティーを造る。それがいいという考えでした」

橋下は浅田の着想に強い関心を示した。年が明けて一〇年となる。橋下は一月一二日に開かれた自身の後援会の新年パーティーで、「大阪府と大阪市を統合・再編する大阪都構想を目指す」と宣言した。

維新の出発点は、今から一二年前の一〇年四月一九日に大阪で旗揚げした地域政党の大阪維新の会である。きっかけは大阪府庁舎の移転問題だった。

その二年二カ月前に大阪府知事に就任した橋下は、大阪市が建設して「バブル期の無駄な公共投資」の象徴といわれた高層ビルのWTCの購入と、大阪府庁舎のWTCへの移転を計画した。浅田の回想が続く。

「橋下さんが知事に当選した後、少し落ち着いた〇八年五月に、松井さんと三人で食事し、いろいろと話し合いました。大阪市が建設したWTCを大阪府が買い取ったらどうかとか、大阪府庁舎をそこに移転させたらとか。僕らが賛同できるプランが多かったので、その路線で自民党府議団をまとめていこうという話になりました」

第六章で述べたとおり、WTCは大阪府が建設したりんくうゲートタワービルと並んで、一九八〇~九〇年代のバブル期の「的外れの公共投資」の象徴といわれ、共に経営破綻の道をたどって財政を圧迫し続けた厄介者の施設であった。

橋下は〇八年八月、大阪市が持て余していたＷＴＣを、大阪府が買い取って府庁舎を移転するという案を大阪市に提示した。ＷＴＣを含むベイエリアを経済特区にしてアジアの拠点とする橋下構想、老朽化が著しい府庁舎の建て替え回避策、府と市の二元行政・二重行政の解消の「一石三鳥」を狙ったプランだった。

この府庁舎移転問題が自民党分裂の引き金となった。大阪府議会の事情に詳しい元副議長の冨田健治（後に大阪民社協会会長）が背景を回顧した。

「府庁舎の建て替え問題は長年の課題でした。橋下知事と平松市長の関係がよかったころ、大阪府がＷＴＣを買い取って移転するという話を二人でやっていました。私らは、災害の場合などを考えて、府庁と大阪市役所は近い場所がいいと言ったけど、橋下知事は平松市長に『買う』と言ってしまった。そのとき、自民党で『ＷＴＣへの移転がいい』と主張したのが松井一郎氏らのグループです」

大阪府と大阪市のＷＴＣ買い取り交渉は資産価値の評価をめぐって難航したが、何とか妥結する。橋下は〇九年の府議会に府庁舎移転案を提出した。

三月二四日、府議会で府庁舎移転の条例案の議決が行われた。投票総数一一二のうち、賛成票は四六、反対は六五で、可決に必要な三分の二に遠く及ばず、否決された。

一〇月二七日の二回目の議決でも、ＷＴＣ購入費用の一〇三億円を盛り込んだ予算案は可決したものの、府庁舎移転の条例案は再否決・不成立に終わった。

大阪城前の現庁舎への強い愛着に加え、ＷＴＣの耐震問題が新たに浮上した。その不安が重なり、三月の一回目の議決の際、知事与党の自民党府議団の中から、多数の反対票が出た。

大阪維新の会が結成

自民党府議団が分裂した。四月二四日、府議四九人のうち、府議団の政調会長だった松井や今井豊（後に府議会議長。元日本維新の会副代表）ら六人が分派の「自民党・維新の会」を結成した。松井、今井、青野剛暁（後に大阪維新の会副代表）、井上哲也（後に吹田市長）、浦野靖人（現衆議院議員）、鈴木憲（後に大阪維新の会府議団幹事長）の六府議である。

浅田はそのとき、自民党府議団の幹事長だった。当時を振り返った。

「僕は松井さんとずっと連携してやってきたから、思いは同じでした。だけど、幹事長だったから、一緒に出ていくわけにいかんかった。僕らは、古い自民党の手法や意思決定のやり方はおかしい、自民党を割らなあかんという思いがありました。自民党内が分裂しないような議案を役人に持って来させる。議員が主導権を持って取り組むのではなく、役人主導に自民党が協力する。そんな古い自民党の政治とは決別すべきだと言ってきました。自民党・維新の会は今井代表、松井政調会長となったけど、結成準備は事実上、松井さんが全部、一人でやりました」

松井らが決起の第一弾で、その後に浅田らが第二弾で自民党府議団を出るというシナリオだったという。

自民党・維新の会結成から半年後の一〇月二八日、浅田、大橋一功（おおはしかずのり）（当時は自民党府議団副幹事長。後に府議会議長）、岩木ら五人の府議が自民党府議団を離れ、「自民党・ローカルパーティー」を立ち上げた。大橋が回想する。

「五人で記者会見を行いました。自民党府議団の運営にはついていけない、と理由を述べ、われわれの主張をきっちりしたいので、自民党・ローカルパーティーと名乗って独立すると説明しました。会の命名は浅田さんです」

橋下と浅田の関係について、大橋が解説した。

「浅田さんは、誰もが言うように、『維新の頭脳』です。橋下さんと常にキャッチボールをやっていました。投手が橋下さんで、浅田さんが捕手、アンパイアは上山先生という感じでした」

公共政策学者で経営コンサルタントの上山信一は、大阪市市政改革推進会議委員長の後、長く大阪府・大阪市の特別顧問、維新の政策特別顧問も務めてきた。橋下府政誕生の三年前の〇五年から、後の維新の中心メンバーと交流を持ち、ブレーンの役割を担った。

上山は前掲の共著『大阪から日本は変わる』の「おわりに」で「維新改革との実質的な出会い」の場面を回顧している。

「ある日、自民党府議会議員の浅田均さん（現日本維新の会参議院議員）から意見交換したいと連絡をいただきました。会って小一時間で『大阪府と大阪市は統合すべき』と意気投合し、また『大阪の改革には地域政党が必要』という理論にも納得しました」

〇九年の四月から一〇月にかけて、大阪の自民党で「旧来型の自民党政治ノー」「橋下路線支持」を主張する府議のグループが決起した。松井らの自民党・維新の会と、浅田たちの自民党・ローカルパーティーは予定どおり合流する。翌一〇年四月一日、自民党から独立し、府議二二人で府議会の新会派「大阪維新の会大阪府議会議員団」を立ち上げた。

一九日に大阪府選挙管理委員会に届け出る。大阪維新の会が政党として発足した。

メンバーは浅田、松井ら大阪府議二七人、大阪市議一人、馬場伸幸（ばばのぶゆき）（後に日本維新の会の幹事長を経て共同代表。衆議院議員）ら堺市議五人の計三三人だった。橋下与党として誕生した党である。代表に橋下が就任し、幹事長が松井、政調会長が浅田という布陣で船出した。

自民党から維新へ流れる

橋下とそれを支える地域政党という維新の体制ができ上がった。橋下は比類のない発信力と突破力で、次々と改革に挑戦する。大阪の「橋下劇場」は全国で注目を集めたが、実行する改革プランの多くは、浅田とのキャッチボールで練り上げられた案だった。

橋下、松井、浅田らは結党前の〇九年暮れから一〇年春にかけて、他党の議員に参加を呼びかけたり、引き抜き工作を展開して、人材確保と多数勢力の結集を狙った。最初は「二重国籍」、つまり他党の党籍保持者の参加も容認した。

大阪維新の会（政調会）著・浅田均編『［図解］大阪維新――チーム橋下の戦略と作戦』は、「『大阪を再生させる』という1点で志を同じくする人であればいい、国政に関する考え方は問わない、という姿勢だった」と解説している。

橋下らが政党・維新の結成に向けて舵を切った一〇年初めという時期は、大阪府と大阪市の水道事業一元化問題がこじれ、橋下と大阪市長の平松の関係が「蜜月」から「絶交」に転じたときだった。

府と市の二元行政・二重行政の打破に照準を合わせる橋下は一〇年一月、「ワン大阪」の方針に基づいて大阪都構想を宣言した。維新流の「大阪再生」プランの根幹は、府・市統合を目指す大阪都構想の実現であった。

一方で、橋下や松井や浅田は、結党の準備段階で自民党大阪市会議員団の中の一つのグループに目をつける。一〇年四月初め、接触を試みた。

朝日新聞大阪社会部著『ルポ　橋下徹』によれば、新党参加を呼びかける橋下たちが、大阪市内の新世界にある温泉施設「スパワールド」の和室で、市議の太田勝義（元自民党大阪府連幹事長）が率いるグループの市議九人と面会した。

現在、「反維新」のリーダーとして知られる川嶋広稔（後に自民党市議団副幹事長）は、「向こうと話し合いをするから来い」と言われて出席した。川嶋が証言する。

「相手側は橋下さんと浅田さんと松井さんがいて、私と橋下さんで議論になりました。都区制度は、地方交付税制度から行くと、おかしな制度で、大阪市民への行政サービスが間違いなく落ちます。都構想は制度的におかしいから、いくらでも論破できる、と私は思っていました。橋下さんは『都構想をやりましょうよ。とにかく一緒にバスに乗って、それから考えましょう』と、それればっかり。中身の議論は何もありませんでした。私は最初から全く行く気がなかったので、話はここで終わりました」

自民党には「維新流政治ノー」と唱える議員もいたが、長く続く大阪の閉塞感と停滞感の打破という主張、「橋下人気」への期待感は強かった。維新参加者が続出した。

大阪維新に加わった府議二二人の内訳は、自民党一九人、民主党一人、諸派二人だった。自民党は全府議四九人の約四割が維新に加わった。

維新結党の三カ月後、自民党大阪府連は、維新参加者に対して離党勧告や除名の処分を決める。その結果、四五人が自民党を離党した。

ダブル選挙で完勝

結党一年後の一一年四月、統一地方選を迎える。維新は「大阪春の陣」と唱え、党勢の行方を占う最初の決戦と位置づけて選挙に臨んだ。

四月一〇日に投票が行われた大阪府議選、大阪市議選、堺市議選で好成績を収めた。府議選ではいきなり過半数を獲得する。大阪と堺の市議選では第一党に躍り出た。

大阪市議選で、後に衆議院議員を経て大阪市長、大阪府知事となる弁護士の吉村洋文が初当選した。

吉村は一九七五（昭和五〇）年六月一七日、大阪の河内長野市で生まれた。大阪府立生野高校を経て、九州大学法学部を卒業する。九八年に司法試験に合格し、司法研修の後、二〇〇〇年に弁護士となった。一一年後、大阪維新の会から大阪市議選に出て当選した。

大学卒業後、弁護士の道を選んだ動機を、吉村が語った。

「普通の中小企業のサラリーマンの家庭で育ちました。身近に法曹や政治家は誰もいませんでした。ですから、小・中学生のときは思っていなかったけど、今から振り返ると、中学のとき、公民の科目の資料に載っている憲法の条文を、面白いなと思って読んでいたんです。『法の下の平等』で、力がある人、金持ち、そうでない人も、法は平等に適用される。この世界は面白いなと思って見ていました。中学で勉強が結構できて、高校は地元の有名な公立の進学校に進みました。中学までは弁護士は別世界の人たちの仕事と思っていましたけど、高校のとき、学校に来たOBの弁護士、企業経営者、政治家などの話を聞く機会があり、身近だなと思った。狙ったら行けるのでは、と思い始めました」

政界入りの経緯と理由を述べる。

「大阪で法律事務所を開設した後、私が顧問弁護士をやっていたプロダクションの社長から、歌手でタレントだったやしきたかじんさんを紹介され、個人的な顧問弁護士になりました。やしきさんは橋下さんと親しかった。その後、大阪維新の会結成の人集めをやっていた橋下さんから大阪の改革構想を聞きました。それで、やしきさんから『選挙をやったら』と言われたのです。大阪で生まれ育って大阪をよくしたいという思いがありましたので、チャレンジしてみるかと思いました」

府下の市長選でも、一一年四月に吹田市、八月に守口市で「維新市長」が誕生した。

他方、大阪市の平松市長との対立が決定的となった橋下は、維新による「大阪府・市の掌握」を企図した。平松市政を打倒するため、一一年一一月の市長改選期に合わせて府知事を途中辞任する。自ら市長選に挑戦する作戦を選択した。

空席となる大阪府知事の後任選出の選挙も実施となる。それと合わせて、一一月二七日に府知事選・大阪市長選のダブル選挙が設定された。二ポスト独占をもくろむ維新は「大阪秋の陣」と呼んだ。

維新では、橋下の後任知事に誰を担ぐかが問題となった。松井が自ら告白した。

「浅田さんを知事に、と僕は思ったが、既得権を打破して府・市対立の壁を突破する相棒として、橋下さんが松井とやりたい、と言ったので、僕が出ることになりました」

そのとき、浅田は府議会議長だった。笑いながら思い出を口にした。

「こういうときは、前へ前へと突き進む松井さんのほうがいいと言って、僕が橋下さんと相談して決めました。『向いていない。堪忍してくれ』と言う松井さんをねじ伏せて口説いた感じです」

「秋の陣」も、維新は完勝した。大阪市長選は、約七五万票の橋下が、民主党と自民党と共産党が支持・支援する平松に約二三万票の差をつけて当選した。知事選も、松井が約二〇〇万票を獲得し、民主党と自民党が支援・支持する二位の倉田薫（くらたかおる）（元池田市長）に約八〇万票の大差で勝利して知事の座を守った。

第九章

大阪都構想の誕生

大阪市政のやみ

大阪府知事となった橋下徹は二〇一一（平成二三）年一一月、在任三年九カ月で知事を辞任し、大阪市長に転じた。大阪の政治を大きく変革するには、大阪府と大阪市の二元・二重行政の打破を目指すとともに、旧態依然の大阪市政を改革するためには、自ら市長となって率先垂範で取り組むのがベストの選択肢と判断したのだ。

戦後の大阪市長は、公選市長三代目で一九六三～七一年在任の中馬馨、七一～八七年の大島靖、八七～九五年の西尾正也、九五～二〇〇三年の磯村隆文、〇三～〇七年の關淳一の五人が、いずれも大阪市の助役経験者だった。中馬と西尾は大学を出て大阪市役所に入った生え抜き組、大島は大阪府庁、労働省（現厚生労働省）から、経済学者の磯村は大阪市大教授の後に、医師の關は大阪市立桃山市民病院副院長、大阪市の環境保険局長を経て、それぞれ助役に就任し、前任市長の後継となった。

〇五年一二月から四年間、大阪市の副市長を務めた柏木孝が長年のこんな実態を明かした。

「基本的に大阪市役所には『大阪モンロー主義』といわれて、外部から人材を受けないという風土がありました。それで、せめて助役にはよその血をというので、磯村さんを呼んだのです。西尾さんが磯村さんを選び、磯村さんは關さんを後継に指名しました」

砂原庸介著『大阪――大都市は国家を超えるか』が、〇七年以前の大阪市政の深層の構造を明快に分析している。

「助役経験者が市長を引き継ぐことができれば、市政の安定性と継続性は確保されやすい。（中略）そこで重要になるのが、確実に選挙で勝利できるようなしくみであり、具体的には市長がその支持基盤を後継者に引き継ぐことである。大阪市で市長の支持基盤として機能を果たしてきたのは、共産党を除いてすべてが市長与党となった市議会の各会派と、大阪市労働組合連合会（市労連）傘下の労働組合であった。（中略）市長の支持基盤を強固にするしくみは、市議会議員とそれにつながる利害関係者や市の職員団体をはじめとした労働組合に、さまざまな便益が供与される温床となった」

一定の流れで長く安定的な市政が続けば、専門的な知識や能力を備えた市官僚と歴代市長が二人三脚で、長期的な視野に立って、市政の重要課題に取り組むことが可能になる。そのメリットはあるが、他方、議会による市政の監視と点検というチェック機能が形骸化する危険性を伴う。

前掲の『大阪――大都市は国家を超えるか』が続けて解説する。

「市労連傘下の労働組合に対する便益の供与が、社会的に認められない程度に拡大し、顕在化した結果が、關淳一市長の時代に発覚した職員厚遇問題である。この問題は、二〇〇四年八月、大阪市が職員互助組合に毎年約三〇億円の公金を支出するという過剰な補助が、他の自治体と比べて際立って多額であるという指摘から始まった」

発端は当時、関西のテレビ局の毎日放送（ＭＢＳ）が平日の夕方に放送していた「ＶＯＩＣＥ」というローカルのニュース番組の報道であった。「闇の正体」というコーナーで大阪市のカラ残業問題を取り上げた。以後、やみ年金、やみ退職金、怪しい超過勤務手当てなどの受給という実態が次々と明るみに出たのである。

磯村の後任の大阪市長となった關は、本書の「序章」でも触れたように、大正末期の一九二三年から昭和初期の三五年まで大阪市長を務めた關一の孫であった。

關淳一は二〇〇三年一一月の市長選に、共産党を除く主要政党の推薦を得て出馬し、得票率五五・五パーセントという圧倒的勝利で当選した。「モンロー主義」打破を意識し、選挙の公約で、当選後の助役人事について「外部・女性」を掲げた。

市長就任後、公約どおり市役所の外部から初の女性助役の起用を決める。暴力団組長の元妻で、その後、猛勉強で司法試験に合格した異色の弁護士の大平光代（おおひらみつよ）を登用して話題を呼んだ。〇五年に助役の大平の依頼で大阪市市政改革推進会議委員長となった上山信一が、職員から聞いた話として大平起用の舞台裏を明かした。

「關さんは外部の女性の助役を登用したかった。そこで大阪の弁護士会に女性弁護士の紹介をお願いした。すると、大平さんが推薦されてきたのです」

行政は大平には初めての分野だったが、助役としての取り組みを、柏木が披露した。

「最初の一年間、主要幹部の会議で、大平さんは一言も発言しなかった。一年が過ぎて、いろいろな問題が出てきたところで、にわかに辣腕を発揮し始めました。黙っていた一年間、ものすごく勉強されたんですよ」

助役就任の一年後の〇四年一二月、職員厚遇問題が表面化した。上山も大平の奮闘に目をみはった。

「關さんは、もともと既存の体制による『ぐるみ選挙』に乗って当選した、いわゆる名望家の市長でした。だから、当初はばりばり改革に乗り出す人ではないと見られていました。ですが、職員厚遇の不祥事が発覚し、大平さんが大なたを振るい始めました。彼女は關さんにもいろいろと提案して実行を迫りました。關さんは逡巡しながらも、最後は思い切って大平さんの提案を受け入れ、改革は動き出しました」

大阪変革は關改革が原点

不祥事や疑惑の噴出を深刻に受け止めた關は、市政改革本部を新設する。〇五年九月に大掛かりな市政改革マニフェストを打ち出した。

中身は、「身の丈に合わせた経常経費の圧縮」「特別会計の改革」「大阪市の関与の見直し」「職員数の削減」などの一九項目のマネジメント改革、「公正確保のしくみづくり」「情報公開の推進」などの七項目のコンプライアンス改革、「トップマネジメントの機能強化」「区の自律経営」「組合との関係の見直し」などの一二項目のガバナンス改革だった。

その上で、關は「市政改革について市民の信を問う」と唱えて、市長任期が半分に達した〇五年一一月、自ら出直し選挙を仕組んだ。市長辞任・再出馬作戦を選択した關の本当の狙いは、歴代大阪市長が踏襲してきた「安定と継続」重視の既存体制総ぐるみ構造の打破であった。

大阪市議の重鎮の松崎孔が出直し選挙の内実を振り返った。

「關さんは最初、市労連と部落解放同盟の応援を得て市長になりましたけど、それを見直すということで、やり直しの市長選に出ました。そのとき、關さんは民主党に『自民党と公明党の推薦でやるから、応援は要りません』と言ってきました。それで、民主党は前衆議院議員の辻恵さんを立てたのですが、われわれ旧民社党系は關さんを支援しました」

關は選挙で再選を果たしたが、獲得票は〇三年の市長選と比べて約九万票も少なかった。大平は市長選直前の〇五年一〇月に退任した。入れ代わりに助役となった柏木が、市役所の内部から見た「關改革」の印象を語る。

「職員厚遇問題に切り込んだだけでなく、情報公開、同和行政の終結、年齢が高い現業職員の高給の見直しなどもやられました。地下鉄の民営化も關さんの提唱です。ですが、市民は關さんの改革について、正直、よく分かっていなかったと思います。よくやったというよりも、不祥事を起こして、大阪市役所のトップとして何をしてたんだ、という反発が大きかったのでは」

それでも、後に橋下知事が登場した後、維新政治で本格化する「大阪府と大阪市の二重行政の打破」「選挙支援組織や圧力団体と行政の癒着の排除」「身を切る行財政改革」などの改革路線は、關市長時代の市政改革、真の大阪変革は關改革が源流、と高く評価する声は根強い。

だが、次の〇七年一一月、任期満了に伴う市長選で、現職の關（自民党・公明党推薦）は、新人の平松邦夫（民主党・国民新党推薦、社民党支持）に三六万七〇〇〇票対三一万七〇〇〇票で敗れた。關時代は四年で終わった。

〇七年の大阪市長選には、中央政治での自民党と民主党の権力争奪戦が微妙に影響した。松崎の回想が続く。

「〇五年の出直し選挙に続いて、關さんが〇七年の市長選でも、『自民党と公明党が応援してくれるので、民主党の応援は要りません』と言ってきました。私は民主党市議団の幹事長でしたが、大阪と友好都市だったサンフランシスコに自民党、公明党の幹事長と一緒に出掛ける機会がありました。旧民社党系は今度も關さんを応援してもいいと思っていましたので、自民党の幹事長に持ちかけたら、『今、中央の自民党は民主党をつぶすのに懸命。市長選を民主党と一緒にやるのは無理だよ』という返事でした」

中央政界では、〇六年九月、五年五カ月在任した小泉純一郎首相が退陣し、第一次安倍晋三内閣が誕生したが、翌〇七年七月、自民党は参院選で小沢一郎代表が率いる民主党に大敗を喫する。連立与党の自民党と公明党の参議院の合計議席数は一三三から一〇三に減り、過半数を一九も割り込んで、衆参ねじれが起こった。

民主党は政権奪取を視界にとらえた。一方の自民党は民主党つぶしに躍起となる。それが四カ月後の〇七年一一月の大阪市長選にも投影した。

民主党は闘支援派の旧民社党系の動きを押さえ込み、独自候補の擁立で突っ走る。平松担ぎ出しで動いたのは、民主党大阪府連代表だった平野博文（ひらのひろふみ）（後に官房長官）である。

一五年まで計七期、大阪市議を務めた福田賢治が内幕を口にした。

「平松さんは長い間、毎日放送の夕方の番組に毎日、出演していて名前が売れていました。ですが、自民党候補ではなかったので、関経連の役員を視野に入れていた毎日放送の会長が、役員室長だった平松さんの出馬に難色を示していました。交渉した平野さんがあえて担ぎ出したのです」

平松の市長一期目は〇七年一二月から一一年一二月までであった。二期目に挑戦したが、橋下に敗れる。大阪府知事の後任の松井一郎とともに、初めて維新が大阪府・市の両方の行政を握った。

大阪都構想の具体化

維新の狙いは、先述のとおり、大阪府と大阪市の二元・二重行政の打破である。橋下は知事時代の一〇年一月一二日、二元・二重行政の打破を目指して大阪都構想への挑戦を宣言した。

都構想は前掲の『［図解］大阪維新』によれば、集権化、分権化、民営化の三つの要素の組み合わせであった。

集権化は「大阪府庁と大阪市役所の統合による、広域的かつ長期的視点に立った都市戦略の実行」、分権化は「人口267万人を擁する巨大な大阪市域を8〜9つに分けて特別自治区を設立」「地域密着型で教育・福祉などの行政サービスを展開」、民営化は「公共サービス事業を市役所本体から切り離し、別法人化」という方向の構想である。

手順とスケジュールについては、「3つの手続きが必要」と訴え、第一に法改正、第二に大阪府議会と大阪市議会の議決、第三に大阪市と堺市での住民投票、と説いている。

都構想は大阪市役所を廃止して、新たに基礎自治体となる特別区を設置するプランである。同時に、大阪市の議会である大阪市会も廃止し、新たに特別区に区議会を設置する。

維新は大阪市政の改革を目指したが、市役所だけでなく、議会の側も、橋下登場の前は旧態依然の構造にどっぷりという時代が長く続いた。伝統的な大阪市会の体質は、「安定と継続」を最重視してきた大阪市政と背中合わせ、という指摘も多かった。

上山は大阪都構想がもたらす政治的意味合いを説いた。

「大阪市会は既得権益を代弁する世襲議員が当選しやすい選挙区割りになっています。区割りの変更には議会の議決が必要ですけど、現職の議員たちはそれを崩したくない。大阪市役所の廃止には、その是正の効果もあります。都構想が実現すると、今まで大阪市会が軽視してきた広域へのインフラ投資や教育投資などに、より多くの予算が回せるようになるでしょう」

大阪市議の議員総定数は現在、八三で、市内の二四行政区を選挙区とする中選挙区制（各区の定数は二〜六人）で選出される。各区で各党が議席を分け合っているが、維新が大量進出するまでは、有力な選挙地盤を誇る議員やその後継者の連続当選が目立った。議員の職の「家業化」を問題にする声も多かった。都構想の支持派には、「大阪市会の廃止が最重要で、それが都構想の肝」と強調する人もいた。

維新が党の「一丁目一番地」と位置づけて最大の達成目標としてきた大阪都構想は、〇八年二月の橋下府政発足後、一〇年一月に橋下が唱え始めた大阪府・市一体化プランだが、第七章で触れたように、アイデアは維新の発明ではなかった。

橋下は大阪での大都市制度の改革構想として大阪都構想を提示したが、大阪の府・市の二重行政の解消や広域都市行政を目指す構想の歴史は長い。戦後間もないころから「大阪産業都」「大阪新都」「スーパー政令市」「特別自治市」など、さまざまな案が浮上した。

橋下登場の前、大阪に大阪府と大阪市の二つの巨大な地方自治体が並立していることの問題点に気づき、弊害を克服しなければと思い始めたのが前任知事の太田であった。

大阪新都構想を唱える太田は、大阪市長だった磯村隆文と何回も協議したが、不調に終わった。〇八年に太田時代が終わり、橋下が登場する。大阪都構想は橋下維新の手によって再び取り上げられ、脚光を浴びることになる。

その経緯を探ると、維新の中で、着想やプラン策定の中心的な役割を担ったのは浅田であった。維新のブレーンである上山が回顧した。

「知事となった橋下さんは大阪府と大阪市の関係など、いろいろな問題点に気づいた。〇九年の後半あたりに、浅田さんが橋下さんに二重行政の解消、府・市の一体化の話をかなりしていました」

維新の結党メンバーの一人である大阪府議の岩木均が証言した。

「都構想という言葉を作って発信したのは橋下さんですが、都構想の原案というか、中身は間違いなく浅田さんの案だと思いますね。府と市を一つにしなければ成長戦略が描けないと結党のときから言っていましたから」

浅田は二〇一六年の参院選で国政に転じるまで、一一～一四年の議長時代も含め、一九九九年から計一七年余、府議を務めた。初当選が一期遅い松井と二人で二重行政問題に取り組んだ。発想のきっかけは第七章でも触れた「大阪の衰退」という現実であった。浅田自身が振り返る。

「大阪は低所得者が多く、生活保護の受給者の割合も大きいのに、調べてみたら、行政が無駄な施設をいっぱい造ったり、外郭団体に出費したりして、市民に還元される仕組みになっていないことが分かりました。大阪がもっと成長する仕組みを作るには、不要な二重行政を廃止して広域行政を一元化し、財源を生み出す必要があります。特別区を作り、広域行政と成長戦略の一元化で得られた果実を分配するというプランを、松井さんと二人で考えました。それが都構想の原型です」

大都市法の改正

大阪市役所を廃止して特別区を設置する大阪都構想の実現には、法律改正が不可欠だった。地方自治法には、第三条二項に「都道府県の名称を変更しようとするときは、法律でこれを定める」、第二八一条一項に「都の区は、これを特別区という」という規定があった。

特別区を設置できるのは都だけで、大阪府から大阪都への名称変更は法改正が不可欠という制限があった。つまり、都構想に挑戦するには、法改正か、地方自治法の例外を認める特例法を先に国会で成立させるか、どちらかの道を通り抜けなければならなかった。

大阪維新の会結党から一年七カ月が過ぎた一一年一一月二七日、府知事を辞任した橋下が大阪市長選に挑戦した。同じ日の後任選出の府知事選に出馬した松井一郎と併せて、市長と府知事のダブル選挙を制する。橋下市長・松井知事の維新コンビが誕生した。

両者は足並みをそろえ、府・市の統合に向けて動き出す。一一年一二月、共同で大阪府市統合本部を設置し、統合の検討作業を開始した。

大阪での準備態勢と併せて、都構想実現の第一関門である法改正の壁の突破をもくろんだ。といっても、一一年の時点では、結党直後の維新は大阪の地域政党で、国政にはまだ足掛かりがなかった。国政の場にいた松浪健太(まつなみけんた)（現在は日本維新の会所属の大阪府議）が法改正の舞台裏を説明した。

「当時、私は自民党の衆議院議員でした。都構想の実現には法案が必要で、自民党は野党でしたが、それじゃあ率先して都構想のための大都市法という法律を作ろうじゃないかという話になりました。党内にプロジェクトチームができるわけですが、座長が後の首相の菅義偉さん、事務局長が私という布陣でした」

大都市法（大都市地域における特別区の設置に関する法律）は、道府県が地域内の大都市に特別区を設置する際の手続きなどを定める。この法律によって、地方自治法の規定にかかわらず、政令指定都市と隣接自治体の合計人口が二〇〇万人以上の地域は、市町村を廃止して特別区を設置できるようになった。

松浪は産経新聞記者の後、〇二～〇三年と〇五～一七年に衆議院議員を務めた。出発は自民党だったが、一二年九月に日本維新の会（旧）の結党に参加した。

〇五年の政界復帰時から道州制を強く唱え始めた。松浪は橋下を大阪府庁の知事室に訪ねたとき、「関西州」と書いた地方分権のポスターを見て橋下と意気投合した。それが交流の始まりだったという。

一一年一一月の大阪ダブル選挙の後、中央政界では一二月九日に臨時国会が閉会となった。この日に自民党内に大都市問題に関する検討プロジェクトチームが設置され、座長に菅が就任した。

松浪の著書『大阪都構想2.0──副首都から国を変える』によれば、一二月一四日の初会合で、菅は「大阪のダブル選挙で民意が示された。大都市の問題をしっかりと議論し、大阪都を含めて党として、年内に方向性をまとめたい」と、迅速な対応を言明したという。松浪が述べる。

「国会閉会中はほとんどストップというのが当たり前でしたが、菅さんが『年末までに形をつける』と言って、閉会後、メンバーを集めて数回、審議を行った。私はそんなことができるのかなと疑心暗鬼でしたが、菅座長のリーダーシップはすさまじく、すごい人だと思いました」

菅は自民党の選対副委員長だった〇七年、党本部にやってきた橋下と顔を合わせた。以来、大阪での橋下の奮闘に着目してきた。官房長官時代の一五年一〇月、菅がインタビューで橋下の印象を語った。

「改革意欲にものすごく富んでいる。改革の方向が私たちと一緒でした。捨て身で政治をやって実績を上げた。徹底して改革を進め、約束したことをやった。そこを私は高く評価しています」

菅は維新の都構想挑戦プランを知って、志を同じくする橋下のために、党の違いを超えて一肌脱ぐ気になったのだろう。一二年三月六日、自民党は総務会で大都市法の法案の要綱案を了承した。

九日、独自に検討を進めていた渡辺喜美代表（現参議院議員。元金融担当相）のみんなの党が参議院に法案を提出した。一方、自民党は公明党との協議を経て、四月一八日に自公案を衆議院に提出した。当時の与党の民主党や国民新党も前向きとなる。二カ月後の六月一二日、民主党と国民新党も共同案を衆議院に提出した。

与野党協議で、法案の一本化について合意が成立する。七月三〇日、共産党と社民党を除く超党派による共同案の法案が国会に提出され、八月二九日に国会で可決・成立した。

松井と安倍が意気投合

大都市法の準備が進んでいた一二年二月二六日、大阪市西区北堀江の地下鉄西長堀駅前にあった大阪市立こども文化センターで、「教育再生民間タウンミーティング　in　大阪」と称するシンポジウムが開催された。

主催は日本教育再生機構大阪で、会長の遠藤敬（現日本維新の会国対委員長・衆議院議員）が、政権を再奪取する前の安倍晋三元首相を招聘した。浅田が説明する。

「このシンポジウムで、松井さんと安倍さんが意気投合したのです。その五年前の第一次安倍内閣は、『戦後レジームからの脱却』を唱えて教育改革や公務員制度改革に取り組みましたが、ほとんど実現できずに終わった。安倍さんは大阪維新の会が大阪府と大阪市でそれを実現した点を高く評価してくれました。それが安倍さんとの最初の接点でした」

日本教育再生機構は、ホームページによれば、「『教育再生から日本再生へ』を合い言葉に、教育を国民の手に取り戻したいという思いから、平成十八年に発足した団体」とのことである。「参加無料」をうたうシンポジウムのチラシによると、テーマは「大阪・教育基本条例の問題提起とは！」であった。

持病の潰瘍性大腸炎を抱える安倍は、〇七年九月に一度目の首相の座を降りた後、しばらく療養生活を送った。退陣から二年余が過ぎた一〇年初めごろから、健康不安が消え始める。将来、再び政権を、という気持ちを抱くようになった。二年後の一二年の年初、無役の一議員だった安倍に、大阪から教育シンポジウムへの出席要請が届いたのだ。

松井は一一年一一月の大阪府知事・大阪市長のダブル選挙で知事に当選して三カ月後である。シンポジウムで安倍と並んで壇上に着席し、対談した。

当時は堺市議で大阪維新の会の副代表だった馬場伸幸は、舞台のそでから観察した。目にした情景を思い浮かべる。

「日本教育再生機構大阪の中心は大阪府下の青年会議所で、会場に集まったのは、ほとんどがそのメンバーです。五〇〇〜六〇〇人が座れるホールはその日、ほぼ満席でした」

終了後、遠藤が「打ち上げ会を」と声をかけ、夕食会となる。会場から車で数分の場所の居酒屋で、安倍、松井、遠藤、馬場、安倍側近の参議院議員の衛藤晟一（えとうせいいち）（後に首相補佐官）らがテーブルを囲んだ。馬場が続ける。

「僕らも、安倍さんに『ぜひ頑張ってほしい。教育の改革や日本の安全保障などをきちんとしなければ』と話をしました。意気投合し、濃密なつきあいが始まりました。安倍さんが自民党総裁選に出馬できないとか、出ても負けた場合、自民党を離党する人が出てきます。そのときは維新が組んで、新しい思想の改革政党を作ろう、という具体的な話がありました」

地域から国政へ

後に衆議院議員となり、維新の党の国対委員長、おおさか維新の会の幹事長、日本維新の会の幹事長を経て共同代表となった馬場は、一九六五（昭和四〇）年一月二七日、大阪の堺市で生まれた。大阪府立鳳高校を卒業した後、三年間、「オージー・ロイヤル」（現「ロイヤルホスト」）でコックを勤めた。

八六年から中山太郎（なかやまたろう）（当時は参議院議員。後に衆議院議員。元外相）の秘書となる。九三年に堺市議補選に自民党で出馬して当選し、一二年まで六期在任した。一二年一二月の衆院選に日本維新の会公認で大阪一七区から出馬し、初当選して国政に転じた。

馬場が「政治家以前」の人生を振り返った。

「私は高校卒ですが、高校を出て三年間、大阪で外食レストランのコックをやっていました。三交代できつかった。サービス残業は当たり前の時代で、正月も盆もない。働くということがどれだけしんどいことか、徹底的に植えつけられました。つい二～三年前まで、一年に一回くらい、その仕事をしている夢を見たんです。どんどんオーダーが入り、追いまくられて、どないしようという夢です」

政治の世界を目指した経緯を語る。

「私はもともと政治家志望ではなかった。実業家を目指していたんです。秘書にさせてもらったのは、商売をする場合に社会勉強が必要で、人と人とのつながりを勉強させていただこうと思ったからです。ところが、堺で市議の補欠選挙があり、中山先生から『おまえがやれ』と候補に指名された。でも、当選した瞬間、『この業界に入った以上、絶対にトップになったる』と思いました。首相を目指すには、国会議員にならなければ、資格がない。そこへ近づいたわけで、一応、有資格者の一人となったのが一番うれしかった」

維新に参加することになったきっかけについて、馬場は言う。

「橋下さんが最初に選挙に出た〇八年一月の大阪府知事選の際、堺市議で自民党大阪府連の青年局長だった私は、前年から自民党・公明党推薦の橋下さんの選挙対策本部に入ってお手伝いをしました。その後、〇九年の堺市長選で、自民、公明が推薦し、民主党と社民党が支援する現職市長と、橋下府知事が応援する大阪府庁出身の新人が争いました。自民党だった私は現職市長を応援し、堺市長選は橋下さんとは敵・味方でした」

橋下や松井とはしばらくは絶縁状態だったという。

「二〇年に大阪府、大阪市、堺市の三議会で大阪維新を立ち上げたとき、松井さんから『飲みにいこうや』と電話がかかりました。何回も断ったのですが、断り切れなくて会いました。松井さんは『大阪の政治を大阪の自民党に任せてたら、つぶされてまう。大阪に新しい保守勢力を作ろう、思うんやけど、堺で旗振り役になってくれ』と言われました。それは堺市議でずっと感じていたことでしたから、私の考えとぴちっと合いました」

維新から国政に、というコースをたどった経緯を述べる。

「二〇一一年の統一地方選で、大阪維新は大阪府議会で過半数を取り、大阪市会と堺市議会で第一党となりました。大阪都構想もそのころに出てきましたが、法律改正が必要になりますので、国政に足を掛けておかなければということで、大阪府、大阪市、堺市の三議会から一人ずつ、とりあえず先遣隊として国会に、という話になりました。堺市議会からは私が衆院選に出ることになり、一二年一二月の総選挙に大阪一七区から出馬しました」

衆議院議員に初当選して、「永田町政治」をどう受け止めたのか。馬場は振り返った。

「私は国会議員の秘書上がりで、議員会館に四年勤めていましたので、トレーニング期間もあったし、当時の知り合いもいた。ですが、市議会とは議会の仕組みや改革のスピードが違います。前例、慣例の国会には、改革しなければということが目茶苦茶あると思いました。秘書時代、お仕えした中山太郎先生から、臓器移植法などの議員立法の重要さを勉強させていただいた。地元の堺市議で肝臓を悪くした方が、肝移植しか方法がないという話になり、アメリカに行きました。『生体肝移植は外国に行かなければだめだけど、何とか日本でもできるように』

とその方が中山先生におっしゃった。医師だった中山先生の頭の中にそれが強烈に残っていて、議員立法を懸命にやり出したわけです。私も議員立法をやっていきたい。その後に憲法改正ですね。中山先生はこの問題にも一所懸命でした」

日本維新の会の結成

教育シンポジウムの約半年後の一二年九月、橋下や松井や浅田は、大阪維新の会を母体にして、国政に進出する全国政党の日本維新の会（旧）を結成した。浅田が回想する。

「僕らは一二年初め、新たに維新を中核とする政治の『ドリームチーム』を作って日本再生に取り組みたいと考え、複数の国会議員に持ち掛けました。安倍さんとは、交流が始まった一二年二月以降、憲法など、いろいろな問題で話をしてきました。それで『ドリームチーム』のキャプテンにと考え、ずっとお願いしました。向こうには、これに乗ろうという考えと、自民党内で再チャレンジすべきという考え方の二派があり、後者が主流となってしまった。橋下さんも、安倍さんは連携するパートナーの選択肢の一つという認識を持っていましたが、どうしても安倍さんでなければという感じはありませんでした」

橋下や松井の依頼を受けて「ドリームチームのキャプテンに」という打診役を担ったのが、当時、みんなの党の代表だった渡辺である。第一次安倍内閣で規制改革・行政改革担当相を務め、安倍の信頼が厚かった。

渡辺は安倍本人と、安倍再擁立の中核となる菅に会って、「維新との連携」の可能性を確かめた。渡辺が振り返る。

「橋下さんや松井さんから、『自分たちが作りたいと思っている新政治勢力のヘッドに持ってきたい。話をしてほしい』と頼まれました。歌舞伎でいう『十八番』ができる役者が欲しくて、安倍さんに白羽の矢を立てたのです。私は一二年の五月か六月、安倍さん、菅さんと直接、会って話をしました。当時、自民党で安倍さんが復権すると思っていた人はいなかったけど、二人は異口同音に『自民党の中で復権したい』と私に言いました」

実際に安倍は一二年九月の自民党総裁選で石破茂（いしばしげる）（後に幹事長）ら四候補を破って復権を果たした。渡辺が当時の自民党内の空気を述べる。

「総裁選で、安倍さんは党員投票では二位だったけど、国会議員の投票で引っ繰り返して総裁に返り咲きました。当時、大阪維新の会が大阪の全選挙区に候補を立てるとアドバルーンを上げていたので、これはたまらんなという自民党の人たちは、安倍さんが総裁になったら上手にやってくれるのでは、という思いで、安倍さんに票を入れた可能性がありました。そういう背景がよく分かっていましたから、その後も安倍さんと菅さんは橋下さんや松井さんとコンタクトを取ってきたんだと思いますよ」

安倍と菅は一二年五〜六月の段階で、九月の総裁選を視野に、復権のシナリオを想定し始めていたと思われる。橋下らの「安倍・維新合流計画」に関心を示さなかった。

安倍をトップに担ぐ維新のドリームチーム構想は絵に描いたもちに終わったが、橋渡し役を務めた渡辺が、維新や橋下との関係について語った。

「大阪維新の会が誕生したのはみんなの党がきっかけですよ。一〇年の参院選で、みんなの党が比例代表選挙で約八〇〇万票を獲得しました。それに触発されて、橋下さんから『一一年の統一地方選を一緒に』と申し入れがあり、これは私にとって渡りに船だったので、『大阪維新の会公認・みんなの党推薦』というジャンルを作って一緒にやったという経緯がありました。その後、維新が国政政党になるとき、みんなの党は政党のコンテンツを提供しました。後に維新が党の理念と基本方針として打ち出すことになる『維新八策』は、みんなの党のアジェンダをかなり採用しています」

〇九年八月結党のみんなの党は、一〇年の参院選で一〇議席を獲得し、比例代表では七九四万票を手にした。一二年、国政進出を目指す維新とみんなの党との合併プランが持ち上がったが、実現しなかった。渡辺が続ける。

「一二年八月、橋下さんが『みんなの党を解党して大阪維新に合流したら』と言ってきました。当時、みんなの党は地方議員が三〇〇人くらいいました。参院選でも約八〇〇万票をもらっていたので、『解党は有権者への裏切り行為になるので、できません』とお断りしました。落とし所は、合流ではなく、選挙での相互推薦といった形を考えていました。私がみんなの党の代表を降りた後の一四年九月ころ、橋下さんから『あのときのおわびを』という話がありました。ちょっと図に乗りすぎていたという反省を込めて、ということだったのでは」

都構想実現のための大都市法は成立したが、一方で、橋下をはじめ、維新のメンバーは国会に議席を持っていなかったため、民主党や自民党など、国政政党である他党の力を借りなければ、法律の改正も新法の制定も困難と思い知った。地域政党にとどまらず、国政にも参加して影響力を行使できる全国政党を立ち上げる必要があると認識したに違いない。

そのころ、大阪府議会議長だった浅田が打ち明ける。

「僕らは国会に関しては素人で、国会の運営や政策実現の具体的な政治手法について、ノーハウがありませんでした。一二年の一月ごろから、安倍さんを担いで政治のドリームチームを、と考えましたが、断られた。そこを補う必要があり、東京都知事だった石原さんを頭にして、という作戦に切り替えたわけです」

維新が安倍の代わりに、と白羽の矢を立てたのが石原慎太郎であった。

一二年九月八日、大阪維新は国政進出を正式に決定した。党名は日本維新の会（旧）を名乗ることにした。

二八日、新党設立を総務省に届け出て受理される。代表は橋下、幹事長には松井が就任した。自民党の松浪、民主党の松野頼久（まつのよりひさ）（後に維新の党代表）ら他党の国会議員七人が結党に参加した。翌二九日、東京の元杉並区長の山田宏（やまだひろし）（現参議院議員）を党首とする日本創新党も解党して日本維新の会に合流した。

第一〇章

維新・冬の時代

国政選挙で第三党に

維新の宿願は大阪都構想の実現であった。目標達成のために、維新は国政進出を目指した。国会で自民党、民主党と並ぶ第三極作りを企図した。

国政進出に際して、安倍晋三の次に、東京都知事だった石原慎太郎に狙いをつけた。維新で石原との連携に熱心だったのは橋下徹である。橋下の石原に対する傾倒と信頼の度合いは想像以上だった。浅田均が記憶をたどる。

「維新と石原さんというよりも、もともと大阪府知事だった橋下さんと東京都知事の石原さんとの個人的なつきあいからです。具体的には東京都が公会計制度を導入し、それを大阪府も導入したいので勉強させてほしいと言ったのがきっかけだったと思います」

東京都は石原知事時代の二〇〇六（平成一八）年四月から、従来の単式簿記・現金主義会計の官庁会計に、複式簿記・発生主義会計の考え方を取り入れた新しい公会計制度を導入した。橋下は手本にと思い、教えを請うた。浅田が続ける。

「以後、石原さんとは折りに触れて、都市のあり方に関して話をさせてもらいました。僕らは大阪府・市の二元行政、二重行政の解消によって大阪の発展に道筋をつけるというシナリオを描いていましたが、一九四三年から都制がしかれた東京は、逆の意味で都と特別区の間に問題があります。大阪の都制導入と東京の特別区問題の解消の両方を一緒に考えることができるのでは、といった話をしてきました。ほかにも、石原さんは維新政治塾にすごく関心を持ってくれて、知事時代の二〇一二年六月ごろ、講師で行くよ、と言って、来てくれました」

石原は一二年一〇月三一日に都知事を辞任した。橋下は石原が率いていた太陽の党との合流を決めた。

石原は辞任後の一一月一三日、平沼赳夫（ひらぬまたけお）（元経産相）が代表の政党「たちあがれ日本」と合体して太陽の党を結成する。平沼とともに共同代表に就任した。

だが、四日後の一七日、日本維新の会に合流した。石原が維新の会の代表となる。一一月に結党して代表の座を担っていた橋下は、代表代行に転じ、石原を補佐する形を取った。幹事長は松井一郎が続投した。

たちあがれ日本で参議院幹事長だった片山虎之助は、平沼とともに太陽の党を経て維新に移った。石原の維新合流について回想する。

「太陽の党が維新と合併するとき、私も平沼さんも賛成ではなかった。だけど、石原さんが『小さい党では意味がない。大きな勢力にならないとだめだ』と言いました。確かにそうだと思いました。橋下さんも消極的だったし、こっちも抵抗がありましたが、一緒になったわけです」

橋下も消極的だった、と片山は明かしたが、実際は橋下ら維新側には、太陽の党との丸ごと合体に難色を示す声が強かった。石原の入党・参加は歓迎だが、旧たちあがれ日本の出身者の合流には抵抗感がある、と受け止めた人も少なくなかった。

石原代表、橋下代表代行の日本維新の会は結党の二カ月半後、初の国政選挙を迎える。石原の維新合流の前日の一一月一六日、民主党政権の野田佳彦首相が衆議院を解散し、一二月一六日に総選挙が実施された。

新体制で選挙に臨んだ日本維新の会は、初の国政選挙でいきなり大躍進を遂げた。解散時の議席数は民主党二三〇、自民党一一八、維新一一だった。選挙での獲得議席は、自民党二九四、民主党五七に対して、維新は五四を手にする。解散時と比べて、約五倍増である。

安倍が率いる自民党は政権奪還に成功した。民主党は野党転落となったが、維新は民主党との差がわずか三議席で、第三党に躍り出た。

大阪府の一九の小選挙区では、一四の選挙区で候補を擁立し、一二勝二敗だった（当選しなかった二人は重複立候補した比例代表選挙で当選）。国政政党の日本維新の会の出発点である大阪維新の会からは、一区の井上英孝（元大阪市議）、一二区の西野弘一（元大阪府議）、一五区の浦野靖人（元大阪府議）、一七区の馬場伸幸（元堺市議）の四人が小選挙区で当選し、国会進出を果たした。

第九章で紹介したように、馬場によれば、最初の狙いは「大阪都構想実現のために国政に足を掛けておかなければと考え、大阪府、大阪市、堺市の三議会から最低一人ずつ、とりあえず先遣隊として国会に」ということだった。

総獲得議席数と並んで注目を集めたのは、全国の比例代表選挙での総得票数であった。約九六三万票の民主党を二六三万票も上回り、自民党の約一六六二万票に次いで第二位の約一二二六万票を集票したのだ。

比例代表の東京ブロックで石原、近畿ブロックでは元宮崎県知事の東国原英夫（ひがしこくばるひでお）が議席を手にした。

第二次安倍内閣で野党は沈滞

政権交代で、自民党と公明党の連立による第二次安倍内閣が発足した。一カ月後の一三年一月一九日、維新は石原と橋下の共同代表制に移行した。

合流から四カ月後の三月三〇日、日本維新の会は大阪で結党大会を開いた。新綱領を発表する。「基本となる考え方」として、「占領憲法の大幅改正・真の自立」「自立する個人・自立する地域・自立する国家」「自治・分権による国家運営」などを打ち出した。

「占領憲法打破」は、石原が「譲れない一線」と一貫して唱えてきた路線であった。維新も憲法改正には前向きだったが、理念や方向性では距離があった。合流のために石原側の顔を立てたのは間違いない。合流の直後、浅田が弁明した。

「太陽の党との政策協議で、『維新は変わったのでは』と言われた一番の点が、自主憲法制定と原発政策でした。僕らは『脱原発依存』を言ってきましたが、打ち出し方を弱めました。一方で、『自立する個人・地域・国家』を理念として掲げていますから、自主憲法制定は『自立する国家』から導かれるという考え方です。憲法改正も、九条二項を前面に出すのではなく、まず改憲の発議要件のハードルを下げる九六条の改正です。僕たちは参議院の廃止、首相公選制、条例の上書き権などを唱えていますが、それには改憲が必要で、その意味で九六条を変える必要があると主張してきました」

橋下は共同代表に就任し、「維新の顔」のポジションに戻ったが、総選挙大勝による第二次安倍政権の誕生以後、「一強八弱」の与野党の状況の下で、野党側は沈滞ムードに覆われた。安倍内閣では、提唱する安倍流経済政策の「アベノミクス」が牽引車の役割を果たし、株高と円安が進んだ。その影響もあって、低空飛行の野党とは対照的に、安倍内閣と自民党は高支持率を維持した。

自民党の政権奪還以後、中央政治での次の焦点は、一三年七月の参院選で与党が過半数を獲得するかどうかであった。政権交代には成功したものの、一〇年の参院選の後、参議院では、与党の自民党と公明党の合計議席は過半数に一九議席、不足している。

一二年の衆院選で飛躍を遂げた維新は、一三年の参院選を視野に、勢力拡大を狙って各地の地方選に積極的に参戦した。だが、結果は芳しくなかった。一三年四月の兵庫県の伊丹市と宝塚市の市長選で、公認候補が共に大敗する。六月の東京都議選も、代表の石原のおひざ元なのに、一減の二議席止まりと完敗した。

政党支持率も失速した。時事通信社の一三年一月調査では、民主党の五・三パーセントと並ぶ四・六パーセントを記録したが、五月調査は一・九パーセントだった。

七月二一日、参院選が行われた。自民党は一〇年の参院選と比べて一四増の六五議席を獲得する。非改選組と合わせて一一五に伸長した。単独では過半数の一二二に届かなかったが、一一議席を獲得して非改選組との合計が二〇となった公明党と合わせて、一三五に達する。与党二党で過半数を一三議席、上回った。

維新はこの選挙も振るわなかった。当選者は八人だったが、比例代表の得票数は約六三六万票で、七カ月前の衆院選の半分強に落ち込んだ。

選挙後、橋下と松井が辞意を表明した。石原らが続投を主張し、二人は撤回したが、橋下は以後、「国政は国会議員団に全面的にゆだねる」と国政関与終了を宣言した。国政政党の維新はじり貧に陥った感があった。

橋下は国政不関与を表明したが、維新は以後も国会での第三極作りを模索し続けた。

維新とは政策的に近い位置にあった渡辺喜美代表のみんなの党が、参院選の後、内部対立で分裂に向かい始めた。原因は渡辺と幹事長の江田憲司（えだけんじ）（後に立憲民主党代表代行）の確執であった。

八月七日の両院議員総会で、渡辺が江田解任を提案し、幹事長更迭となる。江田は一二月九日に離党し、一八日に離党組の衆参の一五議員で結いの党を結成して代表に就いた。

結いの党は政界再編を志向した。維新は一四年一月から結いの党と政策協議を始めた。ところが、維新の内部で、結いの党との合体に前向きの橋下ら大阪組と、結いの党を「護憲政党」と批判する石原グループとの路線対立が顕在化した。けんか別れを回避したい橋下は、懸命に「円満離婚」の道を探る。六月二二日、分党決定で決着を図った。

七月三一日、日本維新の会（旧）は解党した。「元大阪府知事・元東京都知事」の橋下と石原の連携は一年八カ月で終結した。

八月三日、日本維新の会の残留組と結いの党は新党設立準備会を設立する。九月二一日、新党の「維新の党」が発足した。橋下と江田が共同代表に就任した。

石原グループと分かれた後の維新は、野党側に立って、野党勢力の大同団結を推し進める方針と映った。維新の政調会長として、みんなの党や結いの党との政策協議の中核だった浅田に、維新の党結成後もみんなの党との合同を視野に入れて交渉する計画かどうか、質問した。浅田は「一緒にやりたい」と認め、一言、言い添えた。

「それに、望むらくはプラス民主党の一部も。対民主党で、僕は民主党の何人かの国会議員と定期的に意見交換しています」

浅田は民主党政権で官房副長官を務めた松井孝治（元参議院議員。後に慶大教授）を通じて松本剛明（元外相。現在は自民党所属の衆議院議員）と知り合った。定期的に意見交換する民主党議員として、浅田は松本らの名前を挙げた。エネルギー問題を取り上げ、「民主党の細野豪志さん（元幹事長。元環境相）のグループ、前原誠司さんとは考え方が極めて近い」と明かした。

その上で、民主党議員との接触について、「橋下代表の耳に入れ、了解を得ている」と付け加えた。路線や政策では、与党とも野党とも一線を画する「ゆ党」のイメージの維新だが、一方で民主党も含めた野党大結集を模索していたのである。

浅田が維新の原則と条件を説明した。

「僕らは公務員制度改革を唱えていますから、民主党でも、官公労系の人たちとは一緒にやることはできません。民間労働組合系は、問題ないとは言えませんが、前原さんなどは『官公労と民間労組は別に考えてくださいね』と言っていますから、一考の余地はあると思います」

大阪の地域政党の枠を超えて、国政進出に舵を切った維新は、一二年夏から一四年暮れにかけて、みんなの党との合体工作、太陽の党、結いの党との合流、石原グループの分離と、激しい動きを示した。狙いは中央政治での多数勢力の結集と第三極の構築であった。

維新の果敢な挑戦姿勢を、民意はどう受け止めたのか。

政党支持率は、時事通信社の調査では、維新が結いの党と参議院で統一会派を組んだ翌月の一四年五月が〇・七パーセント、維新の党の結党が決まった九月も〇・九パーセントで、国民の反応は冷たかった。

迷走する維新の会

一一月二一日、安倍首相が就任後、初の衆議院解散に踏み切った。一五年一〇月実施予定の消費税増税について、延期の判断を行った上で、「アベノミクスの是非を問う」と唱え、一四年一二月一四日投票の衆院選を設定した。

維新の党の旗揚げ、石原グループとの分党の後、最初の国政選挙である。初めて国民の審判が下る。

維新の党の公示前の議席数は四二だったが、「大幅減」というメディアの事前情勢調査が目立った。結党と分党をめぐる迷走劇への批判、橋下人気の低下が原因という分析も多かった。

橋下の危機感は尋常ではなかった。

「安倍さんにやられた。完敗です。僕の責任です。もう一度、立て直しのチャンスを」

投票日の前日、大阪市内での街頭演説で繰り返し訴えた。

選挙の結果は、大幅減の予想に反して、維新は一議席減の四一にとどまった。自民党、民主党に次ぐ第三党の座も守った。それでも、総選挙不振の責任を意識する橋下と松井は、選挙後の二三日、代表と幹事長の辞任を表明した。

「大阪都構想の実現に全力を傾注したいので、半年くらい代表を休ませてほしい」

橋下は選挙後、党の執行役員会で申し出る。自分から共同代表の座を降りた。幹事長だった松井も一緒に辞任した。

最大の決戦は、翌一五年前半の実施を前提に準備を進めている大阪都構想の住民投票であった。共同代表だった江田が後任の代表に、幹事長には松野が就任した。橋下、松井ら維新の大阪組は、以後、自ら「一丁目一番地」と位置づける都構想の実現に向けて一直線に突き進んだ。

府知事時代、橋下が大阪都構想を打ち出したのは一〇年一月だった。四月、知事の要請に基づいて府庁に大阪府自治制度研究会が設置された。一一年一月、議論のたたき台となる骨格案を取りまとめて橋下に報告した。

一一月の大阪市長・府知事のダブル選挙で、橋下が市長に、後任知事に松井が当選する。大都市での特別区の設置を可能にする大都市法が国会で可決・成立したのは、一二年八月であった。

一三年四月、都構想実現に向けた作業を大阪府・市が共同で担う府市大都市局が大阪市に設けられた。府と市の職員が五一対四九という割合で構成する組織だった。

大都市法に基づいて設置された法定協議会（大阪府・大阪市特別区設置協議会）は、一三年二月から都構想の中身について本格協議を開始した。ところが、区割り案の絞り込みをめぐって、維新とほかの各党が対立し、議論が紛糾した。

維新は当時、法定協議会の議決に必要な過半数を確保していなかった。公明党の協力を想定したが、一四年一月の法定協議会で、公明党が絞り込みを認めなかった。

橋下は二月、「約束が違う」と主張して市長辞職と出直し市長選実施を決める。三月二三日に行われた市長選では、得票率八七・五パーセントという大勝で再選を果たした。

その後、九月の維新の党結成を経て、一二月の衆院選の後、党共同代表を辞任する。以後、大阪市長として、大阪都構想の住民投票に全力投球したのだ。

大阪都構想を占う住民投票

一五年一月、大阪都構想をめぐって、大阪で重要な情勢変化が生じた。都構想は大阪市をなくして五つの特別区に再編するプランだったが、反対していた公明党が方針を転換した。都構想の是非を問う住民投票の実施に一転して同意した。

一月一三日、大阪府知事、大阪市長、府市の議員で構成する法定協議会が都構想案を決定する。三月議会での可決が確実となり、五月一七日の住民投票実施の見通しが立った。

維新の総帥の橋下は一四年一一月半ば以降、都構想実現のために「迷走」と映るほどの目まぐるしい動きを見せた。衆院選実施が確実となった一一月一五日、松井とともに総選挙出馬を検討していることを明らかにした。だが、衆議院解散の二日後の二三日、不出馬を決めた。

一四年一二月まで法定協議会会長だった浅田が一五年一月、インタビューで内実を証言した。

「一二年の衆院選で公明党候補が出た大阪府と兵庫県の計六つの小選挙区に、維新は候補を立てない代わりに、公明党は都構想の住民投票までつきあう、という約束が成立しました。ですが、公明党は一四年一月、大阪での新年会で、橋下、松井の両氏を前にして『約束した覚えはない』と言った。収まらない二人は『公明党議員を落とす』と言い続けてきました。それで一四年の衆院選で、二人が大阪の三区と一六区から出ることを検討し続けたのです」

最終的に不出馬に転じた理由は何か。

「その後、一四年に都構想の協定書が一度、議会で否決されたのですが、住民による直接請求制度によって署名を集めて都構想の是非を住民投票で問う条例を作るという方法があり、署名を進めようという動きになりました。その場面で、二人が国政に転じれば、署名活動のモチベーションを著しく下げます。二人はものすごく悩み、最後は不出馬になりました」

公明党は衆院選の後、なぜ「住民投票に賛成」と方針を変更したか。浅田が答える。

「一四年の衆院選で、大阪での比例代表の得票は維新が一位でした。そこで大阪の公明党幹部に対して、創価学会から『住民投票までつきあうと約束をしたなら履行すべき』という鶴の一声があり、それで、と聞いています。こちらからは、お願いとかは一切やっていません」

その後、大阪の公明党の幹部と維新側の話し合いが行われた。浅田の回想が続く。

「クリスマスのころに電話があり、公明党の大阪市会議員団の小笹正博団長、大阪府議会議員団の清水義人幹事長の二人と、私たち維新側が会いました。住民投票と統一地方選の投票日が重なるのを避けてほしいというのが向こう側の唯一の条件で、『都構想案の中身には反対』と言いました。議会での可決から六〇日以内という住民投票を一五年五月一七日に設定して、そこから逆算して議会の議決日などのスケジュールを話し合いました」

浅田は「住民投票実施が決まった一月一三日の夜は、橋下さんとワインをがぶ飲みしました。彼もうれしかったのですよ」と明かした。

自らの進退を懸け、投票に臨む

公明党の本部が地元の反対を押し切って、突然、大阪都構想の住民投票の実施賛成に転じた背景を探ると、当時の安倍首相と菅義偉官房長官による「首相官邸の介入」の影が見え隠れした。安倍・菅ラインが公明党と維新の間に立って仲介に乗り出した、と見た人もいた。

首相官邸の大阪都構想への側面支援は、当時、憲法改正を視野に入れていた安倍による維新・大阪組の取り込みの高等戦略という分析も多かった。それに呼応するかのように、改憲を明言する橋下は「安倍支持」発言を繰り返した。一五年一月一五日の記者会見で改憲について、「何かできることがあれば何でもする」と積極姿勢を示した。

一五年一月、住民投票の日が四カ月後と決まった。大阪府の職員として大阪府自治制度研究会に関わった後、大阪市の府市大都市局の初代局長を務め、一回目の住民投票まで橋下と行動を共にした現副知事の山口信彦が舞台裏を振り返った。

「地方自治体とその現場が、住民を巻き込んで、自分たちの将来の形を決めようとしたという挑戦は、多分、日本の歴史の中では過去になかったことだと思います。あのとき、大阪の人たちの関心の高さはすごかった。飲み屋に行っても家族の中でも大激論。投票の前に住民説明会を計三九回やりましたが、どの会場もすごい熱気で、ＮＨＫホールのときなど、満杯どころか、人が外にあふれていました」

橋下は二週間弱、朝昼晩の計三回、二、三時間ずつ、説明会で熱弁を振るったという。山口が続ける。

「終わった後、毎日、反省会をやりました。行政の長が行う説明会です。制度の説明に徹してもらって、賛成を訴えるとか誘導となるような形はだめという約束でしたから、その点を申し上げたこともありました。橋下さんは心得ていて、『私の説明に疑問があるとか、考えが違うと思う人は、反対してもらったらいい』と断りを入れて話していました。やっぱり『人たらし』ですよ。つきあいがものすごく丁寧で、われわれの話にも真剣に耳を傾けてくれます。ただし、橋下さんは『決断は僕がやる』と」

都構想の一回目の住民投票を四カ月後に控えた一五年一月、投票で過半数の賛成を得る見通しはどうか、浅田の感触を聞いた。

「反対は自民党、民主党、共産党。ですが、都構想の支持は五〇パーセントを超えています。きわどい結果になると思います。公明党は住民投票実施に賛成しましたけど、都構想の中身に反対という不可解な行動をしています。自民党は安倍首相が『賛成』と言ってくれていますが、全体としてどうなるか」

どちらに転ぶか分からないという情勢の下で、維新は一発勝負に挑むことになった。

「都構想不成立なら政界引退」

住民投票実施が決まった後、橋下は公言した。自ら退路を断ち、背水の陣で臨んだ。

投票は計画どおり五月一七日に実施された。結果は、「反対」が七〇万五五八五票、「賛成」は六九万四八四四票となる。約一万票差で否決された。

「負けは負け。市長の任期が満了した後は政治家はやらない。僕みたいな政治家が長くやる世の中は危険」

投票結果が判明した一七日の夜、橋下は記者会見で、予告どおり引退を宣言した。

否決を受けて、一八日、維新の党代表だった江田が、「橋下さんを引退に追い込んだ責任を痛感している」と述べ、辞任を表明した。

都構想には自民、民主、公明、共産の各党が反対した。維新の頼みの綱は民意という状況だったが、各党連合の壁は厚く、「民意に強い維新」も突破できなかった。

功罪も賛否も分かれたが、橋下維新による大阪での七年余の実験は、日本の民主政治にとって三つの点で有意義な挑戦であった。

第一は、大阪の都市改革を出発点にして、国と地方、政府と行政機構の関係、公務員制度、国会の二院制など、日本全体の統治機構の改革を目指した点である。日本型の議院内閣制の不備や弱点の克服、代議制民主主義の強化が視野にあった。

第二は、日本初の本格的な地域主導政党を創出し、国政進出も果たして、地域政党と国政政党の両立という課題に取り組んだのも大きい。それだけでなく、党の組織のあり方と意思決定システムも、既存政党とは異なる分権型を志向した。

組織政党の公明党や共産党はもちろん、自民党や当時の民主党も、内部は党本部と国会議員を頂点とするピラミッド型の構造の党である。一方、維新は国会議員、地方議員、党員が横並びのフラット型の構造を重視する。

第三に、都構想で一四〇万票以上の大型の住民投票を実現したのも特筆すべき出来事だった。政策決定で民意の判定を採用するという直接民主主義の効用を示すモデルとなった。

「僕は課題が出てきたときのワンポイントリリーフ」

橋下は引退表明の記者会見で説明した。

都構想は挫折したものの、維新改革は道半ばで、目標達成には不断の取り組みが必要と見られた。なのに、牽引力だった橋下は、都構想の不成功を理由に、統治機構改革、フラット型の地域主導政党、民意重視政治など、実現まで長期を要する民主主義の改革という目標は未達成のまま、政治からの退場を表明した。

本人の生き方とは別に、橋下の主張や姿勢に共鳴して維新に参画し、橋下体制を支えてきた多くの議員や党員、支持者たちは、橋下を「ワンポイントリリーフ」の問題解決請負人と見ていたわけではなかった。橋下退場で維新の漂流が始まるのでは、と懸念する声は少なくなかった。

一一年一二月に大阪市長となった橋下の任期は一五年一二月一八日までだった。途中、出直し市長選で再選を遂げたが、再選後の在任期間も含めて計四年の任期が満了した。

任期満了で、橋下は予告どおり市長の座を降りた。その直前、一二月一二日に維新の代表も辞任した。四六歳という若さにもかかわらず、ほかの首長や議員も含め、政治の公職には見向きもせず、政界引退を実行して、元の「弁護士・評論家・タレント」に戻った。

維新の党分裂

橋下が政界から退場した場面を振り返って、大阪府知事だった松井が回顧した。

「あのとき、僕も一緒に辞めるつもりでした。橋下さんもそれは了承してくれましたが、自民党との対立の激化などで、結果として一一月の二期目の知事選に再出馬して再選となりました」

知事を降りて政界を引退する決意だったが、翻意して知事選に再挑戦した。一一月二二日に行われた府知事と大阪市長のダブル選挙で、松井は得票率が六四・一パーセント、二〇二万票余の大量票を獲得し、自民党推薦・民主党と共産党の支援の栗原貴子（くりはらたかこ）（元大阪府議）らに大差をつけて再選された。

一方、引退する橋下の後継候補に指名され、大阪市長選に出馬したのは、比例代表近畿ブロック選出の衆議院議員だった吉村洋文であった。ダブル選挙となった市長選に、おおさか維新の会公認で出馬し、約五九万六〇〇〇票を獲得した。自民党推薦で民主党と共産党が支援した柳本顕（やなぎもとあきら）（元大阪市議）を約一九万票、引き離して当選する。「維新市長」の座を守った。

吉村が政治の世界に入ったのは二〇一一年四月であった。統一地方選で大阪市議選に挑戦し、初当選を遂げた。

市議一期目の途中で一四年の衆院選に維新の党公認で大阪四区から出馬した。小選挙区で敗れたものの、重複立候補した比例代表選挙で議席を手にした。

衆議院議員の一期目、在任九カ月余で、市長選出馬のため、辞職する。四〇歳で市長に就任した。吉村がインタビューで当時を回想した。

「初めて組織のトップになりました。市の職員とも対応していかなければいけない。大改革で実績を残し、高い支持を背負っていた橋下市長の後を引き継ぎました。しかも方向性は同じです。『バトンタッチ』と言われ、『おまえ、誰やねん』というところからのスタートでした。『橋下さんみたいにはでけへんやろ』『おまえに何ができる』という空気もあり、バトンを受ける側のプレッシャーをすごく感じました。最初の二～三カ月、予算を作るときが一番きつかった。二七〇万大阪市民の生活について何から何まで、最後は自分が責任を負う立場になります。その責任感がしんどかった」

大阪府と大阪市は「橋下抜き」の「松井・吉村の新コンビ」で再スタートを切った。だが、すでに四カ月前の一五年八月から、維新の党の内部で分裂の火種がくすぶり、一触即発の危機が同時進行中だった。

橋下が退場する三カ月前の一五年九月、五月の住民投票否決の後、政党としての浮沈が注目を集めていた維新の党で、党内対立が表面化した。橋下、松井ら大阪組と、旧結いの党の江田ら非大阪系グループとの摩擦が原因で、内紛が火を噴いた。

維新の党の国対委員長だった大阪組の馬場伸幸が回想した。

「一五年八月、柿沢未途（かきざわみと）幹事長が党全体の意向を無視した形で九月一三日の山形市長選の応援に出掛けました。ですが、この問題は引き金で、内部での路線や考え方の違いが対立の主因でした。問題になっていた労働者派遣法の改正で、執行部は、とにかく『反対』と言う。安全保障関連法案では、なぜか対案がなかなか出てこなかった。路線が違うかなと思い始めました。是是非非路線を貫くわれわれのスタンスが理解されていないと分かってきたのです」

東京都議から衆議院議員となった柿沢は民主党、みんなの党、結いの党を経て、維新の党に参加した。山形市長選で民主党や共産党が推薦する候補の応援に出掛けた。橋下や松井が猛反発して辞任を要求する。最後は幹事長解任となった。

大阪組と非大阪系グループの不協和音の原因はどこにあったのか。大阪での住民投票の際、都構想最重視の大阪組と、野党結集路線で民主党との連携や合流を目指す非大阪系は、将来の政界再編構想で大きく食い違った。

両陣営とも修復困難と判断し、「協議離婚」を目指して話し合いによる円満分党を模索した。一一月の松井と吉村の大阪府知事・大阪市長ダブル選挙の期間をまたいで、非大阪系と大阪組の幹部四人の協議が続いた。大阪組の馬場が続ける。

「途中、九五パーセント程度まで、交渉がまとまったことがありましたが、うまく行きませんでした。双方の意見が違っていて、円満な分党とはならず、泥沼化した。最後は臨時党大会を大阪で開いて、党解散と決めました。政党交付金も、解散後の両党への分配ではなく、必要経費を除いた分を国庫に返すことに。政党としては最悪の分裂の形になりました」

一一月二日、大阪組はおおさか維新の会を立ち上げた。紛争は長期化したが、二五日にやっと分党問題が決着した。

大阪組が新党のおおさか維新に移った後、非大阪系だけとなった維新の党は、最終的に一六年三月に民主党と合体した。民主党が維新の党を吸収する形で合流新党の民進党が結成された。

政権を鍛える野党を目指して

橋下代表時代、維新は国会での多数勢力結集を志向した。おおさか維新はその路線に終止符を打ち、与党でも野党でもない「ゆ党」路線と、大阪の都市改革という原点回帰に舵を切った。

新党の党名に「おおさか」を冠した経緯を、片山が明かした。

「一五年の八月末に、橋下さんに呼ばれまして、『新しい党を造りたい。大阪を上につけた党名を』と言われました。『国政政党でもあるのだから、地名でなく、維新改革の理念、シンボルを表すということで、平仮名にしたほうがいいのでは』と私は言いました。それで『おおさか』に」

新党で党首の座を担ったのは松井である。大阪府議時代から橋下と二人三脚で党幹事長を務め、橋下が府知事から大阪市長に転じた一一年一一月、後任知事となる。二期目の入り口の一五年一二月に党代表に就任した。

一七年二月、松井をインタビューした。国政政党として、時の安倍内閣と向き合う姿勢について質問した。

「自民党では、規制改革と成長戦略はやりにくい。族議員の皆さんは、各種団体がバックボーンで支援者ですから、規制を守ります。今の自民党の限界です。ですが、維新の会はまだ力を蓄えていません。安倍内閣にピリッとした改革をやらせるため、『是是非非』の野党が存在する意義があると思っています。規制改革は、やろうと思うと、外圧が必要です。維新が外圧の役割を果たすことができれば、と思います。『政権を鍛える野党』と言ってきましたが、そういう意味です」

他方、野党第一党の民進党について、松井は「この党が日本の舵取りをやると、とんでもないことになる」と一刀両断にした。民進党を含む野党結集路線は選択肢になかった。

是是非非の「ゆ党」と「大阪回帰」を掲げたおおさか維新が、国政政党としてどんな政治を目指すのか、疑問に思った国民は多かった。一六年七月の参院選に大阪選挙区から出馬して国政進出を果たすことになる浅田が主張した。

「僕らは日本に必要な改革を国に先駆けて大阪でやったと自負しています。改革の必要性は全国的に認知されていくと思います。改革を国全体に広げていけたらと思っています」

大阪だけでなく、全国の大都市は、自治と分権のあり方、国との関係、地域の活性化などの点で、大都市特有の問題点を共有している。維新は「大阪の改革モデルを全国の大都市に」と説く。

だが、維新の「大阪改革」について、立憲民主党の馬淵澄夫（まぶちすみお）（現選対委員長。元国交相）は民進党特命副幹事長だった時代、冷めた目でこんな感想を口にした。

「彼らがやった大阪の改革は、借金があるからそれをなくすという『会社整理』です。『会社再建』ではありません。弁護士の橋下さんはそういう発想になったのかも」

維新は国政政党としてどんな政治を目指すのか。浅田が主張する。

「自公両党は本質的に『大きな政府』志向のグループです。連立を組んだら、『小さな政府』

志向の僕らの存在理由がなくなります」

長期的展望として、浅田は、「大きな政府」志向勢力とは別に、自民党や野党にも混在する「小さな政府」志向の勢力を糾合して、「自民・公明」の与党連合と競い合う第二極を作り上げる道を示唆した。

希望の党との連携

維新から「是是非非」「第二極」という主張が聞こえてきたが、その裏で、維新は、当時の安倍首相、菅義偉官房長官と、橋下や松井が、一二年春以来、「地下道を自由に行き来する関係」を築いてきた。「ゆ党」ではなく、「隠れ与党」の役割を担っていると見た人は多かった。

一六年一二月二四日、橋下、松井、安倍、菅の四人が東京で懇談した。その会合も含め、地下道ではなく、確認された橋下・安倍会談は、一三年七月から一六年一二月まで七回に及んだ。安倍は一二年の自民党総裁復帰の際に助力を得た維新に恩義と借りがあった。

政権復帰後の一五年五月、維新が大阪改革の「一丁目一番地」と重視する大阪都構想の住民投票の際、地元の大阪の自民党は公明党、当時の民主党、共産党とともに反対に回ったが、安倍は維新に理解を示し、側面支援を惜しまなかった。

一方、維新は国会でも安倍体制に協力的で、一六年の臨時国会では、党是の「身を切る改革」路線に沿って反対した公務員給与引き上げの関連法と消費税増税延期関連法を除いて、全法案に賛成した。菅が官房長官時代、維新との関係について語った。
「パートナーというよりも、改革の方向が一緒でした。私たちの政権は、野党でも政策に賛成してくれるところとはきちんとつきあい、だめなところとは仕方ないというのが基本姿勢です。そういう野党がほしい」

維新側も、政策は是是非非が基本だから、政策ごとの連携は視野にあった。

一六年七月の参院選は、維新の分党で新発足したおおさか維新にとって、最初の大型選挙だった。同時に、一〇年四月の大阪維新の会の結党以来、「党の顔」で最高指導者であった橋下の政界引退による初の「橋下抜き国政選挙」となった。

だが、何とか議席増を果たした。おおさか維新は選挙区に一八人、比例代表に二八人の候補者を擁立し、選挙区で三議席、比例代表で四議席を獲得した。選挙後の総議席数は一二で、一三年参院選の直後の議席数と比較して三増となった。一五年五月の「都構想敗北ショック」と「橋下引退」による低迷を脱したかに見えた。

翌一七年の九月二五日、安倍首相が衆議院の解散を表明した。東京都知事の小池百合子（元防衛相）は八カ月前の一月二三日、国政進出を視野に入れて地域政党の都民ファーストの会を旗揚げしたが、安倍の解散表明の九月二五日、今度は国政政党の希望の党の結成を発表し、自ら党代表に就任した。

一方で、竹中平蔵が設営したＡＮＡインターコンチネンタルホテル東京内の日本料理店「雲海」での二〇日の会合に橋下、松井、小池が同席したというニュースが流れた。維新と希望の党は一〇月二二日投票の衆院選で連携した。幹事長だった馬場が選挙後、振り返って背景を解説した。

「小池さんは当初、政治手法や議会への対応は維新をモデルにしていたと思います。ブレーンもわれわれのブレーンと重なっていましたから、われわれのよかった点、悪かった点を小池さんに進言していたと思いますが、小池さんはいい点を発揮できなかった。総選挙では、松井代表の言葉を借りれば、『最大限の配慮をする』ということでした。候補者調整はやっていません。結果的に大阪と東京とのすみ分けという感じで、希望の党は大阪に候補者を立てない、維新は東京には立てない。東京で三人の立候補予定者が確定していましたが、私が直接、頭を下げて『比例のみで』ということにしました」

一七年の衆院選では、野党第一党の民進党も、代表だった前原の判断で希望の党と連携した。民進党の多数の立候補予定者が希望の党から出馬するという異例の選挙となる。民進党は党内の反対派が立憲民主党を結党し、事実上、分裂した。

衆院選の結果は、選挙前の一五議席から五五議席に飛躍した立憲民主党が野党第一党となる。希望の党は七減の五〇議席にとどまった。共闘を組んだ維新も手痛い敗北を喫した。選挙前と比べて三減の一一議席しか獲得できなかった。

金城湯池の大阪府では、全一九の小選挙区で一五人を擁立したのに、当選はわずか三議席にとどまった（ほかに比例代表での重複立候補による当選が五人）。比例代表の各ブロックを合わせた全国の総得票数も約三三九万票と低調だった。

一六年参院選の比例代表の得票数よりも約一七六万票も少なかった。維新の党で戦った一四年衆院選の総得票数の約八三八万票と比べると、六割減という落ち込みであった。

選挙後、馬場が分析を口にした。

「これは実力どおりです。確かに維新への期待感が薄れたのは事実です。橋下旋風が吹いていた『ベンチャー政党』の時期が終わり、『既成政党』に移行している時期だと思います。党の認知度は広がりましたが、国民の支持につながっていない。既成政党として、地に足を着けた活動を全国でやっていかないと、もう風頼み、人気頼みでは票をもらえない段階になっています」

維新が希望の党と連携した理由について、馬場が付け加える。

「今の国政は昔の一九五五年体制に逆戻りしています。与党が野党第一党に気を遣い、野党はひたすら嫌がらせ大作戦をする。われわれは健全な二大政党政治を目指しているので、全然、容認できません。そういう政治勢力を分断し、壊してしまう。松井代表はしがらみのない政治、新しい政治を目指す勢力の結集を選択したと思います。連携は即断即決でないとできません。希望の党との連携で、党内の協議はなかったですね。みんな有利になると見込んでいたのでしょう。異論は一切出ませんでした」

一五年五月の大阪都構想の住民投票の否決以後、「冬の時代」で苦闘する維新は、「沈没の危機」と背中合わせで迷走を続けた。

第一一章

松井・吉村体制

G20サミット誘致

二〇一五（平成二七）年五月の大阪都構想の住民投票否決以後、「冬の時代」の逆風にさらされた日本維新の会（新）は、暗くて長いトンネルの中で、出口を求めて漂流を続けた。沈没の危機と背中合わせの維新は、再浮上を目指して、巻き返しに懸命となった。

一五年一一月、橋下徹の政界引退に伴う大阪市長と大阪府知事のダブル選挙で、吉村洋文が市長当選、松井一郎が知事再選を果たしたとき、松井は吉村と並んで記者会見に臨んだ。

「大阪の改革にとって都構想は必要。府民、市民に納得してもらえるプランを再設計」

半年前に否決・廃案となった大阪都構想について、再挑戦の姿勢を明確にした。「改革路線と成長戦略で大阪の変革と蘇生を」という目標を掲げ、走り続ける。それが維新再浮上の眼目と狙い定めているのは疑いなかった。

大阪都構想を核とする大都市改革と並んで、維新がエネルギーを注いだのは成長戦略であった。大阪の成長のためには、大阪府と大阪市の二重・二元行政の打破、身を切る改革と行政の無駄の排除、公営事業の民営化、民間経済部門の活性化などが必須条件と位置づけ、注力してきたが、それだけでは爆発的なパワーが生まれなかった。維新結党以来の「三本柱」と呼ばれてきた橋下、松井、浅田均の三人は、何か起爆剤はないか、と「次の一手」を探り続けた。

一七年七月八日、ドイツのハンブルクで開催中のG20サミット（主要二〇カ国・地域首脳会議）で、一九年開催のG20議長国が日本と決まった。G20サミットの史上初の日本開催が確定した。

大阪市のホームページの「【検討終了】２０１９年G20大阪サミットの開催支援」によれば、こんな経緯だった。

「２０１７年9月25日に外務省からサミットおよび関係閣僚会議の誘致希望について、大阪府および大阪市へ照会がありました。サミットの誘致は大阪の都市格や知名度の向上を図るうえで絶好の機会となると大阪府および大阪市において判断したことから、同年11月13日に大阪府および大阪市共同で応募書類を提出しました」

日本でのG20サミット開催には、大阪のほかに、愛知県、福岡市も名乗りを上げた。大阪は、並行して誘致を目指している二五年万博の開催地にも手を挙げ、政府とともに誘致の成功を目指している。大阪府と大阪市は万博誘致にも弾みがつくと計算した。

大阪変革路線として、もう一つ、維新が成長戦略の要と見立てたのが観光政策であった。新型コロナウイルスの大流行が襲う前、浅田が強調した。

「維新の改革が大阪で根強い支持を得ているのは、大阪府と大阪市が協力すると、これだけのことができるという実績を示しているからです。府と市が協力して造った観光局もその一つです。海外に対して大阪のプロモーションのような活動を行った結果、大阪を訪れる外国人は、一一年に一五八万人だったのに、一七年には一一一一万人くらいまで拡大しました。インバウンドが経済の回復に大きく貢献し、観光が産業として成立していたのです」

大阪観光局は「松井府知事・橋下市長」体制の幕開けから一年三カ月が過ぎた一三年四月、内閣府認定の組織として発足した。

一一年一一月、大阪府と大阪市の行政を担った維新は、真っ先に府市一体化による広域行政の一元化、二重行政解消などに取り組んだ。すぐに大阪府市統合本部を発足させた。一五年五月の大阪都構想の住民投票否決に伴って府市統合本部が廃止になった後、一二月に副首都推進本部を設置する。機関の統合と機能強化のプランに着手した。

インバウンドへの期待

先陣を切って誕生したのが大阪観光局であった。府と市の各部署にばらばらに存在していた関係の部局を統合し、観光政策の司令塔となる組織を開設した。

以後、府市の信用保証協会の合併で、大阪信用保証協会が発足する（一四年五月）。公設の試験研究機関の大阪府立産業技術総合研究所と大阪市立工業研究所の合体に伴う大阪産業技術研究所の新設（一七年四月）、府市の中小企業支援組織の統合による大阪産業局の設立（一九年四月）などが次々と実現した。

大阪観光局は「官民一体で大阪にヒト、モノ、カネを呼び込む」と唱える観光戦略の中核組織として生まれた。初代局長に香港政府観光局日本・韓国地区局長を経験した加納國雄（かのうくにお）を招いた。だが、トラブルが発生し、大阪市会で問題となって、一五年三月に辞任した。

後任局長に、自治省（現総務省）出身で、プロサッカーチームの大分トリニータを運営する大分フットボールクラブの代表取締役や政府の観光庁長官を務めた溝畑宏（みぞはたひろし）（現大阪観光局理事長兼務）が就任した。

溝畑が大阪との関わりを回顧した。

「観光庁長官時代の一〇年、大阪に視察に行ったとき、観光を成長産業にという熱い思いを持っていた当時の橋下知事にお会いしたのが始まりです。まだ霞が関もどの自治体も積極的ではなかったIRに唯一、強い関心を示し、名乗りを上げてきました。全国の知事の中でイノベーションについて一番、改革精神とスピード感があったのが橋下知事でした。そこから、日本を変えようということでシンパシーと一体感を持ちました」

一二年、橋下の後任知事の松井から声がかかる。溝畑は大阪府特別顧問を引き受けた。一四年の秋、松井から「大阪を元気にしたい。手を貸してほしい」と二度目の誘いを受ける。京都生まれながら、大阪とは無縁だった溝畑は、大阪観光局長就任を受諾した。

二〇年春以降、予期しなかったコロナショックで、大阪も含め、観光産業は大打撃を受けたが、インバウンド・ブームが注目を集めていた一九年六月、溝畑は観光分野での維新改革の成果と大阪観光局が果たしてきた役割について語った。

「われわれは大阪府、大阪市、関西経済界の三者と協力関係を築き、毎年、ビジョンのすり合わせを行って体制を作ってきました。その上で、外国人を呼び込むための環境整備を進め、世界的に大阪のイメージも上げる。その取り組みの結果、今や大阪が『世界で最も住みやすい都市』で第三位、イギリスの旅行情報誌では『世界で最も魅力的な大都市ランキング』の第四位になりました。世界の中で大阪の知名度がこんなに上がってきたのは、ずばり広報戦略。メディア対策をこつこつ重ねてきた結果です」

コロナの襲来以前は、訪日外国人観光客の拡大などが牽引役となり、大阪経済の復調と成長が顕著だった。橋下市長と松井知事が誕生して、維新が大阪市と大阪府の行政を担うようになった一一年一二月以降、大阪の経済にどんな変化が生じたのか。大阪府の実態について、経済統計で一二年度と一七年度を比べてみた（出所は内閣府の「県民経済計算」）。

大阪府の総人口は、一二年度が約八八六万一〇〇〇人で、一七年度には約八八二万三〇〇〇人に減少した。なのに、就業者数は一二年度が約四六三万七〇〇〇人、一七年度は約四九二万人で、逆に二八万人以上も増加した。

有効求人倍率も、一二年度の〇・六五倍に対して、一七年度は一・六八倍であった。ちなみに全国の有効求人倍率は、一二年度の平均が〇・八〇倍、一七年度の平均は一・五〇倍である。

大阪府の総生産（GDP・名目）は、一二年度が三七兆一四六四億円、一七年度は四〇兆〇七〇〇億円に達した。同じ時期の日本全体の統計は、一二年度が五〇〇兆五〇〇〇億円、一七年度は五五三兆一〇〇〇億円である。日本全体では約一〇・五パーセントの拡大だったのに対して、大阪府の伸びは約七・九パーセントだった。

経済成長率（実質）を見ると、日本全体では、一二年度が〇・六パーセント、一七年度は一・八パーセントを記録した。他方、大阪府は一二年度がマイナス〇・七パーセント、一七年度がプラスの二・九パーセントである。

経済は、全体として、リーマンショックと東日本大震災の影響による落ち込みを脱して、上向きに転じた時期だったが、名目GDPの統計を除き、大阪の伸びは、全国の経済回復のピッチと比べて数段、大きかったことを示している。

大阪経済の好調は維新政治が要因、という打ち出し方は牽強付会の感もあったが、一七年以降、維新は「大阪の成長を止めるな」と大書したポスターや街頭演説のパネルを用意して、「大阪経済復活と成長実現の維新」を強くアピールする姿勢を示し始めた。

維新の退潮が顕著だった一七年一〇月の衆院選の後、一八年に入って、維新にとって「冬の時代」の寒風は去り、風向きは次第に追い風に変わる。転換のきっかけは日本開催が確定していたG20の大阪誘致成功であった。

「一九年の日本でのG20の開催地は大阪に決定」

一八年二月二一日、安倍晋三内閣の菅義偉官房長官が記者会見で発表した。

福岡市や愛知県でなく、大阪に決めた理由として、一九九五年にアジア太平洋経済協力会議

（ＡＰＥＣ）の首脳会議を開催した実績、空港からのアクセス、来日する外国首脳の宿泊ホテルの充実などを重視したと見られた。一方で、水面下で維新を支援する「安倍・菅」ラインが、福岡市の応援団だった麻生太郎副総理兼財務相の圧力をはねのけて、大阪開催で押し切ったという解説も流れた。

一石四鳥のクロス・ダブル選

一九年のＧ20大阪サミットの開催決定から九カ月後の一八年一一月二四日、第一章で述べたとおり、二五年開催の大阪・関西万博の誘致成功の朗報がパリから届いた。前回の一九七〇年の大阪万博は「輝く大阪」の有力な装置となった。その夢をもう一度、と期待が膨らむニュースであった。

大阪・関西万博の誘致成功は、一五年五月の大阪都構想をめぐる一回目の住民投票の敗北以来、低迷を続けていた維新にとっても、一発逆転のホームランとなった。逆風に見舞われ、「冬の時代」を余儀なくされていた維新は、一八年一一月のビッグニュースで息を吹き返した。

一カ月余が過ぎた一二月二八日の夜、上京した松井と橋下は、官房長官だった菅と都内で会食した。当時の安倍首相を含む四人の年末の会合は、第二次安倍内閣発足後の一三年から始まった。衆院選が行われた翌一四年を除き、一五年以降は毎年、暮れの恒例行事となった。一八年は三人が集まった。安倍の不参加は、大阪都構想をめぐって維新と対立関係にある自民党大阪府連に配慮したためといわれた。

一二月二八日、松井は菅に向かってこんな言葉を口にする。松井が回顧した。

「都構想の二回目の住民投票は実施前でしたが、万博誘致が決まり、自分が掲げてきた公約は、もう到達は無理、と思いました。それで、菅さんに『僕は政治家として都構想以外はほぼやり切ったので、知事の任期が終わる一九年一一月で辞めて、政治家として一回、終了します』と言いました。そしたら、菅さんから『万博の誘致をここまで一緒にやってきたじゃないか。おれ、大阪のことでものすごく協力してきたよね。それは君が政治家として本気で大阪を変えたいという思いを持っていたから。その気持ちでここまで来ているのに、途中で辞めると言うのか』と言われました」

松井は万博誘致が決まった直後の一八年暮れの段階で、早期引退に大きく傾いていたのである。結党以前からの盟友である浅田は後日、松井から菅との会話の場面を聞いた。笑いながら明かす。

「松井さんは『橋下さんは一緒にいたのに何も発言しなかった。あんな大事なときに何も言わん』と怒っていましたけど」

松井は菅の一言で頭から水を浴びせられた気分を味わったに違いない。続けて述べる。

「これは一九年一一月で辞めるわけにはいかない、もう勝負するしかないと思いました」

勝負とは懸案の都構想への再挑戦という選択である。菅の言葉で、松井は腹をくくった。

都構想の住民投票に挑む前に、突破しなければならない大きな壁があった。住民投票実施の必須要件である大阪市会の議決というハードルである。ところが、市内の各区を選挙区とする中選挙区制の大阪市議選では、維新の単独過半数の獲得は至難で、過去に何度、挑戦しても、一度も届いたことはなかった。

勝負を決意した松井は秘策を思いつく。

「その壁を越えるには、どうしても公明党の協力が必要でした。ですが、一度、協力を約束した公明党が、それをほごにした。あきらめかけたのですが、一つ手があった。府知事の僕と当時の吉村洋文大阪市長が入れ替わる。その選挙を一九年四月にやれば、新知事と新市長は新たに四年の任期を手にします。そうすれば任期内に住民投票にたどり着く」

これしかないと松井は覚悟を決める。一九年四月の統一地方選で大阪府議会議員と大阪市会議員、大阪府知事、大阪市長の四選挙勝利という「一石四鳥」を狙う作戦で、大阪府議選、大阪市議選と同日に府知事と大阪市長の選挙も設定するクロス方式のダブル選挙のプランだ。この話は一八年一二月二八日夜の会食の席でも話題に上った模様である。

大阪に戻った松井は吉村に告げる。

「おれが市長で行く。交代せい。クロスで選挙をやろう」

吉村は仰天したようだ。松井が回想する。

「『こんなこと、やった人はいません。本気ですか』と吉村市長は言うので、『今の硬直した事態を打破するには、勝負するしかない』と答えました」

　後に吉村がインタビューでその場面を振り返って語った。

「むちゃくちゃなやり方ですけど、あのとき、入れ代わったのは、都構想を実現させるためでした。府知事は大阪市長と同じような仕事が多い。知事になって、大阪市長だった四年弱の経験がすごく役に立っていると思います。市長の経験がだいぶ生かされているので、府知事になってから、仕事のプレッシャー、ストレスはほとんどないですね」

再び大阪都構想

　一九年四月七日に行われた「大阪ダブル・クロス選挙」は維新の完勝に終わった。

　府知事選と大阪市長選の相手候補は自民党大阪府連と公明党の推薦、国民民主党の支持で出馬した。府知事選は吉村が約二二六万六〇〇〇票を獲得し、約一二五万四〇〇〇票の元大阪府副知事の小西禎一を制した。大阪市長選は、約六六万票の松井が約四七万六〇〇〇票の元大阪市議の柳本顕を倒して当選した。

　大阪府議選と大阪市議選も好成績を収めた。府議選では、維新は全八八議席の五八パーセントに当たる五一を獲得した。八三が定員の市議選の議席は、過半数に二不足の四〇だったが、過去最多を記録し、第一党を確保した。

　上り坂に転じた維新の勢いは止まらなかった。続く四月二一日、衆議院大阪一二区の補欠選挙でも、維新公認候補が、弔い合戦の自民党の世襲候補を破って議席獲得を果たした。

六月九日、政治資金問題で辞任した大阪府堺市長の後任を選ぶ市長選が実施された。大阪維新の会公認の永藤英機（ながふじひでき）（元大阪府議）が、反維新候補を約一万四〇〇〇票差の接戦で破った。維新は大阪府、政令指定都市の大阪市、堺市の三首長の独占を初めて達成した。

七月二一日、参院選が実施された。前回の一六年に続いて、維新は定数四の大阪選挙区に二人の公認候補を擁立した。結果は一位と二位を握り、合計で全有効投票の約四〇パーセントの一三九万票を集票した。

大阪府の二人のほかに、選挙区では東京都、神奈川県、兵庫県で各一議席を獲得する。比例代表選挙の五人と合わせて、一〇人が当選した。一六年の参院選よりも三増で、選挙後の維新の参議院の議席は、非改選組と合わせて一六となった。

国政選挙の比例代表の総得票数を見ると、旧日本維新の会は、国政初進出の一二年の衆院選で約一二二六万票を獲得したが、衆院選では、以後、一四年が八三八万票（維新の党）、一七年が三三九万票（日本維新の会）と下降線をたどった。参院選の比例代表も、一三年が六三六万票（旧日本維新の会）、一六年が五一五万票（おおさか維新の会）と下り坂だった。

一九年七月の参院選は、過去二番目の低投票率にもかかわらず、一七年衆院選よりも一五二万票増の約四九一万票を記録する。退潮傾向に歯止めをかけた。

参院選から一カ月半が過ぎた一九年九月、大阪市の日本維新の会本部で松井をインタビューした。政治家として自身の将来をどう考えているのか、聞いてみた。

「僕はもう都構想をやり切って、政治家としては終了ですよ。僕の役割はそこまで。維新では今、若くて覚悟を持った次の世代の政治家が育ってきています。市長は任期満了まではやります」

松井は二〇年実施予定の二回目の大阪都構想の住民投票を区切りとして「政治家終了」と明言した。

総務省から派遣されて松井の下で約一年九カ月、吉村の下で三カ月、副知事を務めた濵田省司（現高知県知事。元総務省大臣官房総括審議官）が、二人の維新知事の印象を語った。

「大阪府の副知事になる前、テレビに出る松井さんは中央政治の動きに対して、かなりしんらつで辛口な物言いをする感じで、お仕えするのは大変かなと思いましたが、実際は非常に仕えやすい知事でした。役人の仁義とか行動パターンもよく分かっています。政治的な信念は強く、てこでも動かないという面もあるけれど、特定のテーマを除けば、『行政からの積み上げの中でこうしたい』と相談すると、『分かった。それでええよ』と言ってくれるケースが圧倒的でした。政治的な駆け引きや判断、勘などは非常に鋭い。敵に回したら怖いというところがあります」

幹事長型の松井に対して、吉村は政調会長型、と濵田は評した。

「細かい点も含め、政策に非常に詳しいです。自分で納得して、自分で決めたいという気持ちが強かったですね。『よきに計らえ』的な松井さんに対して、吉村さんは自分でこれをやろうというタイプでもあった」

府庁の職員として橋下知事時代に都構想の企画・立案担当、府市大都市局長などを務め、その後、松井、吉村の両知事の下で部長や副知事を歴任した山口信彦は、三人を見比べて人物評を口にした。

「織田信長、豊臣秀吉、徳川家康でいえば、吉村さんが一番、信長的と思います。リーダーシップの型でいうと、おれについてこいというタイプですね。橋下さんは、会うと、誰もが魅了される。そのパワーで、行政組織もそれまでとは全く違ったものに変えました。秀吉というのは、こんな人だったのでは、と思います。松井さんは人情家で安定感があり、家康型。職員を使うのは三人の中で一番うまい。人の話をよく聞くけど、判断は直観的で、きわめて早いですね」

新型コロナの「大阪モデル」

一八年から一九年にかけて、維新は「橋下抜き」で再浮上のきっかけをつかんだ。次に控える最大の挑戦課題は、自ら「党の一丁目一番地」と位置づけてきた大阪都構想の実現であった。

一回目の住民投票否決による廃案の後、二回目へのチャレンジは二年後の一七年にスタートした。五月に大阪市会、六月に大阪府議会が、維新や公明党などの賛成多数で法定協議会設置案を可決する。第二次法定協の設置が発効した。

協定書の内容をめぐる議論が始まったが、維新と公明党の協議が決裂した。「直接、民意の判断を」と考えた松井は、「奇策」と批判を浴びながらも「ダブル・クロス選挙」を仕組んで、選挙大勝を手に、公明党に翻意を促す作戦を選択した。

一九年四月の「ダブル・クロス選挙」で維新の大躍進を目の当たりにした公明党は、次の衆院選が心配だった。大阪の小選挙区で維新と激突する展開を恐れ、都構想賛成に転換した。一二月、法定協は維新と公明党の賛成で都構想の大枠を了承した。

住民投票は「大阪府議会と大阪市会で協定書を可決し、その結果を法定協に通知した後、六〇日以内に実施」というルールがあった。維新は「二〇年秋に二回目の住民投票」というシナリオを想定した。逆算して法定協での協定書の策定と採決のスケジュールを組む。住民投票実施にまっしぐらに突き進む計画であった。

そこへ、二〇年一月下旬、コロナ危機が見舞った。

それ以前は、都構想最重視の姿勢も含め、維新の司令塔はおおむね松井で、松井主導体制の色が濃かった。ところが、新型コロナウイルスの大流行という新事態に直面して、対応姿勢を大転換した。

大阪府と大阪市の両方のトップを維新が握る大阪の行政は、「対コロナの司令塔は大阪府」

と決める。知事の吉村を中核とする態勢を作り上げた。

「大阪の場合、僕と吉村知事で、対コロナの司令塔を大阪府にまとめ、メッセージを出して、住民の皆さんに協力をしていただくことにしました。分かりやすい基準を作る上でもよかったと思っています。感染症対策については『本部長は大阪府が担っていくべきだ』と、僕が吉村知事に申し上げた」

松井は過去に教訓となる事例を経験していたからだ。コロナ危機の一一年前の〇九年、橋下知事時代に新型インフルエンザの感染拡大が問題になった場面であった。

対応をめぐって、橋下知事と当時の平松邦夫大阪市長が対立したという。大阪府議だった松井は、そこで二元行政・二重行政の弊害の実態を目撃した。その体験を教訓に、松井はコロナ対策の一元化と一体化のため、大阪府主導を強く提唱したのである。松井が思い出を語る。

「〇九年に新型インフルエンザの流行が始まりかけたとき、当時の橋下知事は学校での感染拡大を懸念して、府域全体で一斉休校をかけようとしました。ところが、危機意識が乏しかった当時の平松大阪市長は、橋下知事と意見が合わなかった。この問題も二人がもめることになる一つの要素だったと思いますが、手法が違ったわけです。最終的に橋下知事が、後の東京都知事の舛添要一厚労相と連絡を取って、国からの指示として、厚労相から大阪市に一斉休校を促すようにしてもらえないかと水面下で協議しました。その結果、厚労相が大阪市に、休校が必要という通達を出してくれたのです」

流行病対策でも、大阪府と大阪市の二元・二重行政の弊害が露呈したという。

「府知事と大阪市長の意見が合わないと、余分な作業が必要になり、時間もどんどん経過します。当時、僕は大阪府議の一員としてそれを見ていました。対コロナで、二〇年の一月末から二月初め、僕は市役所で、『大阪市としては市域の対策本部はやらんよ。府域全体の対策本部会議を府知事の下に作る。われわれはそこに参加し、決まったことを、下支えというか、現場で実務を担う』と指令を出した。最終決定する司令塔の権限は知事、と組織の中ではっきり決めました」

吉村は明確に最終決定する司令塔の権限を背負った。二〇年一月のコロナ襲来の直後、大阪府知事として三月一九日の往来自粛要請を決定する。四月七日の政府による初の緊急事態宣言への対応、一五日の大阪府独自の支援金給付の発表、二三日には非協力パチンコ店の店名公表の表明など、矢継ぎ早にコロナ対策を打ち出した。

五月一日には、一五日から休業要請を段階的に解除する意向を表明する。五日、「大阪モデル」といわれた自粛解除の独自基準を決定した。

二一日以後の緊急事態宣言解除への対応などが大きく報じられる。コロナ第一波の際の大阪府の取り組みは全国的に注目を集めた。

インタビューで、吉村が決定と決断の内心を明かした。

「『頑張れよ』と応援してくれる方がいたのは本当にありがたいと思いましたが、成果があるかどうか、自分では分からないまま進んでいましたので、不安がありました。初めてのウイルスが日本にも入ってくると受け止め、国やほかの自治体より早く、新型コロナウイルス対策本部を立ち上げました。初めてのウイルス襲来で、恐怖感が社会全体を覆うので、それを和らげる対策が必要だったからです。国はどちらかというと情報は控えめにという話でしたが、逆に基本方針として、入ってくる情報をどんどん公開していこうと思いました」

大阪独自の「大阪モデル」を採用した理由を述べる。

「『大阪モデル』は僕自身が決断しました。二〇年五月一日、連休明けに解除の予定だった緊急事態宣言を、政府が『連休後も延長』と打ち出したとき、社会・経済を元に戻さないと非常にまずいのでは、と思いました。感染が抑えられてきている傾向も把握をしていましたから、今後は出口戦略を作って、社会・経済の命を守らなければ、と延長の議論が出たあたりから自分の思考をシフトチェンジしていった感じです。緊急事態宣言は五月六日までと府民にも一所懸命、訴えて、何とか一カ月で抑えると言ってきた。それが漫然と無条件に延長されると聞いて、感染者が減っているのに、ちょっと待て、と思いました。『大阪モデル』を府民の皆さんと情報を共有するために考えたのが、通天閣や万博記念公園のライトアップの光の色を使い分けるやり方です。危ないときは赤、要注意は黄色、注意しながら社会・経済を動かすときは緑にする。府民の皆さんとのリスクコミュニケーションですよ。状況を隠さず、みんなに認識してもらわなければなりません」

吉村府政

それまで吉村は、維新の中でも橋下や松井の陰にいて、目立たない隠れた存在のイメージが強かったが、一気に人気が沸騰する。一躍、「維新の顔」として全国区の知名度を手にした。

緊急事態や非常事態に直面した政治指導者は、危機への対応能力と危機管理能力が問われる。二〇二〇年六月、インタビューに答えて、吉村が「危機のリーダー」に必要な不可欠の資質と、対コロナの基本姿勢を自ら述べた。

「一言で言うと、勇気でしょうね。判断し、決断して実行する勇気。危機時におけるリーダーシップとして最も重要で、それは選挙で選ばれた政治家がやるべき仕事です。官僚、職員、専門家は知識や政策の立案という意味で優秀だと思います。その意見を聞いて議論していくけど、その人たちは決断というところに行き着かない。危機の場合、時間が遅くなると、手遅れになる可能性がある。前例がなくともやると判断し、決断して実行できるか。最後は勇気だと思います」

「勇気」の中身について、続けて語る。

「コロナは、対応のプランはあっても、何が正解か分からない。だけど、この方向でと、きちんと発信していこうと考えました。怖くなるときもあるけど、自分なりに勇気を持ってやろうと自分に言い聞かせてきました。政治家は、いいときもあれば悪いときもある。持ち上げられれば、次はたたかれます。それが世の常です。浮き沈みはあまり意識していません。危機的状況になると、何が起こるか分からないから、情報はできるだけ隠したくなりますが、隠せば必ず批判されます。『逃げず、隠さず、おびえず』という感じですね」

知事として危機と向き合う際に、求められている姿勢は何か。吉村は言い添えた。

「感染状況について逐一、情報を把握し、的確に分析して、感染症対策と社会経済活動維持の二つのバランスをきちんと取っていく。この舵取りです。緊急事態宣言は社会経済活動を止めるから、強烈なダメージを受ける。どちらかに完全に偏るのは難しい。大阪では、確保している病床だけでなく、実運用数も公開して、毎日、ホームページで数字を出しています。いい情報も悪い情報も公開し、府民とリスクを共有する。過度に社会を抑え込むことはせず、一方で感染を防いで両立を図る。行政の長に求められているのはそこではないかと思っています」

二〇年三月下旬からコロナの感染が深刻となり、四月七日、東京都や大阪府など七都府県に初めて緊急事態宣言が発出された。一六日に全都道府県が対象となる。約一カ月後の五月一四日、政府は全国の三九県の緊急事態宣言を解除した。続いて二一日に大阪府、京都府、兵庫県の近畿三府県、二五日に東京都、北海道など五都道県に対しても終結を宣言した。

感染の第一波は収まったが、七月中旬から第二波が襲った。九月上旬には一度、下火となったが、一一月下旬から第三波が見舞った。東京と並んで全国最多の感染を記録した大阪府では、第二波の後、どんな対応と対策を取ってきたのか。吉村が答えた。

「二〇年の夏、ひょっとして冬にコロナが大流行し、重症化する患者が増えるかもしれないと考え、ＩＣＵ（集中治療室）も人工呼吸器も簡単に確保できないので、東京と大阪に一カ所ずつ国立のＩＣＵセンターを、と提案しました。ですが、国は却下した。それで独自に大阪にコロナ重症センターを造りました。悩んだのが人の問題です。設備だけ造って医療に携わる人材が集まらなかったらどうするのかという批判もあった。でも、やらなかったらゼロです。冬の感染再拡大に備えて、設備だけでも、ということで始めました。もちろん参加してくれる看護師さんの研修なども併せて進めてきました。フルで動かすには一三〇人が必要ですが、五〇人くらい集まった。第三波で非常に厳しい状況になりましたが、最終的に一三〇人が確保できて、一二月一五日にフルで動かせる形でスタートしました」

吉村が一言、強調した。

「未知のウイルスとの戦いでは、問題解決のために、対応が百点満点でなくても許容する社会が重要です。僕がやってきたことも、反省すべき点はたくさんありますが、少なくとも今、問題解決に必要なのは、逃げずに正面から問題をとらえて立ち向かうことだと思っています」

コロナ禍で二度目の住民投票

コロナ襲来から半年余が過ぎた二〇年八月二八日、大阪都構想について、大阪府議会が協定書の採決を行った。維新、公明党、自民党の一部など賛成七一、反対一五で可決となる。

続いて九月三日、大阪市会も採決を行う。同じく維新と公明党が賛成し、五七対二五で可決した。二度目の住民投票は、一〇月一二日告示、一一月一日投開票という方針が固まった。

コロナ感染が不透明な状況の中で、維新側は「今回が最後」と公約して、住民投票再挑戦の道を一直線に進んだ。コロナ禍での大型の住民投票の実施については、「時期が悪すぎる」という懸念と批判の声も小さくなかった。

各メディアによる事前の世論調査では、約一カ月前まで、「賛成」が「反対」を一〇ポイント前後も上回った。一時は「可決確実」という見方が有力だった。

ところが、五年半ぶりの二回目の住民投票も連続否決となった。一五年の一回目は「反対」と「賛成」は一万七四一票という僅差だったが、二回目は「反対」が六九万二九九六票、「賛成」が六七万五八二九票で、票差は一万七一六七票に拡大した。

維新の思惑はなぜ外れたか。自民党の衆議院議員だった時代に党のプロジェクトチームの事務局長として大都市法制定に尽力した維新の府議の松浪健太が、二度目の住民投票の敗北を振り返り、原因について分析した。

「戦略ミスは大きかったと思いますが、アクシデントがありました。二回目はワンフレーズ・ポリティクスにやられました。反対派の金科玉条は『大阪市廃止』という言葉でしたが、松井市長のコントロールが利かない独立した機関の大阪市選挙管理委員会が投票用紙に『大阪市廃止・特別区設置』という文言を入れた。本来は大阪府と大阪市の両方を新しい行政体に変えることの是非を問う住民投票なのに、アンフェアな表現を使ったのです」

その点が投票結果に影響を与えたことも否定できなかったが、大阪都構想に批判的だった大阪市議の松崎孔は、住民投票の実施に至る事情を踏まえて、こんな点を指摘した。

「この結果は、正直言って維新のおごり、高ぶり、慢心だったと思います。なぜ今、住民投票を行ったのかという問題があります。維新は、この時期でなければと、あえてここで実施しました。一つはコロナ襲来後に高まった吉村人気です。それから公明党を押さえ込んだ。維新は『大阪市廃止・特別区設置』を、政策で進めるのではなく、まさに政局で進めてきました。だから、市民の皆さんの心に入っていかなかったのでしょう。それが維新の間違いだったのでは」

松井と吉村は二人三脚で、「今回が最後」と退路を断つ形で二回目の住民投票挑戦の道を突っ走り、手痛い敗北を喫した。約一万七〇〇〇票差による再否決に終わった結果を、吉村はどう受け止めたのか。投票の後、インタビューで振り返った。

「僕や松井代表など、大阪維新の会のメンバーに、都構想の必要性を十分に説明する力が足りなかった。それが何よりも大きな理由だと思います。大阪府と大阪市が最も力を発揮できる仕組みは都構想、と今でも僕は思っていますが、皮肉なことに、橋下市長時代以来、府と市による二重行政の打破を目指して、橋下さんと松井さんが種を植え、その後、僕と松井さんが府・市一体の改革をどんどん推し進めたため、この一〇年で府・市の改革が進み、大阪は成長しました。一回目の一五年の住民投票の否決の後、地下鉄民営化、大阪府立大学と大阪市立大学の統合、二〇二五年大阪・関西万博の誘致成功など、府・市一体の果実が生まれ、大阪市民の皆さんが効果を実感しました。府と市の役所の統治機構改革という外科的手術の大阪都構想をやらなくても、今の状態が続けばいいのでは、と思うようになった。そういう評価を受けた部分もあったのでは、と思います」

吉村は「一方で、『大阪市の廃止』という反対派の訴えがものすごいパワーワードとなり、逆に大阪市がなくなるのが何となく不安という声が大きくなった」と指摘した。併せて「逆説的ですが」と断って、もう一つの隠れた「市民の意思」を強調する。

「都構想が実現して府・市一体となっていたら、今の維新は組織としての存在価値がなくなる、と僕は思っています。実現できなかったから、維新は、府・市の垣根を越えて、府・市がばらばらにならないような仕組み作りや改革を継続していかなければならない。維新の新たな存在意義が生まれたと見ています。われわれからすると、やってきた改革が評価されているという一面と、一方で、目指してきた都構想が遠いところに行ってしまったという矛盾が絡み合った住民投票だったと思いますね」

都構想を「一丁目一番地」と位置づけてきた維新は、再否決によって、政党として、価値観の共有、党のアイデンティティーに懸念が生じ、政党としての維新の存立の基盤が揺らぐ危険性があった。吉村はその点についても率直に述べる。

「否決は受け入れなければならないと思っています。ただ、都構想はあくまでも手段で、府・市一体で成長戦略を実行して東西二極の一極、副首都を目指すのが大きな目標です。そこはぶれずにこれからも進めていきたい」

住民投票再否決による大阪都構想挑戦の敗因の一つは、民意の掌握よりも、推進側の維新が組み立てる戦略や政治スケジュールに重きを置いて、住民投票の設定時期を急ぎすぎたのも大きかった。維新は万博誘致成功以後、勢いに乗って、万博開催前の都構想実施というプランの達成を目指した。だが、維新支持の大阪市民の多くは、実は都構想よりも、維新の改革路線やコロナ対応を支持してきたというのが実態だった。

一期目の松井市長と吉村知事の在任期間は、二三年四月までである。その期間に府政と市政で多くの実績を示し、その上で任期の後半に、大都市制度のあるべき姿として、現在の政令指定都市制度と都構想のどちらが大阪の将来にとって有効・有益か、大阪市民にじっくり判断してもらうという方針で臨むべきであった。

維新の「一丁目一番地」はならず

住民投票の結果が判明した直後、松井と吉村は並んで記者会見に応じた。

「けじめをつけなければ。二三年四月の市長任期満了で退任、政界引退」

松井は表明した。皮肉なことに、一九年九月のインタビューでの発言どおりの展開となった。

「僕が都構想に挑戦することはありません」

吉村も言明する。都構想は橋下が初めて提唱してから一〇年一〇カ月、二度の住民投票で二度とも否決され、事実上、葬られた形となって幕が下りた。

「二三年四月で政界から退場」と明言した松井に真意を尋ねた。

「あと二年やるとちょうど還暦です。ちょっと早めの定年退職ですよ。その後は人の目を気にせず自由にやりたいと思っています。実際は年齢よりもモチベーションですね。僕の場合、政治家をやるモチベーションは怒りで、大阪の改革に取り組んできたのも怒りからです。ですが、今の政府にはそこまでの気持ちはありません。立憲民主党や共産党が政権を取ったら、やるかもしれませんが」

松井は笑いながら答えたが、引退宣言はその場限りの発言ではなく、決意に揺らぎは見えない。

松井の引退予告発言について、官房長官の後に首相となった菅は、今度は注文をつけなかったのか。松井が打ち明けた。

「僕は責任を取ると言い切りましたから。菅首相からは『ちょっと潔すぎるのでは』と言われましたけど。政治家としても、一人の人間としても、これはもう僕の美学というか人生のけじめということもあるので、『そうか』と理解してもらえましたね」

大阪都構想の実現に向かって松井と二人三脚で走ってきた吉村は、松井の引退予告発表をどう受け止めたのか。

「松井さんらしい判断です。僕は続けてやってもらいたいと思いますが、都構想を掲げて維新の会を立ち上げ、それが否決となったとき、政治家として切腹の道を選んだ。前代表の橋下さんも同じで、政治家でいることよりも、政治家として何をするかが重要というのが基本的な思想です。政策とともに生き、政策とともに死ぬ。近くで見てきて、それが松井さんの生き方です」

維新創設の三本柱のうち、橋下は政界退場、松井も引退予告を明言しているが、三本柱のもう一人の浅田は、松井の今後についてこんな言葉を口にした。

「僕の役割は、松井さんを引っ張り戻すことです。みんなに頼まれてますから。『議員と違うて、首長は忙しいんですわ。疲れたから休みたい』って言うから、『それはそのとおりで、市長が終わった後、一～二年、休むのはええけど、それ以上はアカンよ』と言ってます。そのときになったら、また首に綱を付けにいきます」

松井は国政政党の日本維新の会の代表は辞任せず、続投を決めた。一方で、兼務していた地域政党の大阪維新の会の代表は、大阪都構想の不成立の責任を取る形で留任を固辞し、辞任した。

後任には吉村が就任した。吉村は代表選挙の実施を強く希望した。理由を語る。

「僕自身、都構想推進の二枚看板の一枚でしたから、戦国時代だったら二人とも打ち首ですよ。松井さんに『僕も責任を』と話をしましたが、松井さんから『強い支持も受けたから、引き続いてやっていくのも一つの責任の取り方。やってもらいたい』と言われ、ここで政党を背負うのも責任かなと思いました。ただ松井さんの指名による代表承継ではなく、『選挙を』と僕から進言しました。選挙をやらないと、負けた責任を取ったことにならない。松井さんは選挙の必要はないという考え方でしたが、分かってくれました。それで初めて代表選挙を実施したのです」

吉村は政治家としての自身の今後と出処進退をどう考えているのか。府知事の一期目の任期は、松井と同じく二三年四月までである。他方、松井や吉村ら維新の主導で誘致に成功した大阪・関西万博の開催も二五年に控えている。

「まず向こう二年間、一所懸命に頑張ります。与えられた任期ですから、コロナ対策を含め、万博の成功と大阪の成長に向けてきちっとやり切りたい。その先のことは、今は考えていないです。そのときに自分の出処進退も考えたいと思います」

二回目の住民投票で大阪都構想は不成立に終わったが、大阪では松井・吉村体制は変わらず続行となった。

第一二章

維新大躍進

異例の衆院選

二〇二〇（令和二）年一一月一日、日本維新の会は悲願の大阪都構想を掲げて二回目の住民投票に挑んだが、不成立の判定が下った。それから一〇カ月が過ぎた二一年九月、自民党総裁任期満了まで約一カ月となった菅義偉首相が総裁選不出馬に追い込まれ、降板となった。

辞任の最大の原因は民意の離反であった。二〇年九月の就任時から、官房長官時代以来のコロナ危機を背負い、悪戦苦闘が続いた。

二一年四月二五日の衆議院補欠選挙と参議院の再選挙、自身の選挙区で八月二二日に行われた横浜市長選挙など、選挙は敗北の連続だった。メディア調査の内閣支持率も、八月には政権の赤信号といわれる二〇パーセント台まで下落した。

菅の自民党総裁任期は途中辞任の安倍晋三首相の残期間で、二一年九月三〇日までであった。総裁再選への挑戦は既定路線だったが、計画が大きく狂った。

もう一つの壁は次期衆院選であった。総裁任期満了の三週間後の一〇月二一日に衆議院議員の任期も満了となる。

菅の続投戦略は、総裁選の無投票再選か、衆院選後への先送りか、総裁選前の解散・総選挙のどれかを実現するシナリオと見られたが、すべて不発に終わった。菅は総裁選前の党役員人事や解散・総選挙などを計画したが、いずれも成功せず、行き詰まった。

九月三日、菅が退陣を表明した。「菅抜き」となった総裁選は二九日に行われた。前自民党政調会長の岸田文雄、特命担当相の河野太郎（元外相）、元総務相の高市早苗（後に政調会長）、元自民党総務会長の野田聖子の争いとなった。決選投票で河野を破った岸田が総裁の座を手にした。

一〇月四日、岸田内閣が発足した。新首相として、最初の判断は「衆院選の日程」だった。岸田は「衆議院議員任期満了日を挟んで、一四日に衆議院解散、三一日に総選挙」と宣言した。首相就任の二七日後という異例の衆院選である。

維新は大阪維新の会結党の一〇年四月以降、旧日本の維新の会、維新の党の時代も含め、四回目の衆院選となる。過去の戦績は一二年一二月の総選挙が五四議席（比例代表選挙の総得票は約一二二六万票）、一四年一二月が四一議席（約八三八万票）、一七年一〇月が一一議席（約三三九万票）だった。

一五年五月の都構想の第一回住民投票の敗北以後、長いトンネルを通過中だった維新は、「冬の時代」脱出を企図した二回目の住民投票も失敗に終わり、衰亡・沈没の危機かと思われたが、不思議なことに政党支持率は二回目の住民投票を境に上向きに転じた。

時事通信調査によると、住民投票前の二〇年一〇月は一・〇パーセントだったが、住民投票直後の一一月は一・七パーセントとなった。以後は衆院選前の二一年一〇月まで一・二〜二・四パーセントの間で一進一退を繰り返した。政党支持率を見る限りは、大きく落ち込んだ印象もなかったが、かといって躍進の気配も感じられなかった。

就任したばかりで衆院選を戦う岸田首相が、政権継続のために死守しなければならなかったのが、自民党と公明党による過半数の維持であった。本書の「序章」でも触れたように、自公両党の獲得議席が七三以上、減少すると、与党の過半数割れが起こる。自民党は四三以上の議席減となれば、単独過半数割れとなる。その成否が衆院選の最大の焦点であった。

菅政権末期、自民党は、もしかすると次期衆院選で単独過半数割れも、と危機感を募らせた。支持率低迷の菅首相を使い捨てにする。「表紙の取り替え」という奇策を選択して、トップを岸田に代えたのだ。

野党第二党へ飛躍

一〇月三一日に実施された衆院選では、解散時の議席数と比べて、減少か微増に終わった各党の中で、維新だけが大躍進を遂げた。大阪府の一九の選挙区のうち、候補を擁立した一五区で全勝し、選挙区で計一六を獲得した。比例代表は北海道以外の一〇ブロックで議席を得た。

「反都構想」を唱える無所属の大阪市議の松崎孔は、衆院選の半年以上前から「次の総選挙では維新は大阪の小選挙区で全勝します」と予想を述べていたが、そのとおりの展開となった。

松崎が衆院選前の大阪の空気を振り返った。

「都構想の再否決で『維新の勢いも衰えるん違うか』という話もありましたが、維新が橋下徹代表の時代からずっとやってきた『見せる政治』で、メディアを味方につける戦略を一所懸命やってきたのが効いていて、僕らは維新の『見える感』『見せる感』をひしひしと感じてました。コロナの第四波では、全国の死者の約半分が大阪で、大阪府のコロナ対策は大失敗となってるのに、吉村洋文大阪府知事はテレビに出まくって、『こんな対策、やってます』と言うてるわけです。維新やったら、何かやってくれるという期待感が、有権者の間に完璧に刷り込まれていくと思いました。それで僕は維新が大勝利すると予想したんです」

振り返ると、先述のとおり、維新は最初の一二年衆院選で五四、次の一四年は四一という議席獲得の経験があったが、実際には一二年は石原慎太郎が率いる太陽の党との合流、一四年は江田憲司らの結いの党との合流による「合併政党」としての戦績だった。

一五年一二月の橋下の政界退場後は、松井一郎代表と吉村のコンビを核とする大阪組中心の純化路線に舵を切ったが、「冬の時代」となる。初めて橋下抜きで戦った一七年衆院選では大きく落ち込んだが、四年後の二一年の衆院選では、純化路線のままで大躍進を遂げた。大阪発の新型地域政党として出発して一一年余、浮沈を経て、やっと長いトンネルから抜け出し、本格的国政政党への足掛かりを築いたと多くの人が見た。

「冬の時代」脱出のきっかけは、第一章で記述した一八年一一月の二五年万博誘致成功と、二〇年二月以後のコロナ危機下の「吉村人気」という大阪現象だった。危機対応での出番急増で一気に注目度が高まった吉村知事が全国区の人気を得た。

ただし、代表の松井は衆院選の勝因について、インタビューで、「維新は『自民党ばっかりもいや、立憲民主党や共産党はもっといや、ちょっとまともに政治をやってよ』という人たちの受け皿になった。といっても、僕は『ちょっと増やしてもろうただけ』と言っています。消極的な支援と思っています。まだ完全な受け皿にはなれていない」と自己分析した。

新登場の岸田首相が唱える「新しい資本主義」路線に背を向ける自民党支持層や、共産党との共闘を選択した立憲民主党に反発する野党支持の保守票の受け皿になったのも、飛躍の要因だった。過去に他党支持だった人たちの票が、行き場をなくして維新に流れたのである。

アベノミクスや菅改革路線から「新しい資本主義」へ転換を目指す自民党や、「非共産・野党結集」から「共産党との共闘路線」へ踏み出した立憲民主党とは違って、維新は結党以来、党の基本方針に大きな揺れはなく、国政でも独自路線を維持してきた印象があった。

維新の理念と基本方針は、初めて国政進出を決めた一二年九月に策定された。一八六七（慶応三）年に坂本龍馬が瀬戸内海の海上で「船中八策」と呼ばれる八カ条の新国家構想を示したのに倣って、党の理念と基本方針を「維新八策」と名づけた。

八策のトップに掲げたのが「統治機構の作り直し」であった。併せて八項目の随所に「地方分権国家」「首相公選制」「道州制」「国会一院制」などのキーワードを並べた。

「維新八策」策定の中心人物は、結党時から二一年の衆院選の直後まで一貫して維新の政調会長を務めた現参議院議員会長の浅田均であった。

「基本的な価値観は、都市間競争に勝ち抜く都市を作っていくという点です。競争に耐えうる都市がいくつかできて、それが日本を支え、引っ張っていくというのが、これからの日本の形だと思っています。それで八策の最初に統治機構の作り直しをうたいました」

浅田はその基本姿勢に立って、経済成長と統治機構改革の関係について説く。

「成長に必須の大きな民間経済を創出するには統治機構の改革が不可欠です。大阪都構想もその一例という位置づけで、成立を目指して挑戦してきました。都構想は実現しませんでしたが、『大きな民間経済の創出のための統治機構改革』という点には、根強い支持があります」

経済成長の実現という方向で、地方分権を含む統治機構の変革を目指すのが維新の基本方針と見て間違いない。規制緩和などの構造改革によって成長を生み出すという考え方に対して、「新自由主義路線」という指摘が少なくないが、浅田はあえて否定しなかった。

だとすると、就任時に「新自由主義的政策からの転換」を打ち出し、分配重視路線を掲げてスタートした岸田首相とは、対極の保守勢力と位置づけられる。「新しい資本主義」を軸とする岸田流の「新しい自民党」に批判的な自民党支持層の票が、二一年の衆院選で自民党から維新に移ったという分析も間違いではない。

二〇二二年参院選の焦点

維新は二一年の衆院選の後、政党支持率も急上昇した。時事通信の調査では、衆院選前の一二〇月は一・五パーセントだったが、選挙後の一一月には三倍増の四・七パーセントとなる。二二年一月は四・三パーセントで、四・〇パーセントだった立憲民主党を抜いて、一時、支持率で野党第一党に躍り出た。

松井は衆院選の半年前の二一年四月一七日、大阪市内での党大会で、「自民党政権には明らかに緩み、たるみ、おごりが見られる。一方、野党は政治信条などを横に置いて数合わせをしている。選挙のためにまとまる野合では自民党と対峙できない。われわれは政策で勝負し、政権をピリッとさせる役割を担う」と述べ、併せて「これからは野党第一党を目指す」と言明した。

二カ月後の六月二四日、インタビューに答えて、野党第一党を目指す理由を説いた。

「今の政治は一九五五年体制の国会対策政治のまま。国民は国会という小芝居を見ているだけ。僕が党大会で『野党第一党に』と言ったのは、僕らが野党第一党にならないと、国対政治を終わらせられないからです」

といっても、衆院選前、維新の衆議院の議席数は立憲民主党の一〇分の一にすぎなかった。前年の都構想の第二回住民投票で再敗北を喫した後、松井が意識的に「野党第一党に」と大言壮語して党内を鼓舞しなければならないほど、党は危機的状況、と見た国民も多かった。

ところが、二一年衆院選の結果、大言壮語ではなく、野党第一党が現実に視界に入る野党第二党に浮上した。衆院選後の二二年二月一六日、八カ月ぶりに松井に話を聞いた。「次の衆院選では野党第一党に」と問うた。

「今の維新の国会議員団が自民党をピリッとさせられるまともな野党として国会で活動し、それが国民の皆さんに伝われば野党第一党もあるのでは、と思います。国会の中の足し算で人を増やすだけでは単なる数合わせ。野合・談合で、世の中の人はそういうやり方にへきえきとしています。公約実現のための活動を愚直にやっていくことです」

松井は語った。「野党第一党の維新」を射程距離にとらえたと受け止めているはずだ。

次の衆院選は三年半以内に訪れるが、その前に二二年夏の参院選が控えている。参議院の維新の現有議席は一五で、約三倍の立憲民主党を抜いて一発で参議院の野党第一党となるのは不可能だが、二一年衆院選の勢いを保持して躍進を遂げるかどうかは、二二年の参院選の見所の一つだろう。

次期参院選は、衆議院の解散がなければ、向こう三年で唯一の「政治決戦」の場面となる。焦点は「与党の過半数確保の成否」である。もし過半数割れとなれば、即座に岸田首相の退陣論が噴出しかねない。

選挙の後、参議院の総定数は二四八で、過半数は一二五となる。自民党と公明党の現有議員は計一三八だから、野党側が一四以上、議席を増やせば、参議院で与党の過半数割れが起こり、衆参ねじれが再現する。立憲民主党や国民民主党など、ほかの野党の浮沈と併せて、維新が衆院選と同様に飛躍を遂げるがどうかが決め手となる。

与党の過半数割れは可能かどうか。次期参院選は選挙区七四（神奈川県の補選を含めると七五）と比例代表五〇の計一二四（同一二五）を各党が争うが、勝負のカギは定数一の全国三二の一人区だ。

過去二回の一六年と一九年の結果を見ると、比例代表は各党ともほぼ同数だった（共に自民党は一九、公明党は七、一六年は民進党一一、一九年は立憲民主党八と国民民主党三）。選挙区選挙も、定数二以上の一三都道府県の複数区は与野党で議席を分け合った。

一人区の戦績は、野党の側から見て一六年は一〇勝二〇敗、一九年は一一勝二一敗だった。自公の総議席を一四以上の減少に追い込むには、計算上、二五勝七敗が必要だが、野党が全体で最低でも一六勝一六敗に持ち込み、比例代表や複数区で合計九増を達成すれば、ねじれのラインに届く。

一人区制覇には野党候補の一本化が不可欠と思いがちだが、無原則の一本化による票の数合わせではなく、反与党の保守浮動票の大量獲得が重要である。その点でも、各選挙区の維新支持票と有権者の維新に対する評価が重要な役割を果たすと見られる。

国民民主党との共闘

次の「政治決戦」を前に、注目を集めたのは、維新のトップ人事であった。維新の党則に当たる党規約は第七条第三項で「代表の任期は、就任から衆議院議員総選挙、参議院議員通常選挙、統一地方選挙の公職選挙のうち、最も早いものの投票日後九〇日に当たる日までとし、重ねて就任できるものとする」と定めている。衆院選が二一年一〇月三一日に実施されたから、松井代表の任期は二二年一月二九日までとなった。

多くの人々の関心は、自ら大阪市長の任期満了時の市長退任と政界からの退場を言明している松井の進退であった。第一一章で述べたように、都構想の第二回住民投票の否決の直後、二三年四月引退を予告した。それから一年以上が過ぎ、衆院選大勝という大きな変化が生じたのに、インタビューでも「政党の内部では絶えず新陳代謝が必要。僕はやり切った感がある。次の吉村世代に後を託したい」と述べ、今も引退の方針を変えていない（本書の三四五頁掲載の「松井一郎インタビュー」参照）。

衆院選後、代表任期が切れる松井に続投の意思があるのかどうか、松井の任期満了に合わせて代表選挙を実施するのかどうかが焦点となる。維新は衆院選後の二一年一一月二七日の臨時党大会開催を決めた。

松井は党大会開催前、「代表選実施の場合は不出馬」の意向を示した。だが、総選挙大勝の実績を踏まえ、無投票再選による松井体制継続という見方が支配的だった。

一方で、九月に総裁選を行った自民党や、一二月に辞任する枝野幸男代表の後任選出の代表選を実施する立憲民主党と同様に、「開かれた党」として代表選を実施すべきだという声も党内には強かった。

とはいえ、現在の維新に、松井に代わって強力な指導力と統治能力を発揮できるトップリーダーがいるかというと、答えは「ノー」であった。維新は臨時党大会で代表選実施の見送りと松井の代表留任を決めた。本人も党の現状を承知で、当面の続投を容認した。

留任の松井は、同時に執行部一新を決断した。病気辞任の片山虎之助共同代表の後任に、幹事長だった馬場伸幸を起用した。新幹事長に衆議院当選二回の藤田文武、長く政調会長を務めてきた浅田に代えて音喜多駿（参議院議員）を、総務会長には柳ケ瀬裕文（同）を抜擢した。

松井は「三人とも吉村世代」と若手抜擢の狙いを語った。

「次の世代の人たちです。今すぐ存在感を発揮できるとは思っていません。いろいろ経験していくことで、スキルがアップすると思います。批判され、それに耐えないと、政治を動かしていくことができません。吉村世代で次の一〇年を担ってもらうため、彼らにそういう機会を持ってもらって、維新のパワーアップを図っていきたいと思っています」

一方で、維新は次期参院選を見据えて国政の舞台裏で活発に動き始めた。最初に、衆院選で三増を果たして生き残りをアピールした国民民主党との連携に乗り出した。

一一月九日、幹事長だった馬場と国民民主党の榛葉賀津也幹事長が会談し、憲法改正の議論の促進や、国民民主党が主張するガソリン税の減税法案の共同提出などで合意した。

国民民主党は長年、ガソリン税のトリガー条項の凍結解除を主張してきた。レギュラーガソリンの全国平均価格が三カ月連続で一リットル＝一六〇円を超えた場合、一リットル当たり二五・一円、減税し、三カ月連続で一三〇円未満となれば、税率を元に戻すという制度である。

トリガー条項は、旧民主党が〇九年衆院選でマニフェストにガソリン税の暫定税率廃止を掲げたのが発端だった。だが、直後に誕生した民主党政権で暫定税率廃止によるガソリン値下げが困難となる。国民の税負担軽減を実現できず、一〇年にマニフェストから暫定税率廃止を削除した。代わりに法改正でトリガー条項が新設されたが、一一年の東日本大震災発生で復興財源確保のために凍結が決まる。法律で解除を決めるまで適用停止となり、現在に至っている。

連携を選択した維新と国民民主党は、国会議員に支給される文通費（文書通信交通滞在費）問題でも足並みをそろえた。「身を切る改革」を唱える維新は二一年一一月二五日、文通費見直しの独自法案提出を表明する。国民民主党も共同で法案を提出する意向を明らかにした。

浅田が国民民主党との関係を解説する。

「国民民主党とは、現在の代表代行の前原誠司さん、幹事長代行の岸本周平（きしもとしゅうへい）さんらと昔から交流があります。二〇年九月の合流・新党結成による新しい国民民主党の発足以来、法案や政策の協議を積み重ねてきた。今回は提携の第一歩です」

発想と政策は近似していて、国会で共闘を重ねてきた実績も大きく影響した。国会での憲法問題の審議促進で合意したのは、憲法に対する考え方でも、価値観や方向性は同じと受け止めたからだ。注目点は、地方自治に関する憲法第八章に関する問題意識である。

維新の吉村はインタビューで、「コロナ危機で東京一極集中がいかに脆弱で危険か、多くの人が認識したと思う。多極分散で強い都市を造る。多極分散の成長型の国家が日本の将来像です」と力説した。国民民主党代表の玉木雄一郎（たまきゆういちろう）も、憲法問題について尋ねると、「目指すのは分権・分散型国家です。憲法改正でやりたいのは地方分権。第八章の地方自治の章を議論するときが来ています」と答えた。憲法に関する問題意識の共有は明白であった。

「蜜月」は四カ月足らずで幕

共闘を決定した両党が国会での統一会派結成を視野に入れている可能性は否定できなかった。両党の衆議院での議席を合計すると五二となった。予算を伴う法律案の提出に必要な五一を上回る。その利点も大きいと見られた。

両党は統一会派、連携強化、やがて合流も、という道に踏み出すかどうかが注目されたが、国民民主党との提携には、維新の内部に温度差があった。松井は二二年二月のインタビューで、統一会派結成に否定的な姿勢を示した。

「今の時点ではそれはありません。われわれからアプローチする話ではないと思います。国民民主党とはいろいろな問題で話はできています。政治は数ですから、一致するところでは共闘できると思いますが、統一会派はきちんと政策を固め、お互いに納得した形を作った上での話だと思います。選挙も一緒に戦うわけですから」

国政での維新の進路については、国民民主党との連携による政界第三極の構築、自公両党と提携する与党入り路線なども想定できたが、松井の軸足は明確に「野党第一党」狙いであった。「野党」にこだわるのは、大阪府と大阪市の行政を握る維新が、地元の大阪で長年、立憲民主党や共産党だけでなく、自民党とも戦ってきたという事情があったからだ。

第一〇章で述べたとおり、維新は橋下代表時代の一二年一一月から一五年一一月まで、「合併政党」の離合集散という失敗体験を持っている。国政での第三極作り構想に挑戦したが、渡辺喜美のみんなの党や、太陽の党、結いの党との合体作戦は最終的にすべて成功しなかった。松井体制の維新が容易に他党との提携、合流などを指向するとは思えなかった。

国民民主党も、支持勢力である労働組合の連合の内部に根強い反維新感情が潜在している。維新との一体化でなく、独自路線を追求するはず、という見立ても有力だった。

予想されたとおり、一時は維新との二人三脚に乗り出したかに見えた国民民主党が独自路線を探り始めた。国民民主党は立憲民主党と同じく旧民主党が母体の政党だが、二一年衆院選で後退した立憲民主党とは異なり、議席増を果たして何とか生き残った後、党埋没の懸念もある野党結集路線ではなく、存在感アピールの独自路線に傾斜する。

代表の玉木は二一年一二月一五日、小池百合子東京都知事と会談した。小池が創設した地域政党の都民ファーストの会との提携で合意する。二二年一月には次期参院選での選挙協力の構想が表面化した。

松井はインタビューで言い放った。

「国民民主党は衆院選までは立憲民主党に寄っていたのに、衆院選後、維新に寄ってきて、われわれの提案型の是非非路線に切り替えた。他方で都民ファーストの会とも協議を進めている。その話は、僕からしたら『ご自由に』ということです」

二月一一日、玉木は次期参院選の東京選挙区で都民ファーストの会と統一候補を擁立する考えを明らかにした。続いて二一日、国民民主党はさらに大きく独自路線に踏み出した。

ガソリン税のトリガー条項の凍結解除をめぐって、二二年度予算案の衆議院予算委員会での採決で、与党の自公両党とともに賛成に回るという異例の選択を決断した。玉木は「岸田首相が凍結解除の検討を明言したので、予算案に賛成した」と説明した。

その日、国民民主党の代表代行兼政調会長の大塚耕平(おおつかこうへい)は都内でのシンポジウムで、「私たちは先の衆院選で、トリガー条項の凍結解除を公約に掲げて戦いました。岸田首相から玉木代表に連絡があり、今回の予算案に賛成することで凍結解除に向けて努力するという話があり、その実現のために予算案に賛成することに」と説明した。さらに「〇九年の政権交代に向かって民主党が勢力を伸ばしていた時期と現在の状況は同じではありません。この局面で何をなすべきか、どのように行動すべきか、国民民主党は是是非非で考えていきます」と述べ、旧来型の野党路線の枠にとらわれない発想と取り組みの必要性を訴えた(『改革者』編集部「政策研究フォーラム2022年全国会議・第1部会——衆議院議員選挙の総括と各党の重点政策」『改革者』二〇二二年四月号参照)。

国民民主党との連携に傾いたかに見えた維新は、野党路線堅持の基本方針に立って、政府提案の予算案への賛成に踏み切った国民民主党との関係の見直しを唱え始めた。松井は二月一六日のインタビューで「政策の一致なしの野合・談合にはくみしない」と明言したが、二四日、記者会見で「国民民主党が連立政権入りを目指しているなら、連携はできない。われわれは与党にはならない」と断言した。

衆院選後の維新と国民民主党の「蜜月」は四カ月足らずで幕となった。

改革保守勢力の中核に

党代表の松井が「国政で野党第一党を」と公言する維新は、それでは日本の政党政治の将来像をどう構想し、どんな政治を実現しようと考えているのか。

維新が目指す政治の方向について、衆院選前の二一年六月、松井に尋ねた。「全体として伝統的な保守と改革保守の二大政党政治を目指す方向ですか」と質問すると、「そうすべきだと思います」と答えた。その上で、維新は改革保守の勢力の中核に、という認識を示した。

伝統的な保守は、二〇世紀型の近代国民国家の考え方に立ち、中央集権体制で政治と官僚機構が一体となって全国一律の行政サービスの提供を目指す政治だろう。分配を重視し、「大きな政府」を容認する。一方の改革保守は、新しい多極分散型の分権国家を想定し、国政は「小さな政府」で、「大きな民間経済」を創出して、経済成長を促す路線と見る。

保守政治の理念や政策をめぐる考え方では、経済政策も含め、対立軸とそれに基づく対照という点で、自民党と維新の違いが議論になる。

自民党は小泉純一郎元首相の流れを汲む安倍元首相の史上最長政権の後、「安倍政治継承」の短期の菅政権を経て、系譜の異なる宏池会の岸田をトップに担ぎ出した。宏池会は「軽武装・経済重視・リベラル」が基調で、小泉や安倍の清和政策研究会（現安倍派）とは対極の派閥と見られてきた。

先述のとおり、岸田は首相就任時から「新しい資本主義」「新自由主義的政策からの転換」を打ち出した。言葉としては「成長と分配の好循環」をうたっているものの、実質は分配重視で、供給よりも需要に重きを置く姿勢である。小泉構造改革路線の放棄を企図しているのは疑いないが、表向き「アベノミクスは継承」と表明した。

アベノミクスは「三本の矢」を掲げた。第一の矢は大胆な金融政策、第二の矢が機動的な財政出動、第三の矢は民間投資を喚起する成長戦略と位置づけた。

第二期の安倍政権は「三本の矢」によるアベノミクスの完成を目指したが、長期政権担当にもかかわらず、目標達成は道半ばに終わった感がある。第一の矢と第二の矢は、それなりの成果を上げたと見る人が少なくないが、第三の矢の成長戦略は看板倒れ、腰砕けで不発という評価が有力であった。

第一の矢と第二の矢は、見方を変えれば、岸田流の分配重視路線と重なり合う。岸田は看板を掲げて「総論」を語るだけで、「各論」の具体的な路線や政策は明らかでない。実際の取り組みでどんな方向に舵を切るのか、あいまいにしているため、中身が不明で、つかみどころがない。

表向き「アベノミクスは継承」と表明したのは、金融政策と財政政策に限って、アベノミクスを踏襲するという考え方に立っているようにも受け取れる。だとすると、松井流の分類では、どちらかといえば改革保守志向の小泉、安倍、菅の三人とは違って、岸田は伝統的な保守の側に立ったという位置づけではないか。

「結集ではなく分散・分断、求心力よりも遠心力」

岸田政権誕生直後の衆院選で、維新が躍進を遂げたのを見て、多くの国民は、松井が主張するように、保守政治には伝統的な保守と改革保守の二つの路線があると意識したに違いない。

現在の日本の中央政治は、政党の勢力分布を見ると、伝統的な保守と改革保守が混在する自民党と公明党の両党が、衆参両院で過半数を握り、政権を担う一方、中道リベラル路線の立憲民主党、改革保守を自任する維新、中道右派で改革指向の国民民主党などが野党側で並立するという構図である。

最大与党の自民党は、伝統的な保守と改革保守という保守政治の二つの路線を内包し、バランスを取りながら勢力を維持してきた。というよりも、自民党には、党内に抱える二つの路線を巧みに活用して党の生命力保持のカードにするという伝統がある。

二つの路線は、しばしば党内の路線闘争や派閥抗争の火種となった。同時に、競争と競合による切磋琢磨、党のエネルギーの源になってきたのも事実である。

それだけでなく、国民向けには、自民党は民意の支持離れや人気低落の場面に直面したとき、党のイメージチェンジによって支持と人気をつなぎ止めるため、党内の二つの路線の取捨選択による「表紙の取り替え」作戦で表面を取り繕ってきた歴史がある。時代の変化と国民のニーズに対応するために、自民党は過去、何度もその手法を採用した。

一方で、多くの有権者は、代議制民主主義の下での政党政治の機能強化を求め、自民党の長期一党支配ではなく、競争による政権交代可能な政党政治に強い期待を寄せた。その方向が現実化したのは、細川護熙首相を擁する非自民連立政権が誕生した一九九三年八月だった。九六年衆院選から導入された選挙制度変更も大きく影響して、以後、政権交代を可能にする二大政党政治が基本構造となる。与野党とも勢力結集を目指してきた。

その後の与野党の構図は、維新が二〇一二年の衆院選で国政に進出した点を別にすれば、一九九八年四月の民主党、民政党、新党友愛などの合流による民主党の第二次結党と、九九年一〇月の公明党の連立政権参加による自民党との連携が出発点で、以後約二二年、「自公」対「反自公」の基本的なフレームは変わっていない。

ところが、二〇二一年衆院選の後、政党政治の枠組みに変動の兆しが生じた。「政権交代可能な二大政党政治の構築」という長年の構図が崩れ始めたのでは、と映る動きが顕著になった。与野党とも、「結集ではなく分散・分断、求心力よりも遠心力」という傾向が目立ち始めた。

与党側では、二二年参院選の選挙協力をめぐって、自民党と公明党の不協和音が表面化した。すき間風の原因は参院選での相互推薦問題であった。

自公両党は野党時代も含め、一貫して同盟関係を崩さず、長期連携を維持して二大政党政治の一方の極を担い続けてきた。長らく権力の共有という接着剤が頼りだが、安倍内閣から噴出し始めた憲法問題での自公背離もあり、亀裂が拡大する可能性もないとはいえない。

野党側は一九五五年の自民党結党以後、九三〜九四年の非自民連立政権と二〇〇九〜一二年の民主党政権の二度の政権担当経験がある。前者は「小異を残して大同に」という発想で、政権構想と政策が一致する多数の党派が政権に参加する「緩やかな多党政治」、後者は二大政党政治を前提とする「大きな与党」と「大きな野党」の政権争奪戦によって誕生した「二大政党」の政権だった。だが、二一年の衆院選の後、各党は、共闘よりも、独自路線のアピールに大きく傾斜している。

「緩やかな多党政治」で高まる維新の存在

「結集ではなく分散、求心力よりも遠心力」という政治の変容は、政党と政治家の側にも原因はあるが、最大の要因は民意の変化と見られる。選挙制度に変更はないが、経済低迷、高齢化と世代交代、価値観の多様化などで、政治に対する国民のニーズが変わり始めた。

国民の多くは、代議制民主主義、自由主義経済、基本的人権の尊重、価値観を共有する同盟国との協調・連携など、大きな枠組みの体制選択には異論はなく、「政権交代可能な政党政治」への期待は健在と見られるが、民意は必ずしも二大政党政治という図式にはこだわらなくなってきた面がある。

同時に、与野党の境界線というべき対立軸についても、国民の受け止め方に変化が生じた。中央政治では現実には対立軸として「自公」対「反自公」が二〇年以上も機能し、「与党一強・多弱野党」の政党状況が今も続くが、「自公」のほころびと同時に、野党も、「反自公」を唱えるだけでは大きな塊の民意を得られる時代ではなくなった。

今後は二大政党や二大政治勢力という従来のモデルから、複数の政党が時代の要請や中・長期的な政策課題を軸に連立政権の組み替えを行いながら国民のニーズに応えていくという「緩やかな多党政治」へ、政党政治の構造が転換を遂げる可能性がある。

現在の自公連立体制は自民党中心の「大きな与党」型に違いないが、視点を変えると、両党の連携はもちろん、内実は派閥連合体である自民党の内部も、実は「緩やかな多党政治」といえなくもない。「日本は分断社会ではなく、同質社会」という指摘は多いが、そんな日本の政治には、大きな枠組みの体制選択と、国の根幹となる外交や安全保障などで一致する勢力が、競争しながら共存し、多様化した国民の価値観を幅広く吸収できる「緩やかな多党政治」が最もふさわしいのかもしれない。

であれば、「緩やかな多党政治」の具体像はどんな形か。

先述したとおり、維新の松井は保守政治の路線として「伝統的な保守と改革保守」の違いを説いているが、現状ではその二つに中道リベラルを加えた三極型が考えられる。日本の政党政治の将来を展望すると、現在の「路線混在の与党、路線並立の野党」による「一強多弱」の政党状況や二大政党による二極型よりも、中・長期的には、伝統的な保守と改革保守と中道リベラルなど、三つ以上の勢力が競合・競争する多極型が主流となるのではないかと予想する。

多様化する国民の民意を政治が汲み上げるには、内外の状況に応じて、たとえば伝統的な保守と改革保守と中道リベラルといった各勢力が、合従連衡しながら政権を担い、解決に必要な政策案件に取り組む。その一極の中核を維新が担えるかどうかが焦点になると見られる。

一方で、国政政党の政策目標として、維新は二一年四月の党大会で「ベーシックインカムに基づく大改造プラン」を打ち出した。

「日本を持続可能な国にするには必要なことだと思います。要点は社会保障改革で、富の再分配です。われわれのベーシックインカムという方向は、持っている人に一定の負担をしてもらわなければ、という考え方です。無年金、低年金だけでも、三〇〇万人の方がいる。長寿社会、高齢化社会になったときは、今の賦課方式の年金では、国は絶対に持ちません。みんな分かっているのに、なぜかやらない。この点にスピードを持って取り組む。そこが自民党と一番違うところです」

松井は強調している。伝統的な保守と改革保守の違いは、路線や政策の中身だけでなく、政策実現や改革挑戦の政治手法、達成速度、優先順位の選択など、政治の現場での取り組みと本気度も重要な条件、と考えているのだろう。

維新の約一二年の歩みは、一進一退の連続ながら、「東京以外の大都市による改革プランと成長戦略」への挑戦が多極分散の競争促進社会の呼び水となり、日本再生の原動力になりうることを示した。大阪を含む全国の国民が、地域発の分権型の発展シナリオという維新モデルの成果を実感し、その全国的な広がりに期待を寄せれば、「野党第一党」も夢ではない。

それに対して、冷ややかに突き放す見解もある。第一〇章で述べたように、大阪の隣の奈良県選出の馬淵澄夫・立憲民主党選対委員長は、維新の「大阪改革」への取り組みについて、「借金をなくすという『会社整理』で、『会社再建』ではない」と酷評しているが、維新流の改革モデルはその虚実を見極めて冷静に判定を下す有権者の審判に耐えられるかどうか。

越えるべき三つの課題

「野党第一党」を掲げ、「対政府・与党では是是非非路線の野党」が維新の基本方針だが、衆院選での党勢拡大を加速させて、次期参院選でも大幅議席増を果たすには、越えなければならない三つの壁がある。

維新は「旗・矢・人」の三つの面で、課題を背負っている。旗は理念・路線・政策、矢は政策提示力や攻撃力・人は人材だ。

第一の「旗」では、国政政党としての政策目標が問われる。全国的な支持の広がりを手にした維新の今後の課題は、国政政党としての役割と責任だ。党内では「大阪の改革モデルを全国に」という意識が強いが、国政政党の維新は都構想以外にどんな政策目標と将来ビジョンを掲げて挑戦するのか、それが最重要テーマである。

二つ目の「矢」では、維新の是是非非路線のあり方が問題となる。馬場は「与党と野党の間の『ゆ党』と言われたりするけど、国民本位のスタンスは変えない」と言う。与野党間の駆け引きや取引でなく、独自の理念、哲学、政策に基づく是是非非路線かどうか、厳しくチェックする国民の目を忘れないことが「国民本位のスタンス」の要諦である。

維新の今後を考える場合、最大のテーマは、三番目の「人」だ。宿題は三点ある。

第一は、他党との合体ではなく、独自路線で急拡大した維新の所属メンバーの「玉石混淆」という実態と、政党として不十分な党内統治能力という悩みだ。議員の不祥事発覚も珍しくないが、人材の選別も含め、常に党のガバナンスが試される。

第二は、橋下が「要注意」と指摘する「国会組と大阪組の亀裂」が懸念材料だ。出発点の「大阪発の地域政党」を支えてきたメンバーは大阪組と呼ばれるが、全国政党に成長すれば、当然、非大阪組が拡大する。国会で国政に携わる非大阪組と、源流の大阪組は、政治姿勢や意識、発想、体質などの違いから、党内二極化を招く危険性がある。

政党として、維新は他党とは決定的な相違点があるのが特徴だ。組織や運営、意思決定の方法など、党の基本構造で、結党以来、旧来型の政党とは別の形を追求し続けてきた。第八章で触れたとおり、発足時から維新の中核を担ってきた浅田は、「目指してきたのは地方主導の本当の地方分権。われわれは党内の構造も分権型で、国会議員と地方議員は同等」と、党本部主導型の他党との違いを強調している。

大阪だけでなく、全国の有権者の中には、分権型政党の維新を評価し、期待を寄せてきた人も多いはずだが、急拡大の後も維新はその道を歩み続けることができるかどうか。

「ポスト松井」問題と「次の一手」

維新が抱える第三の課題は、「ポスト松井」のトップリーダーという後継者の問題が大きい。結党後、約五年半、党のトップスターで一枚看板だった橋下は、政界退場から六年以上が過ぎた今も、復帰の気配はない。橋下の政界復帰の可能性が乏しい状況で、松井は二三年四月の大阪市長任期満了での市長辞任と政界引退を明言したが、その姿勢に変わりはない。

松井体制が築いた「遺産」を引き継ぎ、発展・拡大させると同時に、議員の不祥事多発などに対する党内のガバナンスも含め、強力な指導力と統治能力を備えるリーダー候補がいるのかどうか。維新の最大の課題はトップの人材である。

そんな情勢で、二二年二月二四日、ロシアの軍事侵攻という世界を揺るがすウクライナ危機が発生した。遠く離れた国での出来事だが、実は日本の政治にも大きな影響を与える可能性がある。戦後の政党史を振り返ると、安保政策をめぐる路線問題が与野党の分裂や結集の引き金となってきた歴史があるからだ。

古くは一九五一年、対日講和条約調印をめぐって、当時の日本社会党が左右の両社会党に分裂した。六〇年には日米安保条約改定問題で、社会党から分かれて民主社会党が誕生した。九一年の湾岸戦争発生による自衛隊海外派遣や資金協力をめぐる自民党と公明党と民社党の連携が、九三年の自民党分裂と非自民八党派連立政権の誕生につながった。二〇一六年の参院選から始まった立憲民主党や共産党などの野党共闘は、安倍内閣の憲法解釈変更による安保法制制定への反対がきっかけだった。

松井に二二年二月、「次期参院選で焦点となるテーマとは」と質問すると、「コロナ対策のほかに、中国と台湾、ウクライナの問題など、世界の安全保障環境が非常に懸念される状況になっています。日本を持続可能な国家とするためにも、外交力と防衛力をどうやってアップしていくかが大きな争点となると思う」と答えた。その上で「参院選で憲法問題を大きな論点に」と提唱した。

松井は二二年度予算案に賛成した国民民主党との関係では「連携は困難」と突き放している

が、安保問題という点で、憲法第九条も含めた改憲方針では、維新と国民民主党の方向は一致している。安全保障という大枠では、自民党と維新と国民民主党は「現実的安保政策」という共通項に立って協議を始める形に向かいそうな空気である。

それが新たな野党分断の分岐点となるか、それとも新政治勢力結集の端緒となるのか。次期参院選では、世界情勢と日本の政党政治の将来を見据えて一票を投じる国民の判断が決め手となる。

同時に、「外交力と防衛力、憲法問題」と進んで口にして、強い関心を示す松井のこの積極姿勢と、政治家としての進退との関係が気にかかる。引退前の最後の挑戦テーマと見定めているのか、それとも引退予告の撤回という選択肢も残しているのか。松井の「次の一手」が維新政治の今後を占う重要なポイントとなりそうだ。

終　章

大阪は燃えているか

大阪は日本の先行指標

「大阪は日本の先行指標。大阪で起きることは、やがて日本で起こる」

日本維新の会の参議院議員会長の浅田均は、大阪出身の作家の堺屋太一から直接、聞いたこの言葉が今も耳に残っていると語る。

「商都・大阪」の興亡の戦後史をたどると、全国各地の状況と同じように、荒廃と復興の一九四〇年代後半と五〇年代を経て、関西経済も六〇年代に高度成長期を迎えた。「繁栄の大阪」の頂点を示す象徴といわれたのが七〇年大阪万博であった。

以後、低迷と衰退の道を歩んだ。堺屋は前掲の橋下徹との共著『体制維新――大阪都』（二〇一一年刊行）の「はじめに―日本の改革―まず大阪から」で、下降線をたどった七〇年代以降の実態を記述している。

「大阪は、かつては東京と並ぶ大都市、貿易も金融も情報も大いに発展していました。（中略）戦後生まれの新産業、新業態は大半が大阪から生れた、とされています。ところが、やがて大阪は停滞し、衰退がはじまります。（中略）七〇年代の十年間に情報発信機能と文化創造活動の中枢的人材を失った大阪は、面白味のない都市となり、若者や女性に好まれなくなりました。それに伴って、企業の本社移転、とりわけ広報と調査と金融の分野が東京へ移り出しました。大阪およびその近郊の高所得層が東京に移ってしまったのです」

堺屋はバブル崩壊後の日本の苦境を「第三の敗戦」と表現し、「バブル景気が弾けてから既に二十年、日本は経済、社会、文化のあらゆる面で『下り坂』が続いています」と述べた上で、「実は、こうした日本の苦しみを先取りしたような地域があります。それが大阪です」「大阪の衰退過程が、今の日本に似ている」と指摘している。

大阪は日本全体の縮図で、見えにくい日本の現状を映し出す鏡であると同時に、現在の大阪を見れば、日本全体の将来の形や姿、今後の傾向や潮流を読み取ることができる、その意味で大阪は日本の先行指標、と堺屋は教示していたのである。

その診断が正しければ、二〇一〇（平成二二）年四月に大阪維新の会が旗揚げしてから、一二年余に及ぶ政党・維新の軌跡は、将来の日本の先行モデルという役割を担ってきた部分があるかもしれない。維新は結党から現在まで、日本の縮図である大阪のどういう現象と実態に着目し、将来の日本が背負うことになる課題や困難を回避・克服するためにどんな処方箋を用意して、実際に改革に挑戦してきたのか。その取り組みと成否の点検は、今後の日本の指針として役立つだろう。

維新が党の共通の目標として何よりも強く意識してきたのは、「繁栄する元気な大阪」の復活と、日本の軸として東京以外の選択肢となりうる「新しい大阪」の創造であった。その底流には、衰退が続く「落日の大阪」と、東京一極集中による「ただの地方都市」という現実認識があったのは疑いない。

それが日本の先行指標だとすると、いずれ「落日の日本」と、先進国脱落の「ただのアジアの国」への凋落が待ち受けていることになる。維新の一二年の挑戦の中に、成功例と失敗例の両方を含めて、「繁栄する元気な日本」の復活と、世界をリードする「新しい先進国日本」の立国を構想するヒントが潜んでいるとすれば、学ぶべき点は少なくない。

都構想・万博・IR構想

維新は大阪府知事選と大阪市長選の両方を制した一一年一一月以降、府と市の双方で維新行政を推し進めてきた。バブル崩壊後に膨らんだ財政赤字の解消を目指して、「身を切る改革」をスローガンに、行政改革に挑戦する。並行して、大阪府と大阪市の「二重行政・二元行政」の問題点の克服を唱えて、「府市連携」に取り組んだ。

党代表で大阪市長の松井一郎は二二年二月のインタビューで、大阪府・大阪市副首都推進局がまとめた「府市連携の主な取組実績」と題する資料を示して、過去一〇年の取り組みの効果を強調した。資料には以下のような事項が並んでいる。

「経営形態の見直し」(大阪メトロ・シティバスなど)、「法人統合・合併・再構築」(大阪健康安全基盤研究所、大阪観光局など)、「組織統合・共同設置・事務移管」(大阪港湾局設置など)、「交通インフラ」(淀川左岸線延伸の事業化など)、「社会インフラ」(水道事業の最適化など)、「まちづくり」(うめきた2期など)、「誘致」(大阪・関西万博など)。

目標到達や準備完了、あるいは実行中というプランやビジョンは数多い。一方で不調・挫折に終わった実験もある。その筆頭は大阪都構想への挑戦であった。

「再挑戦する気持ちは」と松井に質問したら、「僕にはもうないです」と明言した。だが、「反都構想」を唱えてきた無所属の大阪市議の松崎孔は、「維新は三回目の都構想への挑戦、やるんちゃいますか。松井市長も吉村洋文大阪府知事も、自分がやってる間はやりません、と言うてるけど、代わったら、分かりません」と警戒心を隠さない。

大阪都構想の否決で、大阪市の廃止案は消滅したが、その後、大阪市を存続したままで現行の二四の行政区を八区に再編する総合区制度の構想が浮上した。松井が解説する。

「都構想は東京の特別区制度の導入ですが、総合区は行政区の改善ですから、都構想の代案ではありません。大阪は行政区の数が多すぎるんです。財政的にも意思伝達の上でも、多すぎるのでは、という議論があります。昭和の時代と比べると、今は行政のニーズが多種多様になっています。それに対応するには『ニア・イズ・ベター』で、権限を持つエリアを作る必要があります。それが総合区です」

とはいえ、大阪市会では、維新の議席は単独過半数に届いていない。一時、総合区制度導入に前向きだった公明党も慎重路線に転じた。市会の一部に総合区導入に同調する動きもあるが、情勢は流動的で、成立の見通しが立たず、宙に浮いた状態である。

大阪が「繁栄する元気な新しい大都市」として浮上する切り札と位置づけているのが二五年

大阪・関西万博であるのは間違いない。開催まで残り三年だが、五五年前の一九七〇年万博のような成功イベントに仕上げるための準備の状況はどうか。

松井は「各国とも大阪・関西万博に対する関心は非常に高いという手応えを感じている」「財政状況は非常に順調で、インフラ整備などは遅れることはないと思っている」と述べるが、公益社団法人2025年日本国際博覧会協会のホームページによると、「一五〇の国、二五の国際機関に公式参加いただくことを目指しています」とうたいながら、「二〇二二年三月一一日現在における大阪・関西万博への公式参加表明国、国際機関は、八七か国、六国際機関」と明かしている。参加国は目標の六割弱にすぎないという。

万博の会場は大阪市此花区の人工島の夢洲に決まっているが、会場へのアクセスは、新設の地下鉄中央線の延伸と市内主要駅からのシャトルバスだけという計画で、一八五日の開催期間に想定入場者数の約二八〇〇万人を輸送できるのか、と疑う声も根強い。維新が握る大阪府と大阪市は、併せて同じ夢洲にカジノを含むIRの誘致を推進している。「万博会場を夢洲に決めたのはIR誘致計画のためでは」という疑念が消えない。

IR誘致については、松井は「観光産業を持続的な成長産業にするために必要ということで推進してきた」と説明し、ギャンブル依存症に対する懸念についても、「日本にはパチンコがあるのに、今までギャンブル依存症対策は脆弱だった。IRができることで対策を強化していくから、逆に日本の依存症対策は拡充する」とインタビューで答えた。

ＩＲでは、運営を担う予定の企業グループから、夢洲の土壌汚染や液状化への対策を求める声が上がり、二一年暮れ、土地所有者の大阪市が費用の全額負担を明らかにしたため、約七九〇億円の公費投入が問題となった。松井は「ＩＲができれば、年間二五億円の家賃と、事業者からの交付金が大阪府・大阪市に年間一〇五〇億円が入る仕組み」と訴えている。捕らぬたぬきの皮算用の危なっかしさが付きまとうが、皮算用どおりだとすると、ＩＲ誘致は大阪府と大阪市の財政への貢献が最大の狙いでは、という勘ぐりも否定できない（以上の松井発言は、三四五頁掲載の「松井一郎インタビュー」参照）。

大阪が果たすべき役割

日本全体の中で、今後、大阪が果たすべき役割は何か。政党・維新も、維新が主導する大阪府と大阪市も、「副首都」という目新しい独特の言葉を前面に打ち出している。

大阪の門真市議、府議を経て現在、門真市長を務める維新所属の宮本一孝（みやもとかずたか）は唱える。

「重要な点は、若い人たちが今、地方に住もうとしないことです。選択肢は東京しかない。それを変えるには、まず大阪を軸にして、もう一つの選択肢を作る。東京に代わる選択肢を全国に数多く作るために、まず大阪からというのが僕の考え方です」

大阪府議で大阪維新の会（代表は吉村府知事）の幹事長の横山英幸（よこやまひでゆき）は「やっぱり副首都なんです」と前置きして提唱する。

「大阪は首都機能を備えた町として関西で認識されるべきです。関西でリーダーはどの都市かといえば、文化は京都、おしゃれは神戸と言う人がいますが、経済力は大阪で、交通インフラでも中心地です。関西全体の起爆剤としての町造りというのが大前提にありますので、大阪の副首都化を進め、大きな方向として西日本のリーダーとしての地位を確立する」

副首都建設は大阪の成長戦略の核という位置づけのようだ。ただし、非維新の大阪市議の松崎は疑問点を提起する。

「『東京に負けへん、大きな町を造っていこう』と言うたら受けますが、『具体的にどないすんねん』と言うたら、『副首都や』と言うてるだけです。副首都って、定義がないんですよ。言葉だけ。法律で決まっているわけではない。東京がほんまに首都機能の一部を移してくれるんか。それは移さんでしょう」

法制化などの制度設計は今後の課題で、現状ではスローガンの域を出ないのも事実だが、大阪府と大阪市では、副首都推進局を中心に、具体的なプランの策定と準備に余念がない。主な取り組みの中に、「大阪スマートシティ戦略」「スーパーシティ型国家戦略特区」というプランがある。

スマートシティは、内閣府のホームページの「スマートシティガイドブック」（内閣府・総務省・経済産業省・国土交通省スマートシティ官民連携プラットフォーム事務局）によれば、「ＩＣＴ等の新技術や官民各種のデータを活用した市民一人一人に寄り添ったサービスの提供や、各種分野におけるマネジメント（計画、整備、管理・運営等）の高度化等により、都市や地域が抱える諸課題の解決を行い、また新たな価値を創出し続ける、持続可能な都市や地域」と定義されている。野村総合研究所（ＮＲＩ）の「用語解説」は、「都市内に張り巡らせたセンサー・カメラ、スマートフォン等を通じて環境データ、設備稼働データ・消費者属性・行動データ等の様々なデータを収集・統合してＡＩで分析し、更に必要に応じて設備・機器などを遠隔制御することで、都市インフラ・施設・運営業務の最適化、企業や生活者の利便性・快適性向上を目指すもの」と説明する。大阪市が掲げている具体化の内容例を見ると、自動運転、空飛ぶクルマ、ドローンによる配送や監視システムなどの案が並んでいる。

一八年一一月に二五年大阪・関西万博誘致に成功した後、一九年四月の大阪府知事・大阪市長のダブル選で当選した吉村知事が、万博開催に向けて、スマートシティ構想を選挙公約に掲げた。大阪府と大阪市は、四カ月後の八月、大阪スマートシティ戦略会議の第一回の会合を開催し、以後、戦略の組み立てと地域で展開する具体案の検討と準備を進めてきた。

スーパーシティ構想と国際金融都市構想

一方のスーパーシティ構想も、一九年、当時の安倍晋三首相と菅義偉官房長官の体制の下で、内閣が打ち出した構想である。実現の手続きを定めた国家戦略特別区域法などの改正法案が一九年の通常国会に提出されたが、閉会で廃案となった。その後、二〇年に法改正が実現し、新たに国家戦略特区の一類型として「スーパーシティ型国家戦略特区」が創設されることになった。

スーパーシティ構想の公募が始まる。二一年四月の提出期限までに、全国の三一の自治体から応募があった、と菅内閣の坂本哲志（さかもとてつし）地方創生担当相が発表した。小は北海道の更別村、大は政令指定都市の仙台市、浜松市、北九州市など、大中小の地方自治体が手を挙げたが、大阪府と大阪市も共同で名乗り出た。大阪は「二五年万博のテーマである『健康といのち』を掲げ、夢洲と都心の『うめきた二期』の二つのグリーンフィールドを先駆けとして、広域データ連携基盤の構築による都市ＤＸを推進する」とうたっている。

申請提出期限の一年後の二二年四月一二日、岸田文雄内閣はスーパーシティの対象地域に大阪市と茨城県つくば市を初めて指定する閣議決定を行った。大阪府副知事の山口信彦が大阪のスーパーシティ構想の狙いを解説する。

「大阪の場合、グリーンフィールドの対象となる夢洲で実施する構想なので、思い切った取り組みを行うこととしています。一つは最先端医療の展開です。ＩＲ開設プランと関連しますが、大阪の医療資源を活用した外国人診療などが視野にあります。もう一つはあの島で空飛ぶクルマや自動走行など、最先端のモビリティを実際に運航できるようにする。こうした取り組みで人を集め、サービスを提供し、マーケットとして成長させる。大阪市が政府の対象地域の指定を受けましたので、規制緩和も実施され、いろいろなチャレンジが可能になる。企業も含め、期待は非常に高いです」

大阪の成長戦略として、吉村知事が強い関心を示しているのは国際金融都市構想だ。この問題をめぐる大きな環境変化は、アジア屈指の国際金融都市であった香港の変貌である。中国の共産党政権による自治圧殺・北京政府体制への強制的な組み込みに伴い、国際金融都市・香港の没落が現実となる可能性も出てきた。その場合、代わって大阪が受け皿を引き受ける姿勢を打ち出すべきだという声も噴出し始めている。

二〇年一二月一八日、インタビューで、その点について吉村の見解を尋ねた。

「そういうプランもあります。最近、それも宣言しました。経済団体と事務組織を立ち上げ、『国際金融都市・大阪』を目指す方向で、金融のプレイヤーの皆さんを交えて、具体的に動き出しています」

その後、二一年三月二九日に、大阪の行政と関経連などの経済界、各種団体で構成する国際金融都市ＯＳＡＫＡ推進委員会（会長は関経連の松本正義（まつもとまさよし）会長）が設立された。吉村は歴史的な背景も踏まえて、金融に関する大阪の特異性と優位性を説いた。

「われわれが考えているのは、東京やニューヨーク、ロンドンのような国際金融都市ではなく、エッジを利かせた国際金融都市です。デリバティブ（金融派生商品）などに特化する。もう一つは私設取引システムやフィンテック（金融と技術を組み合わせた新しい金融サービス）など、日本でまだ広がっていない分野に照準を合わせた国際金融都市を目指す。デパート型ではなく、ブティック型の国際金融都市です」

「一番大きなハードルは国の税制」と吉村は主張する。

「国際金融都市も、税制で財務省の反発が予想されます。これが変わらない限り、無理です。簡単には行かない分野ですが、日本の将来を考えて、今までできなかったことを実行するかどうか。政府の実行力に期待しています」

税制の壁の突破はもちろん重要な課題だが、全盛期の香港と比べて、大阪がその足もとにも及ばないのが資本の蓄積だ。この点が国際金融都市を目指す大阪の最大の弱点という分析も多い。

現実にはイギリスのシンクタンクなどが公開している国際金融センターとしての世界の都市ランキングを見ると、一位・ニューヨーク、二位・ロンドン、三位・上海、四位・香港で、東京は七位、大阪は三二位である。「国際金融都市・大阪」が現実となる日が訪れるかどうか。

子育て支援で活気のある都市に

二〇二〇年代以降の日本社会が直面する問題は、安全保障や軍事を別にすれば、経済成長のストップ、停滞と低迷による先進国脱落の危機などが重大な課題だが、少子・高齢化による人口減社会、赤字膨張による財政危機の到来も大きな懸念材料である。

日本の人口は〇八年の一億二八〇八万人がピークで、以後、減少が続いている。二一年の人口は一億二六一〇万人だが、国立社会保障・人口問題研究所の一五年国勢調査に基づく「日本の将来推計人口」（一七年推計）によれば、四〇年に一億一〇九二万人、五〇年に一億人、六〇年には九九一三万人になるという。

一方で、国の財政赤字は拡大の一途をたどっている。国債の発行残高は二一年度末の二二年三月で一〇〇〇兆円を超える見通しである。

それでは「日本の先行指標」の大阪はどうか。大阪府の人口は一〇年の八八七万人がピークだった。以後、減少期を迎える。二二年三月一日の時点で約八七八万人となっている。推計では三〇年に八三三万人、四〇年に七七六万人まで落ち込むと予想される。

大阪市は一九六五年に戦後最高の三一六万人の人口を擁していたが、その後、減少に転じる。九五年に二六〇万人まで落ちたが、二二年三月一日の人口は約二七四万人である。推計によると、今後は三〇年に二六九万人、四〇年に二五七万人となだらかに減少するという（以上、大阪市作成「大阪市人口ビジョン」一六年三月策定・二〇年三月更新より）。

大阪府の山口副知事は人口減問題への対策が必要と語る。

「やはり人を呼び込む施策をしっかりやらなければなりません。とりわけ働く世代、子供を産んで育てる世代をしっかり呼び込むことが大事ですね。この世代は働く場所がなければ呼び込めないので、雇用を創出できる成長戦略を推し進める。併せて維新がやってきた学費の無償化など、子育て、教育費のサポートをしっかりやって、子育て世代が住みやすく、活気のある都市にする。それが重要だと思います」

大阪府の財政についても、山口は「持続性はある」と訴える。

「コロナの影響で税収が二割くらい減るのでは、と予測されましたが、実際は下がっていません。二一年度の税収はコロナ前の水準より微増です。財政調査基金も取り崩していません。コロナが終わってみないと何とも言えませんが、財政の状況は悪くありません。財政の持続性という点では、大阪府では財政調整基金で確保する最低ラインを一四〇〇億〜一五〇〇億円と見て財政運営をやっていますが、今の段階ではクリアできています。このままコロナを乗り切り、経済活動が再開されれば、財政運営は大丈夫だと思いますね」

大阪市長の松井もインタビューで、「大阪市の転入人口は東京二三区よりも多い。人口減を止めるための努力の効果が現れてきたかなと思います。その結果、一〇年前に一三〇〇億円程度だった市民税の税収が今は二二〇〇億円に」と、財政への好影響を強調した。

維新流改革は日本政治を変えるか

維新結党後、大阪での一二年の維新政治の新しい挑戦は、これからの日本経済の先行モデルとなるかどうか。日本は「失われた三〇年」の長期停滞が尾を引き、今や先進国から脱落も、という危機と背中合わせだが、維新の挑戦が日本経済の「トンネル脱出」の先駆けの役割を果たしているのかどうか。判定を下すには、経済全体の動向とともに、大阪での実験の成り行きを、さらに見極める必要がある。

政党・維新による新しい挑戦という意味では、それだけでなく、日本全体の先行モデルとして、日本政治の変革という点でどんな役割を果たしてきたか。その問題も、そろそろ中間点での点検を行うべき時期に来ている。

維新政治の特質として挙げられるのは、次のような点である。地域での自民党分党による新党結成、本格的な地方分権と地域主権の追求、大阪での行政掌握による実験、地方政党の国政進出と一〇年以上の生命力の維持、地方自治体の長や地方議員と国会議員が対等という党内構造の初の分権型政党、国政で与野党の枠にとらわれない是是非非路線などだ。

第一二章で触れたように、党代表の松井は、この特質を堅持したままで「次は野党第一党を」と言明している。松井を筆頭に、維新の人たちは、維新流政治がこれからの日本政治の一つのスタンダードとなるべきだと考えているのだろう。

目標どおりに国政で野党第一党の勢力となる日が来れば、維新政治のこの特質が国民全体の半数に近い人たちの支持と共感を得たことになる。つまり維新流の変革路線を日本政治のスタンダードとするための第一歩が野党第一党到達、という位置づけに違いない。

維新流の変革とは、「日本の統治システムを中央集権国家から分権型国家に」「東京一極集中型の政治から地域分散型の政治に」「伝統的な保守と改革保守を対立軸とする政治に」「自民党の分党を実現して是是非非路線による新しい政党政治に」といった方向と見られる。もしこの路線が、大阪とその周辺だけでなく、全国的に幅広く容認され、その結果、日本政治の構造が大きく変化し始めるという状況になれば、維新流の変革路線が日本政治のスタンダードというポジションに近づく。

冒頭の堺屋の見立てに沿って、大阪は日本の先行モデルだという論に立つと、大阪で生まれた維新流の政治変革路線は遠くない将来、日本政治のスタンダードとなりうる。その仮説どおりに、維新が主導する大阪政治は果たして日本の政治の構造を変える起爆剤となるかどうか。それが現実となる日が訪れるなら、東京とは別のもう一つの選択肢の大阪は、名実ともに日本の「一方の極」と「副首都」と認められる存在になる可能性がある。カギを握っているのは、政党・維新と維新政治の虚実を見抜く全国の有権者の鑑識眼である。

松井一郎（日本維新の会代表・大阪市長）インタビュー

2025年大阪・関西万博は必ず成功する

――現在、大阪も含め、新型コロナウイルスのオミクロン変異種による感染第6波が未収束です。ですが、今後、ポスト・コロナの段階に至ったときには、大阪も経済や産業社会、住民生活などの立て直しと再生が次の大きなテーマになると思われます。

「大阪市は二月一六日に予算編成を終え、二〇二二年度の当初予算案を発表して議会に提案しましたが、大阪全体で見ると、大阪市の税収は伸びているんです。大阪経済へのコロナの影響という問題では、打撃の大きい分野とそうではないところで、格差が出ていて、観光業やサービス業は非常に苦しい状態ですが、全体で見ますと、大阪経済はそんなに悪くはないという状況です。

これから一～二年、まだコロナと共存しながらやっていくウィズ・コロナの時代が続くと思いますので、感染状況を見極めながら、第一に、厳しい状況のホテル業や飲食業など観光業、サービス業の支援をやりたいと考えています。世界各国で訪れたい国のナンバーワンは日本で、トップの町は大阪ですから、コロナが落ち着けば、インバウンドは一挙に回復するんじゃないかなと思っています。

加えて、重要な点は感染を拡大させない取り組みです。現在、進めている対策を継続していくと同時に、大阪では二二年四月、大阪市立大学と大阪府立大学を母体に大阪公立大学が誕生しますので〈註〉大阪公立大学は二二年四月一日に開学)、そこに感染症専門の大阪国際感染症研究センター(仮称)を造る予定です。二年前、われわれが両大学の統合の準備をしているときにコロナの大流行が始まりました。医学部と獣医学部と農学部を持つ大阪公立大学は、感染症を研究するポテンシャルを有する大学になりますから、将来の未知の感染症という脅威に対して、社会活動を崩壊させないで退治できるような形を生み出していきたいと思っています。

一方、一七年四月に旧大阪市立環境科学研究所と旧大阪府立公衆衛生研究所を統合して地方独立行政法人の大阪健康安全基盤研究所が設立されています。ここで疫学調査チームを新しく設置したり、人材交流もしますので、研究能力も上がっています。こういうものをフル活用して、世界の人々がこれだけ流動する時代、感染症が発生をしても、社会を動かしながら退治できる形を作っていきたい」

――一八年に二五年大阪・関西万博の誘致が決まりました。「健康と長寿」がモチーフの万博決定

後にコロナとぶつかりましたが、万博の位置づけに変化はありませんか。

「テーマは『いのち輝く未来社会のデザイン』ですから、まさに感染症に負けない、高齢化も克服できる技術を生み出す万博にしたい。参加を望む民間のパビリオンも、予想以上のオファーがありました。大阪、関西の企業のみならず、万博を活用しながら新しいイノベーションを、という前向きな姿勢が表れていると思っています。コロナがあったからこそ、命に向き合い、命を守り、感染症を克服して充実した人生を送れるように、逆にピンチをチャンスととらえようという気運が盛り上がってきていると受け止めています。

開催の主体は国ですから、外国との協議は、経済産業省が中心となって万博協会と組んで、オンラインなどを活用しながらやっています。各国とも大阪・関西万博に対する関心は非常に高いという手応えを感じています」

――開催地の自治体として、インフラ整備などの準備の状況は。

「会場が大阪市内ですから、インフラ整備は大阪市が中心となって基本設計から実施設計に入っていくところですが、順調に進んでいます。最も重要なのは、財源の裏づけです。実は今、長期の財政シミュレーションをやっていますが、大阪市は五年先くらいには地方交付税交付金の不交付団体となるという展望が見えてきました。財政状況は非常に順調です。インフラ整備などは遅れることはないと思っています」

――万博開幕のときに外国からの訪問者数が大きく回復した場合、会場への輸送体制を心配する声

もあります。

「三年後ですから、情報通信やデジタルの技術がさらにスピード感をもって進化するでしょう。二五年の万博は予約制で、ＡＩを駆使して人の流れをコントロールし、来場者にストレスを感じさせない会場運営を行いたいと思っています」

大阪の少子化対策を「全国化」すべき

――インフラ対策では、ＩＲの誘致準備との関係で、高速道路整備や人工島の土壌対策などで、追加予算の問題が報じられています。

「追加予算という点では、ＩＲについて、約七九〇億円という土地改良費用の問題が出ていますが、これはＩＲができれば、年間二五億円の家賃をいただく話です。もう一つ、カジノの交付金として、事業者から大阪府・大阪市に年間一〇五〇億円が入る仕組みになっています。約七九〇億円の支出で大阪市の財政状況が傷むことは一切ありません。

事業計画や収支の見込みが甘いのでは、という声はあります。事業はノーリスクではありませんが、リスクをヘッジするために、しっかりと計画を審査してやっています。計画は日本のメガバンク二行がファイナンスを付けることを確約していますが、われわれのところにファイナンスを証明するメガバンクのレターもあります。規模は五〇〇〇億円で、事業者になるＭＧ

Mリゾーツ・インターナショナルとオリックスの事業計画を、メガバンクが精査した上でファイナンスを決定しています。さらに大阪の大企業二〇社が全体の二割分、出資しますが、上場企業ですから、いい加減な事業に変な形で出資したら、経営者は株主代表訴訟で全員クビとなり、損害賠償で訴えられます。こちらもきちんと事業計画を審査した上で出資するわけです。

もう一つ、バブルのときと違うのは、われわれは大型高層ビルのような箱物を造るわけではなく、今ある土地を貸すという話です。借り主がいて、相手の用途に見合うように土地改良をするのは、行政としては当然の責務だと思っています」

――IR誘致の成功の見通しは。

「自信はありますよ。IRは観光産業を持続的な成長産業とするために必要ということで、安倍晋三内閣時代にわれわれ維新が自民党と一緒に、観光立国を作るという目標を掲げて、基本法、実施法を含め、推進してきたわけです。その一番高いポテンシャルを持っているのは大阪だと僕は思っています。ただ、国におけるIRの計画工程の遅れとコロナの発生で、IRができ上がるのは万博終了の四年後と、時期は後ろ倒しになりました」

――大阪の将来について、中・長期的に見た場合、日本全体で顕在化しそうな高齢化と人口減の現象が大阪でも顕著になるのでは、と予想する見方もあります。

「一〇年前、国の調査で、大阪府域の人口は当時の八八〇万人から一〇年後には八五〇万人に減少するという予測値が出ていました。ところが、一〇年が経過して、現在は約八七九万人で横ばいです。大阪から出ていく人と入ってくる人の比較の流動人口も、二〇年は大阪府域全体でプラスです。入ってくる人の数が大阪市は東京二三区よりも多い。もちろん人口減少を食い止めるためにいろいろなことをやっていますが、その効果が現れてきたかなと思っています。その結果、一〇年前と比べて、大阪市の財政がよくなった。一番の牽引車は市民税です。当時、一三〇〇億円程度だったのが、今は二二〇〇億円です。現役世代の転入が大きい。

この一〇年、『待機児童ゼロ』ということで、保育所の整備をやってきました。昔は保育所に預けられないから、どうしても週何日かのパートでした。待機児童はまだゼロにはなっていませんが、今は数人です。現役世代が働きやすいようにして、雇用が生まれた。非課税だった世帯が課税対象になった。それだけ市民税の税収が増えているわけです。

現役世代の人たちは行政のサービスを非常にシビアに見ています。大阪の場合、大阪府・大阪市で全国に先駆けて教育無償化に取り組んできました。私立高校の完全無償化は現在、全国で大阪府だけです。私が完全無償化と言っているのは、私立高校の授業料に上限を設定して自己負担なしという意味です。

大阪市は二〇年から小・中学校の給食費も無償です。全国の政令指定都市では大阪だけです。給食費は子供一人で一カ月四五〇〇円、二人で九〇〇〇円かかっていた。春夏冬の休みがあるので、年間で計一〇カ月分、約九万円です。そういうことも、子育て世帯にとって非常に生活しやすい町として認識されているだろうなと思います。

日本全体の高齢化・人口減対策は国がやらないとダメですが、長期的には高齢化社会の解消はやはり少子化対策に力を入れるしかないと思っています。それには何よりも子育ての負担の軽減で、僕らが大阪でやっていることを全国でやるべきです」

霞が関にも改革派はいる

――維新が目指した大阪都構想は住民投票で計二回、否決となりました。大阪府と大阪市の二重・二元行政の打破という目標に挑戦するために今後、どういう取り組みを。

「二一年、大きな仕事は大阪府が司令塔を担うという形で広域一元化条例を成立させました。小さなところでは府・市の対立はあるかもしれませんけど、大きな仕事の権限は大阪府が持ちましたので、今後は都市の経済を牽引するような大規模事業については、大きな対立にならないような仕組み作りができたのではないかなと思っています」

――都構想にもう一回、挑戦する気持ちはありますか。

「僕はもうないです。過去のように大阪府知事と大阪市長が話もしないような人になったら、制度を見直すべきだという声が上がるかもしれませんが、今はうまく行っているので、そういう声は上がりません。維新の知事・市長という形であれば、絶えずやり取りしていますから、二重行政は起こらない。制度として条例でルールを作っていますので、二重行政にはならないと思います」

——二一年四月、維新の党大会で「野党第一党を目指す」と打ち出し、半年後の衆院選では「野党第二党」となりました。将来的には今も「野党第一党」が目標ですか。

「日本の国のためには、自民党をピリッとさせるまともな野党が必要、と僕は思います。今、自民党は全然ピリッとしていません。立憲民主党は、自分が当選をするために主義主張は横に置いて野合・談合ができる党です。こんな党が野党第一党ですから、当面は自民党政権が続きますよ」

——二一年一〇月に岸田文雄首相が登場しました。政策、路線をどう受け止めていますか。

「『新しい資本主義』も、抽象的で、よく分からないんですよ。この方向でという首相自身の具体的な施策が見えない。そこが一番の問題です。上手にぼやかしてるなあという感じですね。だから、おかしいということは、われわれは徹底的に追及していきますよ。

就任後の衆院選でも『改革』という言葉は出てこなかった。改革派ではないんでしょうね。保守という点も、自民党には強硬な保守と穏健な保守があり、宏池会の岸田首相は穏健派のほうでしょう。僕は穏健でいいと思う。あんまりマッチョなのも、ちょっと怖いなと思います。ただ、外交などで、けじめ、信念、絶対に譲れない一線があるというところは、メッセージとして出してもらいたいなと思いますね」

——岸田首相の基本的な方向は、経済政策では分配重視路線と見られています。

「分配するには財源が要ります。大阪市、大阪府とも、一〇年前は財源がなかった。でも、財源を作ったらやれた。われわれがやった改革を日本中でやったら、財源は絶対できると思います。ただ、すごい抵抗があります。最初に取り組んだのはスリムな役所の実現でした。立憲民主党系、共産党系の労働組合は大抵抗しましたが、乗り越えました」

——維新が国政政党として、同じ姿勢で国政でも改革路線を貫けば、霞が関の官僚機構の抵抗や反対、逆襲などが予想されます。

「大抵抗があるでしょうね。だけど、霞が関にも改革派が絶対にいると思います。政治家が生ぬるいことをやるから、改革派の人も国益より省益を考えるようになる。大阪府と大阪市の職員もそうです。職員になって最初に公務員として宣誓するときは、みんな公僕として公に奉仕するという高い志を持って入ってくる。ところが、入ると先輩がいて『そんな、頑張ってもな、一緒や。まあ、先輩に言われるようにしといたらええねん。そのほうが大事にしてもらえるし、しんどい思いをせんでええねん』と言う。組織の中で経験を積み重ねるたびに、最初の志がどんどんなくなっていく」

——府庁や市役所の中で、どうやって改革派を育て、広げていったのですか。

「政治家が本気度を見せることだけです。そこがわれわれの身を切る改革です。それでガラッと変わります。大阪府庁、大阪市役所でも、改革派の人たちはずっと支えてくれました。今の局長とか部長は、僕らがやり出したとき、課長とか係長だった人たちで、このままだと大阪府はどうなるの、と危機感を持っていて、改革が必要と感じていた職員。府民の満足度とか、公務員としてのやりがいもある。住民から『これ、やってくれて、ありがとう』とか言われると、やっぱり職員もうれしいですよ」

禅譲も後継指名もしない

――二〇年一一月に大阪都構想の住民投票再否決という結果が出たとき、「大阪市長の任期満了の二三年四月に政界引退」と予告しました。今も同じ考えであれば、市長は残り一年です。市長として、目標としながら、できていなくて心残りな点はありませんか。

「ないです。市長としての公約のトップ項目は『重大な児童虐待ゼロ』でした。一一年に橋下徹市長が登場するまでは、二七〇万人の人口の都市なのに、虐待を受けたときの児童相談所が一カ所しかなかった。橋下市長と吉村洋文市長でやってきましたが、僕はさらにきめ細やかに対応するために四カ所体制にすることにした。完成まではあと三年かかりますが、すでに着工済みです」

――維新は「野党第一党」など、未達成の大きな目標がいくつも残っていますが、やはり予告どおり二三年四月の政界引退という決意に変わりはありませんか。

「辞めます。二回目の住民投票のとき、住民の皆さんに重い決断をお願いする限り、負ければ辞めるという決意を固めたわけで、その結果を受けて、誰かが責任を取らないといけない。自分でしっかりけじめをつけたいと思います」

――とはいえ、その一年後の衆院選で維新は躍進し、党代表としては、言ってみれば国民の信任を得たわけです。その責任を背負って代表を続けるべきでは。

「政党の内部では、絶えず新陳代謝が必要です。僕の世代というか、僕はやり切った感がある。次の吉村知事の世代の人たちに後を託したいなと思っています」

――引退の決意は不変ということであれば、後継問題は。

「現在の維新の大阪府議会議員、大阪市会議員の中心は、すべて吉村知事と同期の一一年当選組です。このメンバーには、党を担えるスキルも持った人がたくさんいます。そういう人の中から、オープンな形で候補者を決めたい。どうやって選ぶかは、これから大阪維新の会の中で、吉村さんを中心にルール作りをすると思います。維新の政策は継続するのが当然として、手を挙げてくる人たちは、やりたい点をオープンに打ち出して、街頭でも訴え、世論調査やネット調査も活用しながら、一番支持が高い人を候補者として擁立して本番の大阪市長選に挑むという形で行きたいと思っています」

――意中の後継候補はいますか。

「僕がそれを言うと、決まってしまいます。禅譲も後継指名もしないのが基本です」

――二三年四月で政界引退というと、年齢は六〇歳です。その後の人生設計は。

「それはまだ考えてないんですよ。何、しようかなあ」

――以前のインタビューで、「政治家をやるモチベーションは怒り。僕らが維新を作る前の大阪の政治はひどかった。大阪の改革に取り組んできたのも怒りから」とお聞きしました。現在の国政の状態を見て、全国政党の党首として怒りに火がつき、引退せず、続けてやるという気にはなりませんか。以前は「立憲民主党や共産党が政権を取ったら、もう一度、怒りに火がつくかも」と漏らしていましたが。

「今、立憲民主党と共産党で政権を取ることは一〇〇パーセントありませんから。今のところ、怒りが込み上げることはないですね」

――一度、現場から退場した後、一休みしていずれ政治で次の挑戦、という考えは。

「何度も申し上げていますけれども、政治は怒りからスタートしているんです。それがない間は政治の世界には戻ろうと思ってません。今は本当に怒ってないので」

（インタビューは二〇二二年二月一六日）

あとがき

大阪政治の断片を初めて見聞きしたのは、一九七一（昭和四六）年の初めから翌七二年夏までの約一年半であった。七〇年大阪万博が開催されて間もないころである。

二〇代半ばから三〇歳ごろまで、身のほどをわきまえず、司法試験に挑戦し、挫折した経験がある。その時代、大学卒業後に就職した雑誌編集部（社団法人日本能率協会『マネジメント』編集部）を退職し、大学時代のゼミの中村菊男教授のご紹介で、弁護士兼衆議院議員だった岡澤完治先生の事務所に勤めることになった。働きながら司法試験受験を、という希望を聞き入れてくださるありがたいお話である。

岡澤先生は大阪府議の後、六七年の衆院選で初当選を遂げ、民社党の中央執行委員や政策審議会の副会長などを務めた。選挙区は大阪府の豊中市、高槻市、枚方市などの旧大阪三区であった。

ところが、七二年六月に四九歳という若さで病死された。衆議院議員の当選回数は二回、在任期間は五年五カ月で終わった。

私がお仕えしたのは短い期間だったが、地元の関係者の方々を通じて、二五歳前後の時期に、ほんのちょっとだけ、大阪の政治の一端をのぞいた。

以後の大阪との関わりは、七七年四月に月刊『文藝春秋』の記者となり、取材や調査に携わるようになってからの体験がほとんどである。振り返ると、二〇一〇年四月の大阪維新の会結成以後の維新政治の取材・執筆を別にすれば、以下の三つの人物論の仕事が特に印象深い。

第一は、陽明学者で戦後、「歴代首相の指南番」と呼ばれた安岡正篤氏。大阪市内で生まれ、大阪府下の旧制四條畷中学から第一高等学校、東京帝国大学に進んだ。この人物の生涯を追跡し、『昭和の教祖　安岡正篤』という表題の本にまとめた（一九九一年七月、文藝春秋刊）。

第二は、戦後間もない四五年一〇月から四六年五月まで首相を務め、在任中に現在の日本国憲法の草案の策定を主導した幣原喜重郎氏。現在の大阪府門真市で生まれ、一七歳のときに学校の移転によって京都で下宿生活を始めるまで、大阪で育った。この人物も評伝の対象として取り上げた（九二年四月、文藝春秋刊『最後の御奉公　宰相幣原喜重郎』。後に改題して、九八年八月に文春文庫版、二〇一七年一月に朝日文庫版で『日本国憲法をつくった男　宰相幣原喜重郎』として刊行）。

第三は、小泉純一郎内閣で〇一年四月から二年五カ月、財務相だった塩川正十郎氏。現在の大阪府東大阪市で生まれ、一九六七年の衆院選で旧大阪四区から立候補して初当選した。塩川さんには生前、何度もお時間を拝借してインタビューさせていただいたが、財務相在任中の二〇〇二年の前半、大阪にも何回か足を運び、政治家としての足跡をたどった。その取材を基に、人物レポートを執筆した。

雑誌『プレジデント』〇二年六月三日号に「『塩爺、八十歳』　老人力の秘密」というタイトルで掲載となる。本書の「第五章　政治家・塩川正十郎」はその際の取材と執筆を基に再構成して作成した。

塩川関係の取材から一〇年後の一二年八月一〇日、大阪市の大阪府庁舎内の府議会議長室に、議長で大阪維新の会の政調会長だった浅田均さん（現日本維新の会参議院議員会長）を訪ね、一時間余、インタビューした。維新の関係の初めての取材で、浅田さんとも初対面であった。

後から振り返ると、一二年一一月一六日の野田佳彦首相による衆議院解散の三カ月前で、地域政党として出発した維新が国政進出を決め、次期衆院選をにらんで準備活動を本格化させていたときである。民主党政権の崩壊と民主党の凋落は決定的と見られていた時期で、インタビューでは、当時の民主党と自民党の二大政党政治の後に、第三極が台頭する可能性は、という点を中心に話を聞いた。

そのとき、浅田さんは「僕らの認識では、大阪は日本の先行指標。今の大阪を見れば、将来の日本が分かるという感じを持っている。既存の政党が絶対にできないことに手をつけていく」という言葉を口にされた。それまで約三五年、中央政治の観察を続けてきたが、「大阪は日本の先行指標」の一言は強く記憶に残った。

その後、橋下徹大阪府知事による「全国区の橋下ブーム」、一五年の大阪都構想の第一回住民投票の否決、橋下氏の政界引退、維新の「冬の時代」など、大阪政治の興亡と攻防が話題となる。大阪と政党・維新の動向に関心を寄せる国民は少なくなかった。

私は一二年の夏以来、折りに触れて維新政治のウォッチを続けてきたが、一八年一二月、長く連載執筆の場をご用意いただいている月刊『ニューリーダー』の清水恵彦編集長と懇談する機会があった。

「次の連載のテーマを」とうれしいお誘いである。あれやこれや、候補を挙げて品定めをしているとき、「大阪が二五年万博の誘致に成功しました。一九七〇年万博以後、五〇年の大阪の政治は」と持ちかけてみた。「それで行きましょう」とその場でゴーサインをいただく。一九年九月号（八月発売）から連載がスタートした。

以上のとおり、本書の記述は、『ニューリーダー』所収の「連載　大阪は燃えているか――『商都政治の興亡と攻防』」（一九年九月号〜二〇二一年九月号・全二五回）と、『プレジデント』所収の「『塩爺、八十歳』　老人力の秘密」（〇二年六月三日号）の拙稿が基になっている。本書の制作にあたり、雑誌掲載記事の全体の構成を見直した上で、大幅に加筆・修正・変更を施した。

さらに以下のインタビュー記事での関係者の発言を一部、抜粋し、併せて本書でも紹介した。

『プレジデントオンライン』公開記事（「塩田潮のキーマンに聞く」&「塩田潮の『トップリーダー』に聞く」シリーズ）

「浅田均」（二〇一四年六月二三日）、「馬場伸幸」（一六年二月五日）、「渡辺喜美」（一六年六月一六日）、「松井一郎」（一七年四月三日）、「馬場伸幸」（一八年一月二四日）

『東洋経済オンライン』公開記事

「浅田均」（一六年三月二九日）、「吉村洋文」（二〇年七月二二日・二三日）、「松井一郎」（二二年三月八日・九日）

月刊『ニューリーダー』掲載「インタビュー」シリーズ

「吉村洋文」（二一年三月号）、「松井一郎」（二一年八月号）

拙著『解剖　日本維新の会』掲載

「馬場伸幸」（二一年六月一〇日取材）、「浅田均」（二一年六月二六日取材）

それ以外に、雑誌編集部から執筆のチャンスをいただいた以下の単発記事の一部を本書の記述に取り入れた。

『サンデー毎日』一五年二月八日号・「橋下維新の『正体』――大阪都構想『5月住民投票』の舞台裏」

『週刊東洋経済』一九年一一月三〇日号・「ひと烈風録・第64回　浅田均　政策にはめっぽう強い『維新の頭脳』の実像」

『改革者』二二年五月号・「『野党第一党を』と叫ぶ日本維新の会の将来」

本書の巻末に、二二年二月一六日に大阪の日本維新の会本部で行った松井氏のインタビューの一部を掲載した。記事の全文は「東洋経済オンライン」で、前編「松井一郎『大阪流の少子化対策、全国でやるべし』」（二二年三月八日公開）と後編「松井一郎『日本のためにはまともな野党が必要だ』」（二二年三月九日公開）に分けて掲載になっている。

本書発行の約八カ月前、二一年一〇月実施の衆院選を前にした九月、拙著『解剖　日本維新の会』（平凡社新書）が刊行された。すでに本書の出版計画が固まっていて、取材・執筆を進めていた時期に、平凡社新書編集部から「維新の本を」とお誘いいただいた。この本は、大阪維新の会結成に至る前史から二一年七月ごろまでの維新の軌跡を追跡・検証し、政党・維新と維新政治の本質と真実の解剖を試みるのが狙いだった。

一方、本書は、一九七〇年の大阪万博の時代から、二一年衆院選での維新の躍進を経て、二五年開催の大阪・関西万博を視野に、約五〇年間の大阪政治攻防の歴史をたどり、「商都」と呼ばれてきた「経済の都市・大阪」に政治の側面から光を当てて、その興亡を描いた本である。つまり『解剖　日本維新の会』と本書は兄弟本で、内容も重複する部分が少なくない。一方で、刊行の時期、企画の目的の違いなどに重きを置いて、特色を出すように工夫した。その点について、読者の理解が得られれば、と願っている。

取材に際して、浅田さんをはじめ、松井さん、吉村さん、馬場さん、菅義偉前首相、故塩川元財務相など、多くの関係者の方々のご協力を得た。ご多忙の中、お時間を割いて質問にお答えいただき、貴重な証言を頂戴した。本書刊行は皆様方のご支援のお陰である。改めてお礼申し上げます。

前述のとおり、本書の基になる連載を長期にわたって担当していただいた『ニューリーダー』の清水編集長には終始、格別のご配慮を賜った。三四五〜三五六頁掲載の「松井インタビュー」と、本文で紹介した松井氏の発言の一部は、先述の「東洋経済オンライン」公開記事を転載した。そのための取材と公開記事の掲載について、東洋経済オンライン編集部の武政秀明部長のご助力を得た。ありがとうございました。

『ニューリーダー』の元発行人・元編集長の足立亘さん、東洋経済新報社専務取締役の田北浩章さん、冒頭で触れた故岡澤完治先生の義弟で弁護士の森野實彦さん、義妹の森野浄子さんには、有益なヒントを頂戴するなど、お力添えをいただいた。大変お世話になりました。

本作りは東洋経済新報社出版局編集第一部長の岡田光司さんが担当してくださった。岡田さんとのコンビは〇二年七月刊の拙著『郵政最終戦争』（東洋経済新報社）以来、二〇年ぶりである。前回同様、今回も行き届いたサポートで、順調な運びとなった。企画・取材・執筆・校正などの各段階で格別のご尽力を賜り、深く感謝しています。

なお、漢字の表記は一部の氏名を除いて新字に統一し、お名前は、勝手ながら敬称を略させていただきました。

二〇二二年五月

塩田潮

主な参考資料（五十音順）

秋山龍・奥田東監修『関西国際空港――建設へのみちのり』関西空港調査会・一九八五年

浅田均（聞き手・塩田潮）「古い制度に縛られない政治勢力の結集、野党再編を目指す」『プレジデントオンライン』（ウェブ記事）二〇一四年六月二三日公開

浅田均（聞き手・塩田潮）「おおさか維新、本格的な国政政党を狙う」『東洋経済オンライン』（ウェブ記事）二〇一六年三月二九日公開

朝日新聞大阪社会部『ルポ　橋下徹』朝日新書・二〇一五年

朝日新聞大阪社会部『ポスト橋下の時代――大阪維新はなぜ強いのか』朝日新聞出版・二〇一九年

東龍太郎『独善独語』金剛出版・一九七八年

阿部武司・沢井実『東洋のマンチェスターから大大阪へ――経済でたどる近代大阪のあゆみ』大阪大学出版会・二〇一〇年

上山信一『大阪維新――橋下改革が日本を変える』角川SSC新書・二〇一〇年

上山信一・大阪市役所（大阪市市政改革本部）編著『行政の経営分析――大阪市の挑戦』時事通信出版局・二〇〇八年

上山信一「続・自治体改革の突破口　第124〜125回　地域政党『大阪維新の会』とは何か」『日経XTECH』（ウェブ記事）二〇一二年一〇月二日・九日
宇野収・大阪府「なにわ塾」編『呼ばれてこの世の客となり』ブレーンセンター・一九九八年
大阪維新の会著・浅田均編『図解　大阪維新――チーム橋下の戦略と作戦』PHP研究所・二〇一二年
大阪オリンピック招致委員会編『2008年オリンピック競技大会招致活動報告書』大阪オリンピック招致委員会・二〇〇一年
大阪市「大阪市人口ビジョン」二〇一六年三月策定・二〇二〇年三月更新
大阪市ホームページ「2019年G20大阪サミットの開催支援」（ウェブ記事）二〇二一年一二月一七日
大阪自民サポーターズ「知られざる太田府政の財政再建成果」（ウェブ記事）二〇一九年七月一五日
大阪府・大阪市副首都推進局「府市連携の主な取組実績」二〇二二年二月一六日
大阪府自治制度研究会「大阪にふさわしい新たな大都市制度を目指して――大阪再編に向けた論点整理」大阪府自治制度研究会・二〇一一年一月二七日
大阪府商工労働部〈大阪産業経済リサーチセンター〉「大阪の経済成長と産業構造」（ウェブ記事）二〇一一年四月八日資料提供

太田房江『ノックとおるのはざまで』ワニブックス・二〇一八年
大山勝男『「大大阪」時代を築いた男 評伝・関一』公人の友社・二〇一六年
小沢鋭仁（聞き手・塩田潮）「日本維新の会はどこを憲法改正するのですか？」『プレジデントオンライン』（ウェブ記事）二〇一六年一一月三日公開
『O－BAY』編集部「特集 大阪市臨海部 咲洲・夢洲地区のまちづくりについて」『O－BAY』（大阪湾ベイエリア開発推進機構発行の広報誌・大阪市港湾局の取材協力・資料提供）第三九号・二〇〇九年春号
『改革者』編集部「政策研究フォーラム2022年全国会議・第1部会――衆議院議員選挙の総括と各党の重点政策」『改革者』二〇二二年四月号
柏木孝「講演記録 住民自治と大都市制度――住民と政治・行政との距離感の観点から」二〇一一年七月一五日
片山虎之助（聞き手・塩田潮）「なぜ大阪都構想は住民投票で否決されたのか」「安保法制法案が今国会で通らないと考える理由」『プレジデントオンライン』（ウェブ記事）二〇一五年七月九日公開
関西空港調査会編『関西新空港ハンドブック』ぎょうせい・一九九〇年
関西経済連合会・大阪商工会議所発行『空の鎖国を開く――関西新国際空港建設促進協議会の記録』非売品・一九八五年

岸昌『暁闇をひらく』一八会・一九七六年
岸昌『「大阪の時代」をつくる』ぎょうせい・一九八六年
喜多見富太郎『東京大学行政学研究会研究叢書4　地方出向を通じた国によるガバナンス』東京大学21世紀COEプログラム・二〇〇六年
清永高志「黒田共産府政を総括する」『革新』（民社党中央理論誌）一九七九年三月号
黒田了一『やちまた放談』キンキ出版・一九八二年
黒田了一『わが人生論ノート』大月書店・一九八四年
経済産業省「2025年国際博覧会検討会報告書」二〇一七年三月作成
月刊『WEDGE』編集部「日本経済は大阪の二の舞いか」『WEDGE』二〇一一年一月号
国際金融都市OSAKA推進委員会「国際金融都市OSAKA戦略骨子」二〇二一年九月九日
国立社会保障・人口問題研究所「日本の将来推計人口（平成二九年推計）」二〇一七年四月一〇日公表
小松左京『やぶれかぶれ青春記・大阪万博奮闘記』新潮文庫・二〇一八年
堺屋太一『堺屋太一が見た戦後七〇年　七色の日本　自伝堺屋太一』朝日新聞出版・二〇一五年
堺屋太一『地上最大の行事　万国博覧会』光文社新書・二〇一八年
堺屋太一「堺屋太一の戦後ニッポン70年　連載第17回　万国博覧会の功労者」『週刊朝日』二

○一四年一一月二一日号
佐藤章『関西国際空港——生産者のためのピラミッド』中公新書・一九九四年
左藤義詮『万博知事』毎日新聞社・一九六九年
塩川正十郎『佳き凡人をめざせ』生活情報センター・二〇〇五年
塩川正十郎『ある凡人の告白——軌跡と証言』藤原書店・二〇〇九年
塩川正十郎編著『時代を拓く！ 関西国際新空港』旭屋出版・一九八七年
塩川正十郎「酒の無理強い、死を招く怖さ」『朝日新聞』一九九一年一一月二三日朝刊「声」欄
菅義偉（聞き手・塩田潮）「TPP、規制緩和で日本経済はさらに成長する」「消費税10％引き上げの『再延期』は考えていない」『プレジデントオンライン』（ウェブ記事）二〇一五年一一月九日公開
砂原庸介『大阪——大都市は国家を超えるか』中公新書・二〇一二年
高橋洋一『大阪維新の真相』中経出版・二〇一二年
内閣府ホームページ「スマートシティガイドブック」内閣府・総務省・経済産業省・国土交通省スマートシティ官民連携プラットフォーム事務局
永田孝『鋼の心を現代に問う——大阪府知事・中川和雄の素顔』白川書院新社・一九九二年
永田尚三「なぜ維新の会は大阪で強いのか？」『改革者』二〇一九年七月号

永田尚三「ポスト大阪都構想の維新の会」『改革者』二〇二一年二月号
西脇邦雄「大阪都構想の歴史的考察――特別市制定運動とその挫折の実証的研究」『大阪経済法科大学地域総合研究所紀要』二〇一八年三月三一日号
日本経済新聞社『自治体破産――関西で何が起きているのか』日本経済新聞社・一九九九年
日本経済新聞社企画・政策「統合型リゾート（ＩＲ）特集号」『ＴＨＥ　ＮＩＫＫＥＩ　ＭＡＧＡＺＩＮＥ　ＳＴＹＬＥ』二〇二〇年三月二七日号
野村総合研究所（ＮＲＩ）ホームページ「用語解説」野村総合研究所
橋爪紳也『１９７０年大阪万博の時代を歩く』洋泉社・二〇一八年
橋下徹『政権奪取論――強い野党の作り方』朝日新書・二〇一八年
橋下徹『大阪都構想&万博の表とウラ全部話そう』プレジデント社・二〇二〇年
橋下徹「独占１２０分」『プレジデント』二〇一六年四月一八日号
橋下徹「さらば我が師、堺屋太一」『文藝春秋』二〇一九年四月号
橋下徹・木村草太『憲法問答』徳間書店・二〇一八年
橋下徹・堺屋太一『体制維新――大阪都』文春新書・二〇一一年
馬場伸幸（聞き手・塩田潮）「『維新の党』はなぜ分裂したのか」「橋下徹前代表は今すぐにでも政治家として復活してほしい」『プレジデントオンライン』（ウェブ記事）二〇一六年二月五日公開

馬場伸幸（聞き手・塩田潮）「議席はわずか11『維新』は国政に必要か」『プレジデントオンライン』（ウェブ記事）二〇一八年一月二四日公開
百田尚樹・松井一郎「われらの大阪興国論①～④」『Ｈａｎａｄａ』二〇一九年七月号～一〇月号
平松邦夫『さらば！　虚飾のトリックスター――「橋下劇場」の幕は下りたのか？』ビジネス社・二〇一五年
平松邦夫著・新聞うずみ火編『どうなる大阪――「都」になれない都構想』せせらぎ出版・二〇一五年
副首都推進局「さらなる府市一体化・広域一元化に向けて（これまでの府市の取組み）第21回副首都推進本部会議」（ウェブ記事）二〇二〇年一二月二八日
副首都推進本部「副首都ビジョン　副首都化に向けた中長期的な取組み方向（案）」二〇一七年一月
前原誠司（聞き手・塩田潮）「あの決断は後悔していません」『プレジデントオンライン』（ウェブ記事）二〇一七年一二月一二日公開
増田悦佐『大阪経済大復活』ＰＨＰ研究所・二〇〇七年
増田悦佐「規制撤廃でよみがえる大阪経済」『日本労働研究雑誌』二〇〇五年六月号
松井一郎「大阪都構想に学べ　憲法改正」『Ｈａｎａｄａ』二〇二〇年一二月号

松井一郎（聞き手・塩田潮）「聞いて欲しい僕らの『日本大改革プラン』 野党第1党を目指し、説明を尽くし、理解を得たい」『ニューリーダー』二〇二一年八月号
松井一郎（聞き手・塩田潮）「籠池氏には一度も会ったことはない」『プレジデントオンライン』（ウェブ記事）二〇一七年四月三日公開
松井一郎（聞き手・塩田潮）「松井一郎『大阪流の少子化対策、全国でやるべし』」／「松井一郎『日本のためにはまともな野党が必要だ』」『東洋経済オンライン』（ウェブ記事）二〇二二年三月八日・九日公開
松浪ケンタ『大阪都構想2.0――副首都から国を変える』祥伝社・二〇二〇年
松室猛「歴代知事選からみた、大阪の推移――8人の知事と、その時代 二水会100回記念講演」（ウェブ記事）二〇〇九年五月
御厨貴・牧原出編『聞き書 野中広務回顧録』岩波書店・二〇一二年
溝畑宏「なぜ今、大阪が外国人観光客に大人気なのか？」『THE21』二〇一八年一〇月号
横山ノック『知事の履歴書――横山ノック一代記』太田出版・一九九五年
吉富有治『橋下徹 改革者か壊し屋か――大阪都構想のゆくえ』中公新書ラクレ・二〇一一年
吉富有治『大阪破産からの再生』講談社・二〇一三年
吉村洋文（聞き手・塩田潮）「コロナに立ち向かい、自民党をピリッとさせたい 国際金融都市『ワン大阪』を実現したい」『ニューリーダー』二〇二一年三月号

吉村洋文（聞き手・塩田潮）「勇気こそがリーダーに最も重要だ」「吉村洋文が大阪都の実現にトコトンこだわる訳」『東洋経済オンライン』（ウェブ記事）二〇二〇年七月二二日・二三日公開

吉村洋文・松井一郎・上山信一『大阪から日本は変わる』朝日新書・二〇二〇年

吉村洋文・溝畑宏「万博誘致成功！　なぜ大阪は外国人に選ばれるか」『プレジデント』二〇一八年一二月三一日号

渡辺喜美（聞き手・塩田潮）「『参議院選挙出馬を決断した理由』を語ろう」「『てこの原理』でおおさか維新が安倍政権を動かす」『プレジデントオンライン』（ウェブ記事）二〇一六年六月一六日公開

「維新」をめぐる政党の変遷

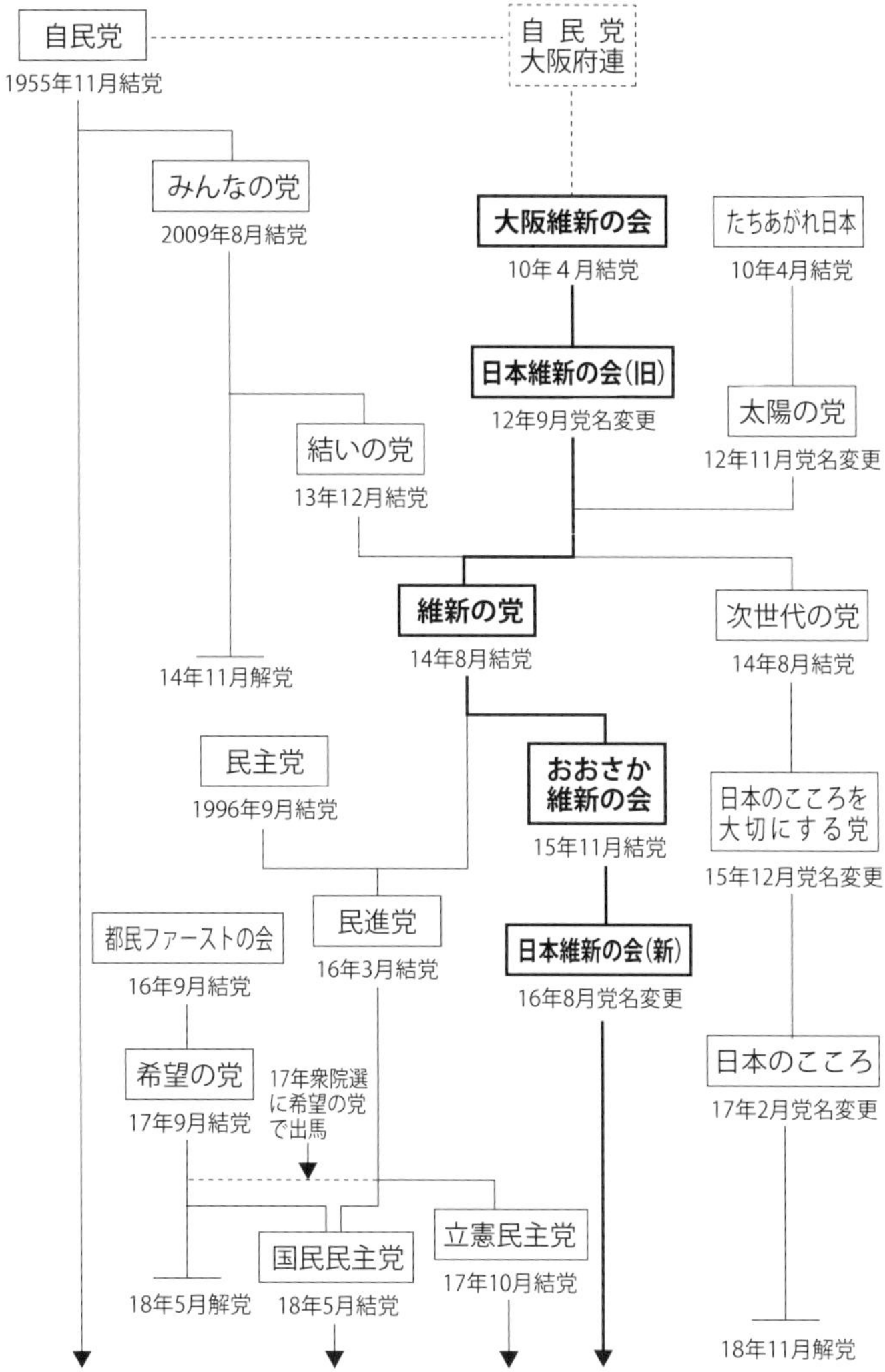
自民党
1955年11月結党
自民党
大阪府連
みんなの党
2009年8月結党
大阪維新の会
10年4月結党
たちあがれ日本
10年4月結党
日本維新の会(旧)
12年9月党名変更
太陽の党
12年11月党名変更
結いの党
13年12月結党
維新の党
14年8月結党
次世代の党
14年8月結党
14年11月解党
民主党
1996年9月結党
おおさか
維新の会
15年11月結党
日本のこころを
大切にする党
15年12月党名変更
都民ファーストの会
16年9月結党
民進党
16年3月結党
日本維新の会(新)
16年8月党名変更
希望の党
17年9月結党
17年衆院選
に希望の党
で出馬
日本のこころ
17年2月党名変更
国民民主党
18年5月結党
立憲民主党
17年10月結党
18年5月解党
18年11月解党

歴代　大阪府知事・大阪市長（1947 ～ 2022）

	大阪府知事	大阪市長
1947（昭和22）　4月	赤間文三（3期・12年）	近藤博夫（1期・4年）
1951（昭和26）　4月		中井光次（3期・12年）
1959（昭和34）　4月	左藤義詮（3期・12年）	
1963（昭和38）　4月		中馬　馨（3期・8年7カ月）
1971（昭和46）　4月	黒田了一（2期・8年）	
12月		大島　靖（4期・16年）
1979（昭和54）　4月	岸　　昌（2期・8年）	
1987（昭和62）　12月		西尾正也（2期・8年）
1991（平成3）　4月	中川和雄（1期・4年）	
1995（平成7）　4月	横山ノック（2期・4年8カ月）	
12月		磯村隆文（2期・8年）
2000（平成12）　2月	太田房江（2期・8年）	
2003（平成15）　12月		關　淳一（2期・4年）出直し選挙再選
2007（平成19）　12月		平松邦夫（1期・4年）
2008（平成20）　2月	橋下　徹（1期・3年9カ月）	
2011（平成23）　11月	松井一郎（2期・7年4カ月）	
12月		橋下　徹（2期・4年）出直し選挙再選
2015（平成27）　12月		吉村洋文（1期・3年3カ月）
2019（平成31）　4月	吉村洋文（1期）	松井一郎（1期）

戦後大阪政治関連年表

西暦	元号	年	大阪の動き	主な出来事
1947	昭和	22	4月 初の公選で赤間文三が大阪府知事、近藤博夫が大阪市長に当選 6月 大阪市が大阪港復興計画	4月 統一地方選挙 4月 地方自治法公布（特別市制導入） 5月 日本国憲法施行
1948		23	6月 大阪市会が大阪の特別市実現の意見書発表 9月 大阪で復興大博覧会開催	
1950		25	8月 大阪府が事業場公害防止条例	5月 国土総合開発法制定
1951		26	4月 中井光次が大阪市長に就任	9月 対日講和条約調印
1954		29	4月 第1回大阪国際見本市開催	4月 地方交付税制度導入 12月 吉田茂内閣総辞職
1955		30	4月 大阪市に6カ町村編入	11月 自民党結党
1956		31	9月 大阪市が政令指定都市に	9月 政令指定都市制度導入 10月 日ソ共同宣言に調印 12月 日本の国連加盟実現
1958		33	3月 米軍接収の伊丹空港が全面返還 5月 大阪府が千里ニュータウンの開発を決定	
1959		34	4月 左藤義詮が大阪府知事に就任 4月 大阪市が地盤沈下防止条例 7月 伊丹空港が国際空港に指定	4月 皇太子の結婚式
1960		35	7月 大阪府が企業局設置	6月 新日米安保条約批准書交換
1961		36	4月 大阪環状線開通 8月 釜ヶ崎暴動	
1962		37	5月 阪神高速道路公団発足	6月 煤煙排出規制法公布

	昭和				
		6月	ワイズマン報告が関西新空港の建設を提唱		
		9月	千里ニュータウン初入居	10月	政府が全国総合開発計画を決定
1963	38	1月	杉道助が左藤府知事に大阪万博誘致を提案		
		4月	中馬馨が大阪市長に就任	7月	近畿圏整備法公布
1964	39	7月	梅棹忠夫らが万国博を考える会を結成	4月	日本が経済協力開発機構（OECD）の加盟国に
		10月	東海道新幹線開通	10月	1回目の夏季東京五輪大会開幕
				11月	佐藤栄作内閣発足
				12月	国際博覧会条約を批准
1965	40	4月	70年大阪万博の会場が千里丘陵に決定	2月	日本が博覧会条約の加盟国に
		12月	阪神高速道路大阪1号線が開通	6月	日韓基本条約調印
1966	41	5月	70年大阪万博の誘致決定		
1967	42	11月	泉北ニュータウン初入居	7月	資本自由化正式実施
1969	44	3月	大阪市電廃止	5月	いざなぎ景気（長期継続好景気の新記録）
		10月	大阪府が公害防止条例を制定		
		12月	兵庫県の川西市民が伊丹空港の夜間飛行禁止の訴訟を大阪地裁に提起		
1970	45	2月	北大阪急行開業		
		3月	大阪万博開催		
		4月	天六ガス爆発事故	6月	日米安保条約自動延長
		10月	大阪城公園完成		
1971	46	4月	泉北高速鉄道開業		
		4月	黒田了一が大阪府知事に当選		
		12月	大島靖が大阪市長に就任	8月	金・ドル交換停止のニクソンショック
1972	47			5月	沖縄返還・本土復帰

1973	昭和48	9月 大阪府環境管理計画を策定	9月 日中国交回復 10月 第1次石油危機
1974	49	8月 航空審が関西新空港候補地として「泉州沖」を答申	10月 『文藝春秋』が田中角栄首相の金脈追及報道
1976	51		7月 ロッキード事件で田中角栄逮捕
1977	52	11月 南港ポートタウン開業	
1978	53		5月 東京新国際空港（成田国際空港）開港
1979	54	4月 岸昌が大阪府知事に当選、黒田共産党府政終了	6月 東京サミット（主要国首脳会議の日本初開催）
1980	55	7月 塩川正十郎が運輸相に就任	
1981	56		9月 名古屋市が88年夏季五輪大会招致に失敗
1982	57	4月 大阪21世紀協会設立	11月 中曽根康弘内閣発足
1983	58	8月 テクノポート大阪の計画作り開始	
1984	59	10月 関西国際空港株式会社発足	12月 電電公社の民営化実現
1985	60		9月 プラザ合意（ドル高修正の為替協調介入）
1986	61		7月 衆参同日選挙で自民党勝利
1987	62	1月 関西新空港の建設工事着工 3月 大阪府がりんくうタウンの造成工事に着手 12月 西尾正也が大阪市長に就任	4月 国鉄の分割・民営化でＪＲ各社開業
1988	63	7月 テクノポート大阪の基本計画策定 10月 アジア・太平洋トレードセンターの基本計画策定	6月 リクルート事件発覚
1989	平成元	2月 ワールドトレードセンタービルの事業計画策定 2月 大阪市が全24区となる	1月 昭和天皇逝去

	平成	4月	関経連がグレーター・ベイエリア・ルネサンス構想を発表	4月	消費税実施
				11月	連合（日本労働組合総連合会）結成
				12月	米ソ首脳会談で冷戦終結宣言
				12月	日経平均株価の終値が史上最高値（バブル経済のピーク）
1990	2	4月	国際花と緑の博覧会開催	10月	日経平均株価が2万円割れ（バブル崩壊へ）
		6月	大阪モノレール一部開業		
1991	3	4月	中川和雄が大阪府知事に就任		
		8月	東洋信用金庫で架空預金発覚		
1992	4	1月	大阪市が08年夏季五輪大会の招致運動開始	12月	大阪湾臨海地域開発整備法が成立
		8月	りんくうゲートタワービル着工		
1993	5	4月	大阪府が地方交付税交付金の交付団体に転落	8月	非自民連立内閣が誕生（自民党が野党転落）
1994	6	4月	アジア・太平洋トレードセンター開業	6月	自民党・社会党・新党さきがけ連立の村山富市内閣発足
		9月	関西国際空港開港		
1995	7	1月	阪神・淡路大震災	3月	地下鉄サリン事件
		4月	横山ノックが大阪府知事に就任	5月	地方分権推進法公布
		4月	ワールドトレードセンタービル開業		
		8月	木津信用組合破綻		
		11月	APEC大阪会議開催		
		12月	磯村隆文が大阪市長に就任		
1996	8	3月	泉佐野コスモポリス破綻	10月	小選挙区・比例代表並立制による初の衆院選
		8月	りんくうゲートタワービル完成		
1997	9			11月	北海道拓殖銀行と山一證券が破綻
1998	10	4月	大阪府が財政再建本部を設置	10月	日本長期信用銀行破綻

1999	平成11	11月 大阪市で乱脈支出問題が発覚 12月 横山が知事辞任	3月 大手15銀行に7兆5000億円の公的資金注入
2000	12	2月 太田房江が大阪府知事に就任	
2001	13	7月 大阪市が08年夏季五輪大会招致に失敗	3月 戦後初のデフレ（政府が公式に認める） 4月 小泉純一郎内閣発足
2002	14		7月 工場等制限法廃止
2003	15	6月 WTC、ATCなど3社が債務免除を求める特定調停を大阪簡裁に申請 12月 關淳一が大阪市長に就任 12月 關市長が弁護士の大平光代を助役に起用	
2004	16	11月 大阪市の職員厚遇問題発覚	
2005	17	4月 りんくうゲートタワービルに会社更生法適用 9月 大阪市市政改革本部が市政改革プランを発表（「關改革」） 11月 關が大阪市長を辞任して出直し市長選で再選	3月 愛知万博開幕 6月 小泉内閣が地方分権推進の三位一体改革 10月 郵政民営化関連法が成立
2006	18	2月 神戸空港開港 3月 大阪府が企業局を廃止 10月 大阪府の出資法人改革のための条例が施行	
2007	19	12月 平松邦夫が大阪市長に就任	5月 憲法改正手続きを定めた国民投票法が成立
2008	20	2月 橋下徹が大阪府知事に就任 7月 橋下知事と平松市長が水道事業一本化で合意を発表 8月 橋下知事がWTCビルへの大阪府庁舎移転構想表明	9月 リーマンショック発生

西暦	和暦	月	大阪の政治	月	国内の出来事
2009	平成21	3月	大阪府議会が大阪府庁舎移転案	9月	民主党政権誕生
				10月	東京都が16年夏季五輪大会招致に失敗
2010	22	1月	橋下が大阪都構想を提唱		
		4月	大阪維新の会結成		
2011	23	4月	維新が大阪府議選で過半数を獲得。大阪市議選、堺市議選でも第一党に	3月	東日本大震災
		10月	橋下が大阪府知事を辞任		
		11月	橋下大阪市長、松井一郎大阪府知事が誕生（維新が府・市の行政を掌握）		
		12月	大阪府と大阪市が共同で運営する府市統合本部が発足		
2012	24	7月	関西国際空港と伊丹空港の経営統合	8月	大都市地域特別区設置法が可決・成立
		9月	大阪維新の会を母体に全国政党の日本維新の会を結成		
		12月	衆院選で維新が国政初進出（54議席獲得）	12月	第2次安倍晋三内閣発足（民主党政権崩壊）
2013	25	4月	大阪観光局が発足	9月	2回目の20年夏季東京五輪大会の招致決定
2014	26	3月	橋下が大阪市長を辞任して出直し市長選で再選	7月	安倍内閣が集団的自衛権行使容認の憲法解釈変更を閣議決定
		8月	維新府議団が万博誘致を提案		
		9月	日本維新の会が結いの党と合併して維新の党が発足		
2015	27	5月	大阪都構想の住民投票実施（否決・不成立）	9月	安全保障関連法が成立
		6月	府市統合本部廃止		
		11月	松井が大阪府知事に再選、大阪市長に吉村洋文が当選し、維新がダブル選挙を制覇		

	平成		11月	おおさか維新の会結党		
			12月	橋下が政界引退		
			12月	副首都推進本部会議を設置		
2016		28	8月	おおさか維新の会が日本維新の会に党名変更		
2018		30	4月	大阪市交通局が民営化		
			11月	2025年の国際博覧会の開催地が大阪に決定	7月	IR（統合型リゾート）実施法が成立
2019		31	4月	大阪府知事と大阪市長のダブル選で吉村が知事に、松井が市長に当選	4月	天皇退位
	令和	元	6月	G20大阪サミット2019開催	5月	新天皇が即位
2020		2	3月	吉村大阪府知事がコロナ対策の往来自粛要請を決定	1月	新型コロナウイルスの国内感染が初めて確認
			5月	吉村大阪府知事が自粛解除の独自基準「大阪モデル」決定	3月	改正新型インフルエンザ等対策特別措置法が成立
			11月	2回目の大阪都構想の住民投票実施（否決・不成立）	9月	史上最長の安倍内閣終結
			11月	松井が市長任期満了の23年4月の政界引退を予告		
2021		3	10月	衆院選で維新が約4倍増の議席獲得で野党第二党に	7月	2回目の夏季東京五輪大会開幕
					10月	岸田文雄内閣発足
			11月	維新の臨時党大会で共同代表に馬場伸幸前幹事長就任（党3役一新）		
2022		4	4月	大阪市が政府の閣議決定で茨城県つくば市とともにスーパーシティの対象地域に初指定	2月	ロシアがウクライナに軍事侵攻開始

【著者紹介】
塩田　潮（しおた　うしお）
ノンフィクション作家・評論家。1946年生まれ。高知県吾川郡いの町出身。慶應義塾大学法学部政治学科卒業。雑誌編集者、記者などを経て、1983年、著書『霞が関が震えた日』刊行でデビュー。同年、同作で第5回講談社ノンフィクション賞受賞。著書に『霞が関が震えた日』（講談社文庫）、『東京は燃えたか』（朝日文庫）、『大いなる影法師』（文藝春秋）、『一〇〇〇日の譲歩』（新潮社）、『昭和の教祖 安岡正篤』（文藝春秋）、『日本国憲法をつくった男 宰相幣原喜重郎』（朝日文庫）、『金融崩壊』（日本経済新聞社）、『郵政最終戦争』（東洋経済新報社）、『田中角栄失脚』（朝日文庫）、『新版 民主党の研究』（平凡社新書）、『憲法政戦』（日本経済新聞出版社）、『熱い夜明け でもくらしい事始め』（講談社）、『内閣総理大臣の日本経済』（日本経済新聞出版社）、『密談の戦後史』（角川選書）、『内閣総理大臣の沖縄問題』『解剖 日本維新の会』（ともに平凡社新書）など多数。

大阪政治攻防50年

2022年6月9日発行

著　者――塩田　潮
発行者――駒橋憲一
発行所――東洋経済新報社
〒103-8345　東京都中央区日本橋本石町 1-2-1
電話＝東洋経済コールセンター　03(6386)1040
https://toyokeizai.net/

装　丁…………秦　浩司
ＤＴＰ…………朝日メディアインターナショナル
印刷・製本……丸井工文社
編集協力………パプリカ商店
編集担当………岡田光司
　ISBN 978-4-492-21251-6